本书为沙特阿卜杜勒·阿齐兹国王世界文化中心
资助项目
تم طباعة هذا الكتاب بدعم من
مركز الملك عبد العزيز الثقافي العالمي (إثراء)

# المعلقات

## لجيل الألفية (٢)

# 悬诗

## 疏评（下）

[阿拉伯] 乌姆鲁勒 · 盖斯　等　著
林丰民　等 译注



北京大学出版社
PEKING UNIVERSITY PRESS

**著作权合同登记号　图字：01-2025-0937**
**图书在版编目(CIP)数据**

悬诗疏评．下 /（阿拉伯）乌姆鲁勒・盖斯等著；林丰民等译注．-- 北京：北京大学出版社，2025. 2. -- ISBN 978-7-301-36078-1

Ⅰ．I371.072

中国国家版本馆 CIP 数据核字第 2025HE8977 号



书　　名　悬诗疏评（下）
XUANSHI SHU PING (XIA)
著作责任者　[阿拉伯]乌姆鲁勒・盖斯　等　著　林丰民　等　译注
责任编辑　严　悦
标准书号　ISBN 978-7-301-36078-1
出版发行　北京大学出版社
地　　址　北京市海淀区成府路 205 号　100871
网　　址　http://www.pup.cn　新浪微博：@ 北京大学出版社
电子邮箱　编辑部 pupwaiwen@pup.cn　总编室 zpup@pup.cn
电　　话　邮购部 010-62752015　发行部 010-62750672　编辑部 010-62759634
印 刷 者　天津裕同印刷有限公司
经 销 者　新华书店
787 毫米 ×1092 毫米　16 开本　18.5 印张　400 千字
2025 年 2 月第 1 版　2025 年 2 月第 1 次印刷
定　　价　128.00 元（精装）

痴情骑士

الفارس العاشق

معلقة عنترة بن شدّاد العبسي

# 安塔拉·本·舍达德·阿卜斯的悬诗

الحبّ والحرب

爱情与战争

韩誉 译

مقدمة وشرح: عبد الله بن سُليم الرُشيد

导言与评析：阿卜杜拉·本·苏莱米·鲁赛德

韩誉 译

安塔拉与当代阿拉伯读者期待视野的契合

尤梅

عنترةُ بن شدّاد العَبْسيّ، شاعرٌ فارسٌ عاش في نجد، في منطقة القصيم اليوم، قرب مدينة عيون الجِواء. ولد لأمّ سوداء، فجاء مثلها، فاحتقره أبوه وقومُه، حتى أظهر شجاعته وبسالته في بعض المعارك، فصار عزيزاً فيهم، وأصبح فارسَهم الأول، وشهد حرب داحس والغَبراء، واشتُهِر بحبه لعَبْلة. توفّي مقتولاً نحو ٢٢ ق.هـ، ٦٠٠م. وهو تاريخ تقريبي.

ولشهرة عنترة بالفروسية والحبّ صار أسطورة شعبية، تدخّل فيها الخيال الشعبي، وامتزج فيها شعره الحقيقي بشعر مفتعل، كثير منه ضعيف فنيّاً.

وعنترة معدود في فحول الشعراء، وقد وضعه ابن سلّام في الطبقة السادسة من شعراء الجاهلية، والموثوق من شعره الذي حققه محمد سعيد مولوي يحوي نفَساً عذباً، ورقّة، مع تمدّح ظاهر بالبطولة والشجاعة.

阿卜斯部落的安塔拉·本·舍达德是一名骑士诗人，生活在内志高原，今盖西姆地区的吉瓦泉市（مدينة عيون الجِواء）附近。安塔拉是由黑人女奴所生，故而肤色较黑，遭到生父和族人歧视，但后来因为作战勇猛顽强而被族人倚重，成了本部族的头号骑士。安塔拉亲历了“赛马之争”的数十年部落战争，又以和阿卜莱的爱情故事闻名。他死于袭击，约在伊斯兰历前22年，即公元600年左右。

安塔拉的武艺和爱情经历被广为传颂，其生平被大众演绎为一部传奇故事，其中夹杂着他本人的诗作，以及一些后人附会的诗作，但是后者大多是些庸俗之作。

安塔拉被后世列入“诗雄”（فحول الشعراء）之列，伊本·萨拉姆（ابن سلّام）将他列于贾希利叶诗人中的第六品。经穆罕默德·萨义德·莫拉维（محمد سعيد مولوي）校勘的安塔拉诗作语言甘美细腻，其中不乏其对其英雄气概的矜夸。

# المعلَّقة

هي قصيدة ميمية، على البحر الكامل، مختلَفٌ في عدد أبياتها، فقد رُويت في ثمانين بيتاً، وفي خمسة وسبعين، وفي غير ذلك. وقيل في مناسبة إنشائها إنّ أحدهم سبّ عنترةَ، وعيّره سوادَه وسوادَ أمّه، فهاج عنترةُ، وشتمه، وأنشأ قصيدته هذه فاخراً فيها بمكارم أخلاقه وبطولته.

قيل ذلك في سبب إنشائها، ولكنّ الذي أميل إليه هو أن هذه القصيدة الفائقة الروعة لا يمكن أن تكون نتاج موقف عرَضيّ واحد، بل هي انفعالات ومشاعر شتّى، كان عنترة يحسّ بها، ويغالبها، ويتأمّلها، فكانت معانيها تختمر في ذهنه، ثم يصوغها شيئاً فشيئاً، متّخذاً من تجاربه ومشاهداته وقوداً لها. إن القصيدة العظيمة لا تكون نتاج موقف عابر كالذي قيل فيها.

والقصيدة تتضمن عدة أفكار، وأغراض، منها الغزل، وبكاء الأطلال، والفخر، ووصف الحرب، ووصف الفرس. والرسالة التي تتضمنها القصيدة في محورين: محور الحبّ والحنين والوفاء بالعهد، ومحور البطولة، وكلاهما من الشعور الإنساني العالي.

ويمكن أن نقول: إنها تضمنت موضوعتين (ثِيْمتين) كبيرتين، الأولى: موضوعة الحياة (وتمثلها المرأة والخمر)، والثانية: موضوعة الموت (وتمثلها الحرب)، وفكرة القصيدة قائمة على الصراع بين الحياة والموت، والغلبة في النهاية للموت. المرأة (عبلة) هي الحياة الحلوة الضاحكة الواعدة بالنماء. والحرب وما فيها وما قبلها هي الموت الذي يحصد الأرواح، ويستمرّ في دورانه آخذاً الكلّ.

# 悬诗

这是一首全律（卡米勒律）的米姆韵悬诗，其行数有争议，一说80联句，一说75联句，另有其他说法。据传该诗的创作原因是安塔拉被一人辱骂肤色黑、其母肤色也黑，安塔拉愤而反驳，并创作了这首诗，矜夸自己的高尚品德和英雄气概。

以上是传说中该诗的创作背景。但笔者倾向于认为，这样一首极其精美雄浑的诗作不可能是在一个偶然场合下一次完成的，而是多种情绪激荡、交织的产物，是安塔拉在感受、忍耐、体悟这些情绪的过程中酝酿出这些意义，进而注入自己的人生经历，将其一点点塑造成型。总之，如此伟大的作品不可能像传言那样是一次偶然事件的产物。

这首诗包含多种思想和题旨，如爱情、矜夸、废墟哭悼、战争描写和马匹描写。诗歌的寓意是双重的：一方面是爱情、温情和忠诚，另一方面是英雄主义，这两者都是人类崇高的情感。

安塔拉的悬诗具有两大主题：其一是生命主题（体现于女性和酒），其二是死亡主题（体现于战争），诗作的主旨就建立在生命与死亡的冲突之上，而终究不可避免地归于死亡。女性（阿卜莱）代表着甜美、欢笑，有望成长的生命，而战争无论发生在以前，还是以后，都代表着收割生命、持续吞噬一切的死亡。

# المشهد الأول

## ذكرى المحبوبة

١. هل غادر الشعراءُ من مُتَرَدَّمِ　　أم هل عرفتَ الدارَ بعدَ توهُّمِ؟

٢. يا دارَ عَبْلةَ بالجِواءِ تكلّمي　　وعِمِي صباحاً دارَ عَبْلةَ واسلمي

٣. فوقفتُ فيها ناقتي وكأنّها　　فَدَنٌ لأقضيَ حاجةَ المُتَلَوِّمِ

٤. وتحُلُّ عَبْلةُ بالجِواءِ وأهلُنا　　بالحَزْنِ فالصَّمَّانِ فالمُتَثَلَّمِ

٥. حُيِّيتَ من طللٍ تقادمَ عهدُه　　أقوى وأقفر بعد أمِّ الهيثمِ

٦. حلّتْ بأرضِ الزائرين فأصبحت　　عَسِراً عليَّ طلابُكِ ابنةَ مَخْرَمِ

٧. عُلِّقتُها عَرَضاً وأقتلُ قومَهاْ　　زعْمٌ لعَمْرُ أبيكَ ليس بمَزْعَمِ

ابتدأ عنترة قصيدته بسؤال شعري يؤرّق كلّ الشعراء: هل ترك الشعراء قبلي مجالاً للقول؟ ثم سأل نفسه: هل عرفتَ دار محبوبتك بعد أن غلبك الشك؟ وهو بهذين السؤالين يكشف حيرته الظاهرة بين حبٍّ يريد أن يصفَه، ورغبةٍ في أن يقول شيئاً جديداً يلائم محبوبته ويرضيها. إنه يبدأ قصيدته بسؤال الشعر، ويثنّي بسؤال الحبّ، وهما متصلان اتصالاً وثيقاً، فالشعر وقوده الحبّ والحنين الظاهران في هذا المطلع.

# 第一幕

## 记念情人

1. 诗人们可还有未纪念的废墟？
　　你可还能依稀认出旧居的模样？
2. 阿卜莱在吉瓦的驻地啊，请回答我！
　　愿你早安！别来无恙！
3. 我停住骆驼，它好似一座城堡，
　　好让我聊解踌躇，将旧地重访。
4. 当阿卜莱安顿在吉瓦，我一族
　　曾在哈兹尼、萨曼和穆台塞拉姆立起营帐。
5. 自乌姆·海萨姆[①]一去，
　　久违了，废墟，你久已空寂荒凉。
6. 她身在敌人部落，麦赫拉姆的女儿啊，
　　虎豹阻隔，令我再难探访。
7. 对她的一见钟情，是在我砍杀
　　她族人那一刻，我发誓此言并非虚妄。

安塔拉以一个困扰无数诗人的问题开篇：过去的诗人们是否还留有未曾言说的空间，可以由我表达？接着他自问：在疑惑、猜想之后，你是否认出了情人居所的遗迹？这两个问题揭示出安塔拉的彷徨，他想要表达自己的爱恋，同时又想讲出新意，仿佛这样才能与自己的情人相配，才能让她高兴。

① 此为阿卜莱的别名。（译者注）

ثم انصرف يخاطب دار محبوبته عبلة، طالباً منها أن تتكلم فتخبره عن سُكانها الذي كانوا فيها، وهو يقصد عبلة وحدها، وسلّم عليها (عِمِي صباحاً)، ودعا لها بالسلامة. ثم قال: إنه وقف ناقتَه في هذه الدار، وكأن الناقة من ضخامتها قصرٌ شامخ، ليقضي ما تستحقه دار محبوبته من المكث والتأمّل والذكرى. وأخبر أن أهل عبلة في مكان (هو الجواء)، وأن أهله هو في أماكن أخرى يطلبون الربيع.

واستمر يُحَيّي المكان الذي وقف عليه، فقال: حُييت أيها الطلل القديم الذي تغيّر بعد رحيل عبلة أم الهيثم، وهو بهذا يظلّ يراوح بين ترك المكان لأنه مقفر، وبين البقاء فيه والشعور بأنفاس محبوبته وذكراه معها. ثم يخبر عنها بأنها صارت في أرض الأعداء الذين يزأرون زئير الأُسْد، فأصبح من الصعب عليه أن يصل إليها.

إن وقوف عنترة بالمكان لم يكن سنّة شعريّة عند الشعراء فحسب، بل هو وقوف على أمل عاثر، وحبّ لم يُقدر له النجاح، والمكان هو الذي حوى ذكرياتِ عنترة مع عبلة وأهلها، فكان من الوفاء له أن يقف به.

安塔拉以诗之问开篇，紧接着又发出爱情之问，这二者其实是紧密联系的，因为诗的火焰正要依靠这段起兴所表达的爱和思念引燃。

然后，安塔拉开始向情人阿卜莱的旧居倾诉衷肠，希望它能够开口说话，告诉他这里的居民（指阿卜莱）是否安好。安塔拉向这片废墟问好，祝它平安，接着说道：他在这旧居前停住骆驼，骆驼身躯庞大，仿佛一座高大的城堡，他就这样在此久久停留，端详、记念情人曾经落脚的家园。他提到：阿卜莱的族人如今已迁往别处（应为吉瓦），而他自己的族人也在另一些地方逐水草放牧。

安塔拉继续向自己站立的这片土地表达问候。他说道："老废墟，你好！"随着乌姆·海萨姆离去，这地方变得陈旧了！此时的安塔拉迟疑不定，这荒凉之地本不可久留，可他又想留驻于此，感受、追忆情人的气息。接着他提到：阿卜莱已身处敌对部落的领地，那些敌人像狮子一样咆哮，这让他很难前去与情人相会。

安塔拉驻足废墟，既是当时诗人的惯例，也代表着一种徒劳的希望，一种注定不会成功的爱情。这个地点承载着安塔拉和阿卜莱及其族人的记忆，驻足于此对安塔拉而言是一种忠贞爱情的表现。

## المشهد الثاني

# البكاء على فراق المحبوبة

٨. ولقد نزلتِ فلا تظنّي غيرَه | منّي بمَنْزلةِ المُحَبِّ المُكرَمِ
٩. كيف المزارُ وقد تربّع أهلُها | بعُنَيزتينِ وأهلُنا بالغَيلَمِ؟
١٠. إن كنتِ أزمعتِ الفراقَ فإنما | زُمّتْ ركابُكُمُ بليلٍ مظلمِ
١١. ما راعني إلا حَمُولةُ أهلِها | وَسْطَ الديارِ تَسُفُّ حبَّ الخِمْخِمِ
١٢. فيها اثنتانِ وأربعونَ حَلُوبةً | سوداً كخافيةِ الغرابِ الأَسْحمِ

ابتدأ الشاعر هنا بمخاطبة المحبوبة، مطمئناً إياها أنها في قلبه، ما تزالُ محبوبة، مكرّمة، وراوح بين ضمير غياب وضمير خطاب؛ لأنه مدهوشٌ خائفٌ من الفراق المستمر، وراغبٌ في اللقاء، فهو إذا غلبه الخوف من فراقها استعمل ضمير الغائبة (أهلها)، وإذا سيطر عليه الفأل بلقائها استعمل ضمير المخاطبة (نزلتِ)، وهو في أثناء ذلك يتردد بين الأمرين، فيسأل نفسه: كيف ألقاها وأهلها في مكان وأهلي بمكان آخر بعيد عنه؟ ثم يراها أمامه وقد أنس بخيالها فيخاطبها: إن كنتِ عزمتِ على الفراق فقد فعلتِ ذلك مع أهلك بالليل، في غفلة الناس.

ثم ينتبه من خياله فيرى أرض محبوبته خالية منها ومن أهلها، فيقول في حزن وأسًى:

## 第二幕

# 凭吊离别

8. 你已在我心中安家落户，
这份爱恋和敬重确切无误。
9. 可她一族的牧场在欧奈扎坦，
而我的亲人却远在盖拉姆。
10. 无论你是否决意分离，你的族人
都已在那个黑夜备好乘轿驼畜。
11. 只见整装待发的骆驼在场地中央，
啃食着赫木赫木[①]草籽，让我惊惶。
12. 四十二头产奶的母驼历历在目，
黑压压一片如乌鸦纯黑的翅膀。

诗人开始向情人倾诉，向她担保：她就在他的心中，他依然爱她、敬她。安塔拉时而用第三人称，时而用第二人称，表现出长期离别的彷徨、不安，和对相聚的期许。当害怕离别的情绪占主导时，他就选择第三人称指代阿卜莱（她的族人），而当对相聚的期许占主导时，他就使用第二人称（“你已……安家落户”）。安塔拉就这样徘徊在两种情绪之间。他自问：我俩的部族如今相距遥远，我怎样才能见到她？接着他又仿佛见到阿卜莱的幻影，他向那幻影倾诉：无论你是否决意分离，你终究是在夜间趁着人们疏忽的时候与你的族人一起迁往别处。

① 赫木赫木（الخمخم），是阿拉伯地区骆驼喜欢啃食的一种植物，能结籽。（译者注）

روّعني أن أرى الناقة التي حملتها تأكل حبّ الخِمْخِم، وهو نبات يكون في آخر الربيع، فيكون يابساً مؤذناً بأن يرحل أهله عنه.

ولأن الشاعر دهِشٌ خائف من الفراق الطويل، فقد صوّر نياق أهلها لما استعدوا للرحيل سوداً، والمحبوبة في أثناء إقامة أهلها في هذا المكان كانت تُدهش الشاعر بوضوح أسنانها وطيب رائحتها، وجمال فمها.

安塔拉走出幻想的时空，只见情人的帐篷已经消失，地面上空空荡荡，这里再没有情人和她的部族。在悲伤之余，他说道：我惊惶地看到驮着她的骆驼在啃食着赫木赫木草的草籽，赫木赫木草是一种生长在暮春的植物，当它变得干枯，便预示着这里的居民即将离开。

长久的分离令诗人惶惑难安，在他的眼中，当阿卜莱跟着族人准备迁徙的时候，他们所乘的骆驼都是黑色的。这里有着他爱恋阿卜莱的记忆，他就是在这里迷上阿卜莱的皓齿、红唇和香甜的气味。

## المشهد الثالث

# صورة المحبوبة

١٣. إذْ تستبيكَ بذي غُروبٍ واضحٍ    عَذْبٍ مُقَبَّلُه لذيذِ المطعَمِ
١٤. وكأن فارةَ تاجرٍ بقَسِيمةٍ    سبقتْ عوارضُها إليك من الفمِ
١٥. أو روضةً أُنُفاً تضمّنَ نبتَها    غيثٌ قليلُ الدِّمْنِ ليس بمَعْلَمِ
١٦. جادتْ عليه كلُّ بِكْرٍ حُرّةٍ    فتركنَ كلَّ قرارةٍ كالدرهمِ
١٧. سَحًّا وتَسْكاباً فكلّ عشيّةٍ    يجري عليها الماءُ لم يتصرَّمِ
١٨. وخلا الذبابُ بها فليس ببارحٍ    غَرِداً كفعلِ الشاربِ المُترَنِّمِ
١٩. هَزِجاً يحُكُّ ذراعَه بذراعِه    قدْحَ المُكِبِّ على الزنادِ الأجذَمِ

يبدأ الشاعر في هذا المقطع بوصف محبوبته، فيذكر طيب رائحة فمها، فهو عنده كرائحة عطر شديدة التأثير، تسبق كل رائحة أخرى، فتسيطر على الشعور، ثم لا يرضى الشاعر بتشبيه واحد، بل يضيف تشبيهاً آخر؛ لأنه مشغوف بوصف شدة تعلّقه بالمحبوبة، فيقول: إن رائحتها تشبه رائحة أرض معشبة بعيدة عن الناس لم يرعها أحد، وذلك أكثر لتأثيرها، لأنها تكون حينئذ نقيّة عذبة نظيفة.

## 第三幕

# 情人的形象

13. 她那一点绛唇、两排皓齿
已经将你俘获，香吻是那样甜蜜。
14. 刚欲开口，便仿佛商人的
麝香瓶里走来美女，带着馨香之气。
15. 又仿佛一片新长的芳草地，
骤雨过后，还未有践踏的足迹。
16. 片片好云挟雨而来，
将那些坑洼变成一地银币。
17. 浇浇灌灌，细流在草棵间
潺潺流淌，日夜不息。
18. 万物静谧，唯有飞虫在嬉戏，
嗡嗡虫鸣像迷醉的酒徒哼唧。
19. 嗞嗞的响声是它们在摩拳擦掌，
像断手人敲击火镰欲把火生起。

在这个段落中，诗人一开始就描写他的情人，首先提到她口中的香甜气味。对他而言，这是一种带着浓郁芬芳的气息，而且比任何其他气味传得更快，立即占据他的感官。意犹未尽之余，诗人并不满足于一个比喻，而是又添加了另一个比喻，因为他热衷于描述他对爱人的强烈依恋。他说，她的气味犹如一片远离人烟、未经放牧的草场，这种气味更加沁人心脾，因为它纯

وهذه الروضة الأُنُف سُقيت بماء سحابة غزيرة لم يصحبها برْد ولا ريح، وكلّ ذلك يؤدي معناه الدقيق؛ فهي رخيّة لطيفة، وزاد أن قال: إن ماء السحاب ترك كلّ حفرة في الروضة شبيهة بالدرهم لصفاء مائها واستدارتها. ولم يكتف بذلك فوصف استمرار السحابة في صبّ مائها، وأنه لم ينقطع، وهذا يعني عنده أن هذه المرأة هي استمرار الحياة وهي نقاؤها وصفاؤها الذي يبحث عنه.

ولهذا قال أيضاً: إن الذباب –وربما أراد به كلَّ ما يدخل في اسم الذباب كالنحل وغيره- اطمأنّ في هذه الروضة المعشبة البعيدة عن الناس، فصار يهزج ويترنم، ويحكّ ذراعه بذراعه الأخرى، وشبّه هيئته تلك بفعل رجلٍ مقطوع اليد مكبٍّ على زناد ليشعل النار. وهذه صورة أعجبت النقاد، ورأوها من اختراعات عنترة التي لم يُسبق إليها، ولم يستطع أحد تقليده فيها.

净、甜美、干净。

这个草场刚被一片云带来的充沛雨量静静地浇灌，没有风，不冷也不热，舒畅、恬静，所有这一切阐释着它精细的内涵。安塔拉接着说：清澈的雨水让草场的每一处坑洼显得如一枚枚银币一般，呈现出圆圆的形状。诗人继续描写云雨的绵延不绝，对他而言，这个女人代表着生命的延续，又代表着他所要寻求的生命的纯洁与纯净。

因此，安塔拉还说：蝇虫——也许他所指的是各种飞虫，如蜜蜂及其它昆虫等——在这片人迹罕至的新草场找到了安身之所，它们嗡嗡地浅吟低唱，摩拳擦掌，诗人又将这个动作比作断手的人努力想要用火镰生火的样子。这幅意象为批评家们津津乐道，认为是安塔拉的一次前无古人的发明，没有一个人能模仿。

## المشهد الرابع
## الوجهان المتناقضان

٢٠. تمسي وتصبحُ فوق ظهرِ حَشِيَّةٍ　　　وأبيتُ فوقَ سَراةِ أدهَمَ مُلْجَمِ

٢١. وحَشِيَّتي سرْجٌ على عَبْلِ الشَّوى　　　نهدٍ مَراكلُه نبيلِ المِحْزَمِ

يقول: إن محبوبته عبْلة تبيتُ منعّمة مستريحة، على فراش ليّن، وهو يبيتُ على فرس ضخم لأنه معتادٌ على الحرب. إنه هنا يضع حالتين متناقضتين: حالة المحبوب المنعّم الغافل عن صروف الزمان، والمحبّ العاشق الذي يكابد الأهوال، وعينه على ذلك الحبيب.

## 第四幕

### 相反的两面

20. 朝去夕来，阿卜莱倚着软垫，
　　而我在黑马背上露宿。
21. 马鞍就是我的垫褥，胯下骏马，
　　身躯壮硕、四肢如柱。

安塔拉接着说：他的情人阿卜莱享受着舒适、优渥的生活，倚靠在柔软的床上，而惯于征战的他则在高头大马的背上过夜。安塔拉在此作了一组鲜明的对比：一边是被爱者，安逸、无忧无虑；一边是爱恋者，冒着艰苦与危险，同时还挂念着情人。

## المشهد الخامس

# أمل اللقاء

٢٢. هـل تُبلغَنّي دارَها شدَنِيَّةٌ     لُعِنتْ، بمحرومِ الشرابِ مصَرَّمِ
٢٣. خَطّارةٌ غِبَّ السُّرى زَيّافةٌ     تَطِسُ الإكامَ بذاتِ خُفٍّ مِيْثَمِ
٢٤. وكأنما أَقِصُ الإكامَ عشيّةً     بقريبِ بين المَنْسِمَينِ مُصَلَّمِ
٢٥. تأوي له قُلُصُ النعامِ كما أوتْ     حِزَقٌ يمانيَةٌ لأعجمَ طِمْطِمِ
٢٦. يتبعنَ قُلّةَ رأسِه وكأنه     حرَجٌ على نعشٍ لهنّ مخيَّمِ
٢٧. صَعْلٍ يعودُ بذي العشيرةِ بيضَه     كالعبد، ذي الفَرو الطويلِ الأصلمِ
٢٨. شربت بماءِ الدُّحْرُضَين فأصبحتْ     زوراءَ تنفرُ عن حياضِ الدَّيلمِ
٢٩. وكأنما ينأى بجانبِ دفِّها الـ     ـوحشيِّ من هَزِجِ العشيِّ مؤَوَّمِ
٣٠. هرٌّ جَنيبٌ كلما عطفتْ له     غضبى اتقاها باليدين وبالفمِ

## 第五幕

# 重逢的心愿

22. 又有一头贫乳的舍丹[①]骆驼，
　　我多想乘着它找到阿卜莱的驻地。
23. 夜行至晓，它仍甩着尾巴，
　　大步流星，踏破层层沙砾。
24. 黑夜里，它的步伐更像公鸵鸟：
　　长着健壮的脚趾，双耳似被削去。
25. 让众鸟簇拥着，像一群也门的黑骆驼，
　　随着口齿不清的番人西来东去。
26. 鸟群唯它是瞻，头颅高耸，
　　如一座帐篷般的驼轿在驼峰上立起。
27. 只见它在祖·欧舍拉照管着鸟卵，
　　犹如割去双耳的黑奴，披着毛皮。
28. 我的母驼饮了杜赫鲁丹的好水，
　　黛拉姆的水源已让它再难下口。
29. 它总是静不下来，仿佛它的另一侧
　　常有一只狞猫，对它恫吓地嘶吼。
30. 若它不堪其扰地上前威压，那狞猫
　　也会当即暴起，回以獠牙利爪。

① 舍丹（شدنية），位于今也门。（译者注）

٣١. أبـقى لهـا طـولُ السِّفارِ مُقَرمَـداً　　سَنَـداً ومثـلَ دعـائمِ المُتَـخَـيِّـمِ
٣٢. بـركـتْ على مـاءِ الـرِّداعِ كأنّمـا　　بـركـتْ على قـصبٍ أجـشَّ مُـهَـضَّـمِ
٣٣. وكـأنّ رُبًّـا أو كُـحَيـلاً مُـعْـقَـداً　　حـشَّ الوَقـودُ بـه جـوانـبَ قُمْقُـمِ
٣٤. يـنبـاعُ من ذِفْرى غضـوبِ جَسْـرةٍ　　زَيّافـةٍ مثـلِ الفَنيـقِ المُكْـدَمِ

اللقاء بالمحبوبة هو غاية الشاعر، وذكر النساء في مقدمات قصائد الشعراء الجاهليين هو رمز لاكتمال الحياة، فالمرأة هي النصف الآخر لحياة الرجل؛ ومن أجل هذا نجد عنترة يرجع مرة أخرى إلى المحبوبة، فيقول في شوق ولهفة: هل تصل بي إلى ديارها ناقة شديدة صبورٌ على السفر؟

ثم تفنّن في وصف الناقة، على عادة شعراء الجاهلية، لأنها جزء من عالمهم الذي لا ينقطعون عنه، فقال: إنها خطّارة أي كثيرة الخطَران، وهو تحريك الذنب ورفعه، ووصفها بالنشاط مع أنها سارت الليل كلّه، وهذا أقوى لمدحها.

ثم يقول: إنه يكسر الإكام، أي يعلوها ويتجاوزها، بناقة شديدة سريعة كأنها ذكر نعام، والتشبيه بالنعام كثير في شعر الجاهلية؛ لأنه ظاهر لهم في بيئتهم، ولأن النعام طير عظيم الخِلْقة، وهو يريد مدح الناقة بأنها نشيطة سريعة.

ولأنه شبّه الناقة بذكَر النعام (الظَّلِيم) ذهب يصف هذا الظَّلِيم بأنه تجتمع إليه النعام الأخرى، وكأنها جماعات يمانيّة لرجل لا يُبِين الكلام، وهنّ يتبعن وجهته، وينظرن إلى أعلى رأسه، الذي هو –أي الرأس- يُشبه مركباً للنساء على سنام ناقة كالخيمة. وهذا الظَّلِيم صغير الرأس يرجع إلى بيضِهِ، مُشبهاً العبد صاحب الفرو الطويل المقطوع الأذن، واختار التشبيه بالعبد ليبلغ المتلقي أنه يصف جناحَي الظَّلِيم الأسودين.

31. 连日奔波，它的驼峰仍牢牢挺立，
如有帐篷的立柱在其中支撑。
32. 当它在里达[1]的泉边跪下饮水，
你会听到它如压在芦管上，发出哼鸣。
33. 耳后的浓汗像是铜壶上熬出的焦油，
或是熟枣溢出的糖浆那般黏稠。
34. 真不逊于一匹斗得满头咬痕的公骆驼，
性烈体壮，器宇轩昂，精神抖擞。

与情人相见是诗人梦寐以求的目标。贾希利叶时期的诗人们在诗的开篇以记念情人的方式起兴，代表着生命的完满，因为女性正是男性生活的另一半。为此，安塔拉再一次谈到自己的情人，他满怀渴望地说：这样一头强健、善走的好骆驼，可否带我前往她（阿卜莱）的住处？

接着，如贾希利叶时期的其他诗人一样，安塔拉以多种方式描写自己的骆驼，因为骆驼是贾希利叶时期阿拉伯人的世界中不可分割的一部分。安塔拉说：它的尾巴总是甩个不停。他描述骆驼虽然连续走了一整夜，却仍不失活力，这是对骆驼的极大赞扬。

安塔拉接着说：它"踏破层层沙砾"，即翻越地形的重重起伏，强健、迅捷，有如一只公鸵鸟。这种比喻在贾希利叶时期的诗歌中是常见的，因为鸵鸟也是他们生活的环境中常见的形象，又因为鸵鸟体型硕大，以此比喻骆驼的活泼、迅捷。

安塔拉把骆驼比作公鸵鸟，他描述这只雄鸵：众鸵鸟簇拥着它，好像一群也门骆驼，追随着它们那口齿含混的主人，它们全都望着它高耸的头顶，仿佛它是妇女所乘的驼轿。当这只脑袋不大的公鸵鸟回巢查看鸵鸟蛋，诗人说它就像一个身披毛皮、被割去耳朵的奴隶。安塔拉以奴隶比喻它，意在告知读者他描绘的是雄鸵鸟那双黑色的翅膀。

在大段的比喻之后，安塔拉想要穷尽诗歌意象的心意终于得到了满

① 里达（الرداع），位于沙特盖西姆市以西。

وبعد أن فرغ من التشبيه، وأرضى قريحته بتقصّي جوانب الصورة، رجع إلى ناقته فوصفها بصفات تجعلها من خير النياق، فهي قد شربت من ماء الدُّحْرُضَين (حرَض والوسيع اليوم)، فصارت تنفر من مياه الأعداء، وهذا أدعى لنقاء أصلها، فالجاهلي يحفظ نقاء إبله، يصفها بالأصالة وحفظ العهد، كما يحفظ هو نقاءَ نسبه. وإذا أخذنا معنى (الديلم) على أنه اسم الموضع (الدّليميّة اليوم)، فالمعنى أنها شربت من ماء أعذبَ من ماءٍ عَهِدَتْه في الديلم، فصارت تنفرُ منه.

ولحرصه على وصفها بالسرعة والنشاط وصفها بأنها لشدّة حركتها كأنما تخاف من هرّ يصوّت في العشيّ مشوّه الخِلْقة، ينهش أطرافها، فهي تخافه، وتنفر منه، وهذه صورة تمتلك اللبّ، وتضع تلك الهيئة التي شهدها الشاعر بين أعيننا، وتقرّبها إلى أذهاننا.

وينبغي أن تتنبّه هنا إلى أمر طريف في هذه القصيدة، فهو يشبّه ثم يأخذ المشبّه به، أو بعض ما أدخله في الصورة فيفصّله؛ لأنه مأخوذٌ بإتمام الصورة الشعرية، حريصٌ على الابتكار فيها، وهنا لما قال: إن الناقة كأنما تخشى هرّاً، ذهب يصف الهرّ، فقال: إنه هرّ جَنيبٌ أي مجنوبٌ إليها مقُود إلى ناحيتها، وإنه كلما أرادت الناقة أن تصيبه اتقاها بيديه وفمه ضرباً لها وخدشاً.

ورجع مرة أخرى إلى الناقة مكمِلاً صورتها، وهي تعاني ذلك السفر الشاقّ، والطريق المتعب، فقال: إنها مع ذلك كلّه بقيت شديدة نشيطة عظيمة، فقد بقي لها سنامٌ عظيم كأنه مقرمَد أي مبنيّ بالآجُرّ لصلابته، وهو عالٍ كأنه دعائم متخيِّم أي صاحب خيمة.

واستمرّ واصفاً الناقة فقال: إنها تئنّ وكأنها حين بركت وحنّت ورَغَت، في الموضع الذي اسمه الرّداع، كأنها بركت على قصب مكسّر له صوت. ولم يكتف الشاعر بذلك في وصف الناقة، فهو يطيل لأنها –على ما قدّمنا- جزءٌ من عالمه الحيوي، وقطعة من عالمه الشعري، فماذا قال؟ لقد قال: إن الناقة لما بركت كان عرقها يسيل من الجهد والتعب، فكأن العرقَ السائلَ قطِرانٌ أوقدت تحته النار فهو يغلي، وهذا العرق يسيل من خلف أذنها –وهي قويّة سريعة شديدة- وكلّ ذلك يقدّم الصورة البدوية الموغلة في تلك البيئة الصحراوية الشديدة.

足。接着他又描述这头母驼成为最优秀的骆驼的高贵品质：它喝过杜赫鲁丹的水[①]，从此对敌人领地的水颇为嫌弃，对于重视骆驼品种的纯净、视骆驼为忠实象征的贾希利叶时期的阿拉伯人来说，这代表着骆驼的极高品质[②]。如果我们确认“黛拉姆”（الديلم）指的是今天的“达里米亚”（الدّليميّة）地区，那么这里的意思则是说：这头骆驼喝过比黛拉姆的水更甘甜的水，于是不再满足于此了。

安塔拉描写骆驼的速度之快、精力之旺盛，它好动不好静，仿佛黄昏时分害怕遇到一头面貌凶恶的狞猫，对方嘶叫、抓挠骆驼的四肢躯体，令它不安、嫌恶。这是一幅摄人心魄的意象，诗人所见的形象由此生动地拉近到我们的眼前，呈现在我们的脑海里。

诗中此处有一个有趣的现象，即作者先作一个比喻，然后取喻体或是意象的部分形象加以细致的描绘。作者想要穷尽诗中的每一个意象，追求意象上的创新。他提到骆驼之好动，仿佛被狞猫滋扰，随后继续描绘起狞猫的形象：它被吸引到骆驼身侧，每当骆驼想要上前攻击它，它就牙咬爪挠地对抗。

安塔拉描绘母驼善于忍耐长途行走的劳累，他说：虽然连日行走，但它强健、活跃、肥硕未减，它的驼峰仍然巨大，如砖瓦建筑的房屋那般坚硬，仍然挺拔高耸，好像一座帐篷的支柱。

安塔拉描绘道：母驼来到一处叫里达（الرّداع）的地方，当它卧下身子，咆哮、呻吟，就好像卧倒在一根折断的芦苇管上发出的声音。至此诗人仍意犹未尽，继续描述他的骆驼，毕竟骆驼是他现实世界的一部分，也是他诗歌世界的一部分。他接着说：母驼在卧下的时候，因为努力和劳累流下了汗水，那些流淌的汗水犹如一滴滴的油在它身下把火点燃了，它也像水一样被烧得滚沸。尽管这头骆驼健壮有力、行动迅捷，但它耳后流淌着汗水。所有这一切，描绘了一幅严酷的沙漠环境中的游牧生活图景。

① 杜赫鲁丹（الدحرضين），在今哈拉德和瓦西阿，那里有两处泉水。（译者注）

② 这里所暗含的意思是阿拉伯人那种近于洁癖的敌我观念和“纯种”的观念，在很多部落的人看来，如果自家的骆驼喝过敌人部落的水，就不“纯净”了，而杜赫鲁丹是本部落的泉水，所以喝过这里泉水的骆驼就显得很高贵。（译者注）

## المشهد السادس

# هذا أنا

٣٥. إن تُغدفي دوني القناعَ فإنني ... طَبٌّ بأخذِ الفارسِ المُسْتَلْئِمِ

٣٦. أثني عليَّ بما علمتِ فإنني ... سهلٌ مخالَقتي إذا لم أظلَمِ

٣٧. فإذا ظُلِمتُ فإنّ ظلميَ باسلٌ ... مُرٌّ مذاقتُه كطعمِ العلقمِ

في هذا المقطع تلتهب مشاعر الذات والتفرّد عند الشاعر البطل، فيرجع إلى مخاطبة المحبوبة، قائلاً، وقد استعدّ ليتحدّث عن شجاعته وبسالته، وذلك هو الخلُق الذي عُرف به واشتُهر: إن تغطّي وجهك، وتعرضي عني، فما ينبغي لكِ أن تفعلي هذا، فأنا قادر على صرْع الأقران فكيف أعجز عن لفْت نظرك إليّ؟ ثم يسألها أن تكون معه لا عليه، فيقول: امدحيني بما تعرفين من خُلقي، فإني سمحٌ ليّن الخلُق إذا لم أُظلَم، ولكني إذا ظُلِمت أنتقم من ظالمي، وانتقامي مُرٌّ كالعلقم.

إنه هنا يلتفت إلى ذاته المظلومة- وقد مرّ بك أنه كان محتَقَراً لسواده - فيجعل خطاب المحبوبة بداية لإنصاف نفسه، والتمدّح بالخصال الكريمة، وهو ما سوف تقرؤه مفصّلاً في المقاطع اللاحقة.

## 第六幕

# 这就是我

35. 你对我垂下面纱，但须知道：
　　骑士的甲胄在我剑下也于事无补。
36. 赞美我吧，你知道我多么随和
　　——只要我不被人欺辱。
37. 若有人敢于欺凌，就让他尝尝
　　我手段毒烈如苦瓜一般苦。

这位勇士诗人关于自我的热烈感情在这一段迸发出来，他再次向情人呼唤，诉说自己广为人知的勇武果敢：即便你遮住脸庞、不愿见我，但这也无济于事，我既然能在战场上击败敌手，又怎么能不引起你的注目？他请求她给予支持。他说：赞美我吧！你了解我的品性，若不被欺辱，我总是宽厚温柔，但如果被欺辱，则我必针锋相对地向施虐者复仇，我的复仇手段也必是像苦瓜一样苦。

在这里，诗人转向饱受不公正待遇的自我，我们知道，诗人曾因为黑人血统而被人鄙视，他把情人的话当作公平对待自己、赞美自己高贵品质的开端。这一切在接下来的诗句中将有详细的表现。

## المشهد السابع

# الفخر في السِّلْم

٣٨. ولقد شربتُ من المُدامةِ بعدما ركد الهواجرُ بالمَشُوفِ المُعْلَمِ

٣٩. بزجاجةٍ صفراءَ ذاتِ أسِرَّةٍ قُرِنتْ بأزهرَ في الشمالِ مُفَدَّمِ

٤٠. فإذا شربتُ فإنني مستهلكٌ مالي، وعِرْضي وافرٌ لم يُكلَمِ

٤١. وإذا صحوتُ فما أقصّرُ عن ندًى وكما علمتِ شمائلي وتكرُّمي

في هذا المقطع يبدأ الشاعر يجعل نفسه هي مدار الكلام، بعد أن هيّأ المتلقي لهذا في المقطع السابق، ففخر بأنه شرب الخمر في آخر النهار بدينار أو درهم مجلوّ أي ناضر المنظر، نقيّ، منقوش عليه، وهذه الخمر مصبوبة من زجاجة ذات نقوش، وبقربها إبريق على فمه خِرقة، أي إنه محفوظ، ومدح النفس بشرب الخمر عادة جاهلية لا يُقصَد بها الخمر نفسُها، بل يُقصَد أنه يعيش كما يعيش الملوك، فهي تُهيّأ له، ويشربها غير خائف من أن تغيِّر أخلاقه، فهو إذا شرب يستهلك مالَه، ويعطي منه، ويتكرّم به، ولكنّه لا يتكرّم بعرضه لمن يريد النيل منه، وإذا صحا من سُكره فإنه يظلّ كريماً، ويختم المقطع بقوله: وذلك كله مما تعرفين من خُلُقي.

## 第七幕

# 和平日子里的矜夸

38. 多少个炎热的下午，我掷出
    刻花带纹的钱币，畅饮美酒。
39. 褐色的玻璃杯绕着花纹，
    藏酒的陶罐被封严了口。
40. 财货散去，任我一醉方休，
    我的名节却不曾因醉蒙污。
41. 清醒的我同样未曾吝啬
    ——你早就了解我的品行、气度。

经过前面段落的铺垫，诗人将焦点转向他自己。他矜夸自己在傍晚饮酒，花的尽是光滑闪亮、刻有图案的第纳尔金币或迪尔汗银币，所用的酒器是雕饰花纹的玻璃杯，旁边摆着用布塞封口的酒壶，表明此酒已存放许久。以饮酒自夸是贾希利叶时期的一种传统，其意不在饮酒本身，而在体现饮酒者过着王公贵族般的生活。安塔拉饮酒时并不担心醉酒失态，损伤德性，他饮酒时豪掷金钱，从不吝啬，但他也不把好处乱给那些损害他的人，酒醒后他的豪爽也不减分毫。在这一段的最后他说道：我的这些品性，你都是知道的。

# المشهد الثامن
## مشهد بطولة

٤٢. وحليلِ غانيةٍ تركتُ مجدَّلاً   تَمْكو فَرِيصتُه كشِدْقِ الأعلمِ

٤٣. سبقتْ يدايَ له بعاجلِ ضربةٍ   ورَشاشِ نافذةٍ كلونِ العنْدَمِ

ينتقي الشاعر في هذا المقطع مشهداً من مشاهد بطولته، واصفاً فروسيته، والفروسية هي عالم عنترة الذي عُرف به، وهي التي تسيطر على قصيدته، بل على أغلب ما وصلنا من شعره، وهو في هذا يذكّرنا شخصياتٍ أخرى مشابهة في بعض الآداب العالمية، مثل (سبارتاكوس) الذي كان عبداً في الإمبراطورية الرومانية، ثم قاد ثورة للعبيد، وانتصر في معارك كثيرة، وتوفي نحو ١٧ق.م. وكذلك الفارسُ الفارسي المذكور في شاهنامة الفردوسي (رستم)، الذي أحبّ امرأة أيضاً، ولم يستطع الزواج منها إلا بعد انتظار ومشقة.

وشهرة عنترة بالفروسية هي التي جعلت الخيال الشعبي يجعله شخصية أسطورية، ذات بطولات خارقة، والمهم في هذا المقطع أنه يمدح نفسه بأنه يترك الرجل الشابَّ ذا الزوجة الجميلة مصروعاً على الأرض، ولفريصته -وهي العضلة التي بين الكتف والثدي- صوت كصوت رجلٍ مشقوق الشفة العليا؛ وسبب اختيار المشبَّه به أن الأعلمَ يَكثُر في كلامه الصفير.

## 第八幕

# 战场英姿

42. 多少美人的丈夫被我的利剑穿透，
　　绽开的胸膛如兔唇一样豁开的大口。
43. 他们被我的利剑迅猛一击，
　　喷洒的鲜血如龙血树脂般殷红。

这一段，诗人选择了一个展现自己豪侠、勇武的场面，来描述他的骑士形象。而骑士之勇正是安塔拉的声名之所在，也是他这首诗乃至他大多数存世诗作的主旨。战斗中的安塔拉总能让我们想起世界其他民族文学中一些类似的英雄人物，例如曾是罗马帝国奴隶的斯巴达克斯，领导了奴隶的革命，在许多战役中大获全胜，死于公元前71年；或是波斯诗人菲尔多西《列王纪》中的波斯骑士鲁斯塔姆，也是与一位女子相恋，历经艰难才得以与恋人完婚。

也正是因为骑士精神，安塔拉才被后世民间文学塑造成一个豪勇非凡的传奇人物。重要的是在这一段，安塔拉夸耀自己将一位娶有美妻的男子砍倒在地，只听到敌人的胸膛发出兔唇患者一样的声音，之所以这样选择喻体，是因为兔唇患者说话时常带有漏气声。

## المشهد التاسع

# صفات بطل

| | | |
|---|---|---|
| ٤٤. | هـلّا سـألـتِ الخيـلَ يا ابنـةَ مـالـكٍ | إن كنـتِ جاهـلـةً بمـا لـم تعلـمي |
| ٤٥. | إذْ لا أزالُ عـلى رِحـالـةِ سـابـحٍ | نَـهْـدٍ تـعـاورُه الـكُـمـاةُ مُـكَلَّـمِ |
| ٤٦. | طـوراً يُـجَـرَّد لـلـطـعـان وتـارةً | يـأوي إلى حَـصِـدِ الـقِـسِيّ عَـرَمْـرَمِ |
| ٤٧. | يخبـرْكِ من شـهـدَ الـوقيعـةَ أنـني | أغشى الـوغى وأعِـفُّ عـنـد الـمَغـنَـمِ |

في هذا المقطع تمتزج مشاعر الحبّ ومشاعر الفخر بالنفس، وهنا تظهر شخصية عنترة الممتلئة بالعزّة والأنَفة، إذ يقول طالباً من المحبوبة أن تسأل عنه الخيل، ولن تجد هي أصدق من الخيل في وصف شجاعته، وطلبُه السؤالَ منها ليس لأنها جاهلة به، ولكنْ ليحقّق ارتواءً لشعوره النفسي، وليدخل إلى الفخر من باب واسع، ولو سألتْ عبلة الخيلَ عنه، وأصحاب الخيل، فسوف تشهد له بأنه كان على سرْج فرس شديدة سريعة مرتفعة، وهو يقصد ارتفاعه النفسي على من يحاربه، والفرس التي هو عليها تصيبها الطعنات فهي مجرّحة، فحيناً يدخل بها في صفوف الأعداء، وحيناً يرجع إلى جماعته وهم كثيرون أصحاب قسِيّ.

إنه يقول في اعتداد شديد بالنفس، وفي رغبة عارمة في إظهار شخصيته الحقيقية: من شهد تلك الحرب، يا عبلة، يشهد أنني صاحب خلقين رفيعين: الأول الإقدام على الحرب والقتال، والثاني الإحجام عند اقتسام الغنائم. وهاتان الصفتان العاليتان أهمّ ما عُني الفرسان بالفخر بهما؛ لأن فيهما مظهر الشخصية الكاملة.

## 第九幕

# 英雄的品质

44. 马立克的女儿啊，若对我有所不知，
　　你不妨去问问战马！
45. 敌人的勇士轮番进战，
　　我总是御马上前，左右冲杀。
46. 方临枪矛，又遭弓箭，
　　高大的烈马满身都是伤疤。
47. 亲临战斗者会告诉你，
　　我是如何冲锋，对战利品却羞于多拿！

诗人爱恋与自我矜夸的情绪在这一段交汇于一处。此处安塔拉自尊、自强的人格也表现出来。他让情人去向战马打听他的事迹，因为战马最诚实，能说明他的勇敢。这并不意味着情人本身不知安塔拉是何许人也，而恰恰是为了满足安塔拉对自我的认同，也是为了给后面的继续矜夸敞开大门。若阿卜莱果真问了战马以及众位骑士，那么他们的答案必是：安塔拉骑着体型高大、驰骋迅速的骏马，因而无论在现实中还是心理层面，他都是以俯瞰之态与敌人厮杀，战马身上被刺伤多次，但他依然时而冲进敌阵，时而回到族人的阵列，而他的族人人数众多，手持弓箭。

他非常渴望展现自己的真实品格，自信满满地说：阿卜莱啊，谁见证了那场战争，谁就会证明我拥有两种崇高的品德：其一是作战英勇直前，其二是分配战利品时毫不贪婪。这是骑士最乐于标榜并引以为傲的两种品质，二者的结合足以体现人格之完善。

## المشهد العاشر

# مشاهد الحرب

٤٨. ومدجَّجٍ كرهَ الكُماةُ نزالَه لا مُمْعِنٍ هرَباً ولا مستسلمِ

٤٩. جادتْ يداي له بعاجلِ طعنةٍ بمثقَّفٍ صَدْقِ الكُعُوبِ مُقَوَّمِ

٥٠. برَحيبةِ الفرْغينِ يَهدي جرسُها بالليلِ مُعْتَسَّ الذئابِ الضُّرَّمِ

٥١. فشكَكْتُ بالرمحِ الأصمِّ ثيابَه ليس الكريمُ على القنا بمُحرَّمِ

٥٢. فتركتُه جَزَرَ السباعِ يَنُشْنَه ما بين قُلّة رأسِه والمِعْصَمِ

٥٣. ومَسَكِّ سابغةٍ هتكتُ فروجَها بالسيفِ عن حامي الحقيقةِ مُعلَمِ

٥٤. رَبِذٍ يداهُ بالقِداحِ إذا شتا هتّاكِ غاياتِ التِّجارِ مُلَوَّمِ

٥٥. لمّا رآني قد نزلتُ أريدُه أبدى نواجذَه لغيرِ تبسُّمِ

٥٦. فطعنتُه بالرُّمحِ ثمّ علوتُه بمهنَّدٍ صافي الحديدةِ مِخْذَمِ

## 第十幕

## 战争场面

48. 多少全副披挂、人莫敢当的对手，

冲锋陷阵从不乞降。

49. 是我的手送他一记疾刺，

用一条杆顺鋈坚的长枪。

50. 一声炸响传遍荒野，

在夜空下把喜讯传给饿狼。

51. 那是我刺穿了他的铠甲，

高贵之人亦不免在长枪下气绝身亡。

52. 他只是成为野兽的口粮，

任它们啃噬他的头、手和皮囊。

53. 环锁的铁甲也迎不住我的剑刃，

那是我砍倒了他们领头的勇将。

54. 那有名的浪子，冬闲时赌局的常客，

曾一人撩开多少酒家的招幌。

55. 那好汉见我冲他而来，

直龇出两边臼齿——那可不是笑容绽放。

56. 我一枪得手，又手起剑落，

那锋利的印度剑闪过莹莹寒光。

٥٧. عهدي به مَدَّ النهارِ كأنّما خُضِبَ البَنانُ ورأسُه بالعِظْلِمِ
٥٨. بطلٍ كأنّ ثيابَه في سرحةٍ يُحذَى نعالَ السِّبْتِ ليس بتوأم

هنا لوحة ثانية يفخر فيها عنترة بموقف بطولي واجه فيه عدوّاً، ومن عادة العربي أن يمدح خصمه في الحرب بالشجاعة والرجولة وكمال الاستعداد للحرب، لأنه بهذا يزيد من فخره بنفسه، إذ هو يواجه خصماً شديداً لا ضعيفاً، فماذا قال عنه؟ لقد وصفه بأنه لبس سلاحه كلّه، وكره الرجالُ الشجعانُ منازلته؛ لمعرفتهم بشدّة بأسه، وهو ممّن لا يهربون ولا يستسلمون، قال: ومع ذلك فقد عاجلتُه بطعنة بالرمح المقوّم المسوّى، فمزّقت ثيابه، ثم قال: ليس الكريم على الموت بمحرّم، أي إنني قتلت رجلاً شجاعاً كريماً، ويُفهم من قوله هذا أنه لا يقتل إلا الشجعان الكرام، لا الأوغاد اللئام، وفي كل ذلك زيادة في الفخر.

ثم ماذا؟ وقع ذلك الخصم الشديد قتيلاً فتناوشته السباع، تأكله من رأسه إلى معصمه، ولم يكتف عنترة بذلك، بل زاد صورةَ شجاعتِه وإقدامِه وأفعالِه الكبيرة إيضاحاً وتفصيلاً؛ ليتمدّح بذلك كلّه أمام عبلة وقومها، فقال: إن الدرع السابغة القوية الصنع قد تقطّعت تحت ضربات سيفه، ولكن من كان تحت تلك الدرع؟ إنه خصمه الذي وصفه بأنه يحمي قومَه، وهو مشهور فيهم مُعلم بعلامة تُمَيزه عن غيره، وهو -أي الخصم- مشهور في قومه بأنه يدخل في الميسر، ويضرب بالقداح، ويُنفق ماله، ويشرب الخمر، وكلّ تلك من صفات الكريم عندهم، فهو مشارك في العسر واليسر، كريم جواد.

وأراد عنترة أن يلتقط صورة جانبية يرى فيها متعته الفنية والنفسية، فقال: إن ذلك الخصم الشجاع لما رأى عنترة يمشي إليه، نازلاً عن فرسه، شاهراً سلاحه، ظهرت نواجذه، مكشّراً، لأنه معتادٌ على مقارعة الأبطال، فعاجله عنترة بالرمح فطعنه، ثم زاد أن ضربه بالسيف القاطع، وهنا مشهد بطولي قد يبلغ مبلغ الأسطورة الخارقة؛ لأنه يصف نفسه بأنه كان يحمل الرمح والسيف معاً، وأنه اقتدر على ضربتين متواليتين، واحدة بالرمح، وثانية بالسيف، ثم إنه لما خرّ الخصم صريعاً في أول النهار، وتحديد أوله لمزيد من الفخر بأنه لا يعجز عن قتل الأبطال سريعاً، لما خرّ وتضرّج بدمه، صار كأن رأسه وأصابعه صُبغت بعُصارة نبات العِظْلِم.

ثم هل اكتفى عنترة بتلك الأوصاف للخصم؟ لا فقد زاد أن وصفه بضخامة الجسم، فكأن

57. 阳光下细看他的尸首
——手指、头面似染上靛蓝色的汁浆。
58. 勇士之身躯如大树裹着战袍、
套着皮靴，绝无孪生子般瘦弱的模样。

这是安塔拉矜夸自己直面敌人的勇武表现的第二个画面。阿拉伯人素有赞美对手勇猛顽强、精心备战和充满男子汉气概的传统，以对手之强大，为自我矜夸充当铺垫。那么，安塔拉是如何描绘自己的对手的呢？他形容他的对手全副披挂，从不退缩，从不乞降。一般的勇士都畏其锋芒，不敢直接与其对阵。他（安塔拉）说道，尽管如此，我还是以一条挺直的长枪给他一记疾刺，贯穿了他的铠甲，然后他接着说道：即使如此高贵的人亦不能逃脱死亡，意即我杀死了这样一个勇猛高贵的人，也可以理解为安塔拉手下不杀无名之辈，而是专门斩杀勇猛高贵的敌人，这更让他引以为傲。

然后怎么样了呢？强敌就这样战死沙场，被野兽啃食，连脑袋和手腕都不剩下。安塔拉并没有止步于此，他非常清晰、细致地继续描绘自己的勇往直前和伟大事迹，以此向阿卜莱及她的族人炫耀。他说道：工艺严密的长身铠甲也被我的利剑穿透，而穿着这种铠甲的又是何人呢？那是对方部族的中流砥柱，他在战场上敢于公开表露自己的身份，平时在部族中也以赌博消遣、挥霍财富、畅饮美酒著称——这些都是当时阿拉伯人慷慨豪爽的表现，总之，这位豪爽的对手既擅长享乐，也擅长征战。

安塔拉还想拍一张侧面照，以此展现他的才华和豪气：当那个勇敢的对手看到安塔拉下了马，走过来，亮出武器，便龇牙咧嘴地迎上来，因为他已经习惯同英雄对阵，却被安塔拉手起一枪刺中，接着又补上一剑。这一场面展现出超凡绝伦的神勇——安塔拉同时携矛、剑作战，并且能一刺一砍，连续击中对手两次。安塔拉特意提到自己是在一大早（刚刚交战）就击杀这样的对手，以此矜夸自己面对强悍对手也能速战速决，当对手浑身是血倒下时，他的脸和手指仿佛被蓼蓝的汁液染了色。

安塔拉仍对描绘对手的形象意犹未尽，他接着形容对方体型硕大，仿佛战袍包裹着一棵大树，对手所穿的靴子也颇为硕大，这样的人降生时应当是

ثيابه على سرحة عظيمة، وهو ممن يُلبَس تلك النعال الكبيرة، وقد وُلِد –أي الخصم- وحيداً ليس له توأم، والتوأم -في العادة، وفي ظنّهم الغالب- يكون أضعف من غيره. فهذا الخصم لم يكن ضعيفاً.

وهذا يؤكّد ما ذُكر سابقاً من أن العربي يفخر بقتل الشجعان المشهورين، فمدحه للخصم القتيل مدح لنفسه، ثم فيه زيادة فخر بالشجاعة وشدة البأس؛ لأنه إذا كان يستطيع قتل الفارس الشجاع فهو على من دونه أقدر.

独生而非双生，因为阿拉伯人当时普遍认为双生子要比独生子长得瘦弱，而这位对手则和瘦弱毫无关系。

这也印证了前述的说法，即阿拉伯人常夸赞自己所击败的对手勇猛顽强、声名远扬。他以赞美自己的话语来赞美被他击毙的敌手，这样就更能突出自己的勇敢和勇猛，因为他既然有能力击败勇武的骑士，那么对较弱的敌人自然也不在话下了。

# المشهد الحادي عشر
# موقف مع المحبوبة

٥٩. يـا شـاةَ مـا قَـنَـصٍ لمن حَـلّـتْ لـه — حـرُمـت عـلـيَّ ولـيـتـهـا لـم تـحـرُمِ

٦٠. فـبـعـثـت جـاريـتي فـقـلـت لـهـا اذهـبي — فـتـجـسسي أخـبـارهـا ليَ واعـلـمي

٦١. قـالـت: رأيـتُ مـن الأعـادي غِـرّةً — والـشـاةُ مـمـكـنـةٌ لـمـن هـو مـرتـمي

٦٢. وكـأنـمـا الـتـفـتـتْ بـجِـيـدِ جَـدايـةٍ — رشـأٍ مـن الـغِـزلانِ حُـرٍّ أرثـم

انتقل الشاعر في هذا المقطع انتقالاً مفاجئاً إلى المرأة، وهي المحبوبة عبلة التي ذكرها في أول القصيدة، رجع إليها بعد أن أدخلنا في معمعة الحرب والضرب والطعن، ومشاهد الدماء، وهو لم يفعل ذلك؛ إلّا لأنه يريد الفخر بنفسه وهي تسمع.

فقال: أحببتُ امرأة كأنها أنثى بقر الوحش صالحة للصيد، أي للتغزّل بها والتقرّب منها، قيل: وصفها بأنها محرّمة عليه، لأنها جارته، أو امرأة أبيه، والأقرب أنه أراد أنها محرّمة عليه؛ لما بين قومه وقومها من العداوة. وها هنا صورة لطيفة يضعنا الشاعر فيها، فهذا البطل الذي يقتل الشجعان ويضرب بالسيف والرمح، ضعيف تُجاه الحب، فها هو يستعين بجاريته، لتتجسس على المحبوبة وقومها، وها هي ترجع قائلة: إنه يمكنك أن تجد فرصة إن أردت صيد الغزالة.

إنه اجتماع الخصلتين اللتين يُظنّ أنهما متناقضتان، غير أن النفس البشرية يمكن أن تحويهما، خصلة الضعف تُجاه الجمال، والارتماء عنده، وخصلة الشجاعة وشدة البأس والفتك بالعدوّ؛ ولهذا رقّ عنترة رقةً شديدة فشُغِل بوصف المحبوبة بأنها كالظبية الصغيرة التي من صفاتها الرثَم وهو

## 第十一幕

## 与情人同驻足

59. 那美丽的剑羚，人们尽可猎捕，

为何独将我的权利剥夺？

60. 我嘱咐女仆：快去吧！

打探她的消息，回报给我。

61. 她回来说道：我看他们疏于守卫，

有心射猎者自能命中将其捕获。

62. 当她向你望来，就像

花斑小羚羊扭转脖颈，健壮活泼。

诗人在这一段突然将话题转回女性，也就是开篇提到的情人阿卜莱。在带我们体会了战场的喧嚣、短兵相接的血腥场景之后，此刻回归女性话题，恰恰是诗人为了向心爱的女子表达自己的豪情。

安塔拉说道：我爱一个女人，她仿佛是一头适合狩猎的雌野牛，可以接近她，调戏她。据说他曾描述她（阿卜莱）于他而言是为禁忌，因为她是他的近邻或是父亲的妻妾。对安塔拉而言阿卜莱不可追求，最可能的原因是他和她所在的两部族间的仇隙。此处他（安塔拉）把我们置于有意思的场景中：这位英雄固然曾用宝剑和长枪手刃无数强敌，但他在爱情面前却软弱无力，因此才求助于女仆，让她帮忙打探阿卜莱和其族人的情况，女仆回报：如果你想要猎捕羚羊，机会还是有的。

他（安塔拉）一个人身上聚集了两个看似互相矛盾的品质，但是人类的灵魂可以同时容纳这样两种属性：面对美时的无力感和归属感，与面对敌人时的勇武、坚强和杀敌的勇气。因此，安塔拉在情人面前极为细腻温柔，他

البياض أو السواد في الشفة العليا.

وهذا الأمر، أعني اجتماع الرقة والشدة في شخصية واحدة يظهر في ثقافات شعوب عدّة، وفي نتاج أدبي متعدد اللغات، ففي الأدب الفرنسي مثلاً نلتقي شخصية (سيرانو دي برجراك) الذي كان بطلاً شاعراً، ولكنّ دمامته وكبَر أنفه سبّبا له عقدة شديدة، وكان فارساً شديداً على خصومه، كثير الانتصار عليهم، ومات مقتولاً كعنترة. فصِفَتا (الشاعر والفارس) تجتمعان فيه، وفي كلامه تظهر خصلتا الحب والبطولة الخارقة. فهو شبيه بعنترة من هذا الجانب.

将情人比喻为一只花唇小羚羊，即上嘴唇为白色或黑色的小羚羊。

这种将温柔与刚猛集合于一个人身上（的例子），在其他几个民族的文化中，在其他语种的文学作品中也频频出现。比如，在法国文学中，就有既是英雄战士又是诗人的人物西拉诺·德·贝尔热拉克[①]，西拉诺为自己的丑陋、大鼻子而怀有自卑情结，然而同时他也是一名面对敌人极为强悍的骑士，他和安塔拉一样常战常胜，最终战死沙场。西拉诺和安塔拉一样，集合了诗人和骑士两种身份，他的话语同样糅合了温柔的爱情与超凡的英雄特质。从这个角度上讲，这二人是相似的。

① 西哈诺·德·贝杰拉克（Cyrano de Bergerac，1619–1655）是十七世纪法国作家、哲学家、军人。他在战斗中负伤退役后师从法国著名哲学家、数学家和天文学家皮埃尔·伽桑狄（Pierre Gassendi），后来埃德蒙·罗斯丹（Edmond Rostand，1868–1918）于1897年创作的同名戏剧《西拉诺》（又译《大鼻子情圣》）登上法国舞台，在法国文学界和戏剧界造成极为震撼的影响。它描绘了一段发生在法国十七世纪中期动人的爱情故事：才华横溢却相貌丑陋的主人公西哈诺，因其巨大的鼻子而自卑，但他深深地爱着表妹罗克桑娜。与此同时，年轻英俊却胸无点墨的克里斯蒂安也对罗克桑娜心生爱慕。罗克桑娜才貌双全，自然期望她的伴侣是位集英俊、智慧与勇敢于一身的骑士。为了表妹的幸福，西哈诺选择默默付出，帮助克里斯蒂安赢得罗克桑娜的心，而他自己则在背后默默守护着这份深情。作品采用古典主义戏剧中的诗剧形式，韵律和谐，优美动人。（译者注）

# المشهد الثاني عشر
# من صور البطولة

٦٣. نُبِّئـتُ عَـمْـراً غـيـرَ شـاكـرِ نعمـتـي والـكـفـرُ مَـخْـبَـثـةٌ لـنـفـسِ المُـنعِـمِ

٦٤. ولـقـد حـفـظـتُ وَصـاةَ عـمّـيَ بالضحى إذْ تـقـلِـصُ الشـفـتـانِ عن وَضَـحِ الفـمِ

٦٥. في حـومـةِ المـوتِ التي لا تـشـتـكي غـمـراتِـهـا الأبـطـالُ غـيـرَ تَـغَـمْـغُـمِ

٦٦. إذْ يـتـقـون بي الأَسِـنّـةَ لـمْ أَخِـمْ عنـهـا، ولـكـنّي تـضـايَـقَ مُـقـدَمي

٦٧. لـمّـا سـمـعـتُ نـداءَ مُـرّةَ قـد عـلا وابـني ربـيـعـةَ في الـغـبـار الأقـتـمِ

٦٨. ومـحَـلِّـمٌ يـسـعـون تحـت لـوائـهـم والمـوتُ تحـت لـواءِ آلِ مُحَـلِّـمِ

٦٩. أيـقـنـتُ أنْ سيـكـونُ عـنـد لـقـائـهـم ضـربٌ يُـطِـيـرُ عن الفـراخِ الجُـثَّـمِ

ها هنا تجيش نفس عنترة الفارس المجرّب للأهوال، فيبدأ مقطعه هذا بالإشارة إلى من سمّاه عَمْراً، ذاكراً أنه لم يشكر نعمته، ثم أطلق حكمةً تصلح لكلّ زمان ومكان، وهذه الظاهرة -أعني إرسال الكلمة الحِكمية- شائعة في شعر القدماء، بل ربما تكون من دلائل براعة الشاعر عند بعض النقاد، لأن الحكمة تحفظ الشعر، وتجعله سائراً على الألسن، ومفهوم هذا الشطر الذي صار حكمة هو أن من يقدّم الخير للناس، فلا يشكرونه عليه، يجعله يكفّ عن تقديم الخير للناس، فكأن نفسه

## 第十二幕

## 另一些英雄场面

63. 听闻阿穆尔毫不记念我的恩情，
忘恩负义最让好施者心灰意冷。
64. 在交战的早晨，咬牙决死的关头，
我坚守着叔父的训导。
65. 死亡的笼罩下，战士承受的恐惧，
只变成含混的叫嚣。
66. 族人靠我躲避枪矛，
我却无法施展拳脚。
67. 灰黑的尘土中，我听到：
穆拉部落的喧嚣，拉比阿部落的喊叫。
68. 穆哈利姆部落的人在执旗奔走，
死神总是在他们的旗下落脚。
69. 接阵之时，还不知谁的头颅，
将成为最先离巢的雏鸟。

安塔拉在沙场上的勇士豪气再次激荡起来。他以一个名叫阿穆尔的人开启这一段落，指出对方没有感念他的恩情，然后留下一句适应一切时空的格言。古人的诗中经常留下格言警句，更有一些批评家认为格言是诗人诗艺精湛的表现之一，因为格言有助于诗作的留存，使诗作脍炙人口。成为格言的这半个联句意即：如果人们不感谢给他们带来好处的人，这会导致他不再行善，仿佛是人们的忘恩负义腐化了行善者的心灵。

خبُثت بسبب ذلك الكفر.

إن الرغبة في بقاء الأثر هي التي جعلت جمهرة من الشعراء يكثرون من الحكمة في قصائدهم، كزهير وأبي تمام والمتنبي، وكانت نفوسهم وعقولهم مستعدة متهيّئة لأن تصوغ المعنى العميق، في ألفاظ قليلة وتراكيب سهلة.

ثم يرجع عنترة إلى نفسه، فيخبر أنه حفظ وصية عمه، وهما في موقف تتقلّص فيه الشفاه من الروع، وهو موقف الحرب، ولكنه موقف يكون فيه الأبطال صابرين، وإن شَكَوْا فشكواهم بصوت يُسمع ولا يُفهم، وليس كتصويت الجبناء أو الضعفاء. ثم يقول، ونفسه تجيش أنفةً واعتداداً: في موقف الحرب كان الناس يتقون بي الأسنّة، أي يجعلونني بينهم وبينها، وهذا أعظم مظاهر الفخر، فهو قطب قومه، وغوثهم الذي إليه يفزعون، ولكنه هنا يصرّح بأنه في ذلك الموقف لم يجبن وإن لم يستطع التقدّم.

ثم يدخل عنترة في بعض تفاصيل الحرب، فيذكر أنه رأى وسمع بعض من سمّاهم من الأبطال الذين اشتركوا في الحرب، موقناً أنه سيقع قتال شديد، تطير بسببه الرؤوس عن الأعناق، وفي التعبير مجاز ظاهر، فقد عبّر بالفراخ، وهو يريد الرجال، وكأنه سيُثكِل الأمهات بقتل أولادهنّ.

为了在后世“留下痕迹”，一些诗人如祖海尔、艾布·泰马姆（أبو تمام）、穆太奈比（المتنبي）等乐于在其诗作中加入许多格言警句，凭借心智的缜密，他们也善于用简洁的语言和简单的结构锻铸深邃的意义。

接着，安塔拉将话题转回自己，他告诉人们，自己谨守叔父的训诫。此时，他正与叔父同处于战场的紧张氛围中，战士们绷紧嘴唇，忍耐着死亡的恐怖，在这里，没有人像懦夫一样抱怨危险，如果有什么抱怨，也只化作一些含混的吼叫。然后，他得意洋洋地说：“战场上，族人靠我躲避枪矛！”这是最伟大的矜夸，他就是部落的中流砥柱，他就是族人恐惧时的救助者。安塔拉还宣称，在这样的情况下，哪怕无法向前更进一步，他也绝不会胆小怕事。

安塔拉接着描述了战争的场景。他提及自己看到一些所谓的英雄也参战了。他坚信一场大断杀即将发生，因为他的缘故，会有一些人身首分离。这种表达方式是一个明显的隐喻，他用小鸟离巢来比喻身首分离，胜券在握，仿佛已经看见敌人的母亲们丧子后号哭的样子。

# المشهد الثالث عشر
## من صور البطولة

٧٠. لما رأيت القوم أقبل جمعُهم   يتذامرون كررتُ غيرَ مُذَمَّمِ
٧١. يدعون عنترَ والرماحُ كأنّها   أشطانُ بئرٍ في لَبانِ الأدهمِ
٧٢. ما زلتُ أرميهم بغُرّةِ وجهه   ولَبانِه حتى تسَرْبَلَ بالدمِ
٧٣. وازْوَرّ من وقعِ القنا بلَبانِه   وشكا إليَّ بعَبْرةٍ وتَحَمْحُمِ
٧٤. لو كان يدري ما المحاورةُ اشتكى   ولَكان لو علم الكلامَ مُكلِّمي
٧٥. والخيلُ تقتحمُ الخَبارَ عوابساً   من بين شَيظَمةٍ وأجردَ شيظمِ
٧٦. ولقد شفى نفسي وأبرأ سُقمَها   قِيلُ الفوارسِ: وَيكَ عنترَ أقدمِ
٧٧. ذُلُلٌ ركابي، حيثُ شئتُ مُشايعي   قلبي، وأحفِزُه بأمرٍ مُبرَمِ

## 第十三幕

### 在战争的喧嚣中

70. 敌人互相壮着胆子一齐上前，

为了不受人指摘，我策马迎战。

71. 他们齐呼“安塔拉”，

井绳般的长矛对准黑骏马的胸前。

72. 我策动战马冲杀不休，

只见马儿周身已被鲜血蒙染。

73. 它一边躲避胸前的枪锋，

一边报我以悲鸣、泪眼。

74. 若通人言，它必会与我倾诉，

若懂人语，它必会向我申辩。

75. 当我们穿过陷脚的软土，

牡马、牝马举步维艰。

76. 可当骑士们呼喊“前进啊，安塔拉！”

我的忧愁立时驱散。

77. 驯顺的坐骑一如我的心，

令行禁止，东西转战。

٧٨. ولقد خشِيتُ بأن أموتَ ولم تدُرْ للحربِ دائرةٌ على ابنَيْ ضَمْضَمِ

٧٩. الشاتمَيْ عِرضي ولم أشتِمهما والناذِرَينِ إذا لم ألقَهما دمي

٨٠. إن يفعلا فلقد تركتُ أباهما جزَرَ السباعِ وكلِّ نسرٍ قَشْعَمِ

في هذا المقطع دخل الشاعر إلى تفصيل بعض ما وقع في الحرب، فقد كان واقفاً يستعد لخوض غمارها، فرأى جمع الأعداء يحضّ بعضُهم بعضاً على القتال، فكرّ عليهم، أي هجم، ودخل غمار الحرب، وهو في أثناء ذلك يسمع أصحابه ينادونه: يا عنترة، وكانت الرماح قد بدأت تسقط على جواده ومن حوله، حتى صارت وهي منغرزة في صدره كحبال بئر، ومع ذلك فقد تابع القتال، وأقدم عليهم يتقدّمه صدر جواده ووجهه، حتى اكتسى الجواد دماً.

وها هنا تقتحم القريحة الشعرية الموقف، وإذا بالجواد يميل برأسه إلى عنترة، ويشكو إليه بدمعة وصوت أقل من الصهيل، قال: ولو كان هذا الجواد يعقل ويتكلم لقال ما لم يقله بالدمع والصوت الخفيّ.

وفي أثناء ذلك كان وطيس المعركة حامياً، فالخيل بذكورها الطوال وإناثها تقتحم الأرض الليّنة، ولم يجد ما يشفي نفسَه في ذلك الموقف سوى سماعه أصوات الفوارس الأبطال من قومه يقولون له: أَقْدِم يا عنترة. إنه الارتواء النفسي الذي كان يبحثُ عنه، بأن يكون كهفَ قومه في هذه الحرب، وملاذَهم، وأن يُنادى ولا يُنادى سواه في هذا الموقف العصيب.

ولماذا لا يكون كذلك وإبله التي يحارب بها مع قومه مذَلّلَة سمحة مطواعة لأيدي رُكّابها؟ وكيف لا يكون كذلك وله قلب يسايره ويصاحبه في هذا الموقف، وهو قلب الشجاع الفارس البطل، الذي يدفعه إلى الحرب بأمر محكم قد استعدّ له وتهيّأ؟

لقد امتلأت قصيدة عنترة بهذه المشاهد الحركية الحيّة التي تشخّص تلك المواقف المهُولة تُجاه أعيننا، وهذه من خصائص هذه المعلّقة الخالدة.

78. 有生之年，我定要教达姆达姆[①]的两个儿子
尝尝战争的灾难。
79. 我未开口，先中伤我的名誉，
叫嚣取我性命，却不敢亮出刀剑。
80. 任他们如何，我都已将他们的父亲
变成狮子、秃鹫的盛宴。

在这一段中，他继续描绘战场上发生的一些细节。他伫立阵前准备交战，只见敌人互相鼓舞着迎面而来厮杀，而他自己也迎面而上，发起攻击，冲锋陷阵。他听到同伴们呼喊他的名字："安塔拉！"而敌人的枪矛也开始刺向他所乘的骏马，战马中枪，犹如井绳嵌入其胸膛。尽管如此，安塔拉依然力战不休，纵马冲向敌人，直杀得战马如同披上一身血衣。

安塔拉的诗才再次迸发出来，他写道，战马扭过头来，以眼泪和低鸣向他诉苦。他接着说：战马若懂得人的语言，必然要以语言向他说出它用眼泪和内心的声音无法表达的痛苦。

战斗正如火如荼地进行着，高大的雄马和雌马在松软的地面上冲锋陷阵。这时他（安塔拉）听到本部落的骑士们冲他大喊："冲啊，安塔拉！"对他来说，没有比这话更能治愈他的了，这也正是他正在寻求的心理满足：他将成为这场战争中族人的庇护人，在艰难的处境中族人不喊别人的名字，只喊安塔拉的名字，这赋予安塔拉极大的成就感。

安塔拉怎会缺少这种豪气？毕竟他有两样宝物：一是驯顺的骆驼，同部落试骑过它的骑手无不对它称赞有加；二是他那颗从不萎靡涣散的、勇敢的英雄骑士之心！正是这颗心在对他自己下达冲锋陷阵的严令，而他也为此做好了一切准备。

安塔拉的诗作充满战场杀伐的鲜活的动感画面，在我们眼前展现了恢宏的情境。这是这首不朽悬诗的一大特点。

安塔拉曾在一次战斗中杀死了穆拉部族的达姆达姆（ضمضم المُرّي），他

① 达姆达姆（ضمضم）为穆拉部落人，他的两个儿子分别是哈里姆（هرم）和侯绥努（حصين）。（译者注）

وكان عنترة قد قتل ضمضماً المُرّي، فتوعّده ابناه هرِم وحُصين، ولهذا قال: إنهما يشتمانه، ويتوعّدانه بالانتقام، ويُهدران دمه، ولكنهما –على ما يقول- أجبنُ من لقائه، ولهذا فهما نذرا دمَه إذا لم يلقَهما، أما إذا لقيهما فهما يخشيانه ولا يُقدِمان عليه في الحرب. وها هو عنترة يختم قصيدته ببيت يجعله يملأ نفسه فخراً، ونفوسَ أعدائه وجَلاً، إذ قال: إنْ يفعل ذانك الرجلان ما فعلا من الشتم وإهدار الدم، فقد قتلت أباهما ضمضماً شرّ قِتْلة له، وأكرم قتلة لي؛ إذ قتلتُه في الحرب، فأكلته السباع والنسور.

لقد أرضى عنترة نفسه الطامحة إلى الإنصاف، الراغبة في إظهار تفرّدها، بهذا النشيد البطولي المحتدم، الذي ابتدأه بذكر المرأة، ولم يتركها في تضاعيف القصيدة، وملأه بالفخر ببطولته وفروسيته التي صارت مضرب الأمثال، ومع ذلك تظل القصيدة جزءاً من شعره كله، فهي لم تنته، بل تجدُ صداها في قصائده الثابتة الأخرى، فما فصّله هنا تجده مجملاً في قصيدة أخرى، وما أجمله فصّله هناك، فكأن ديوان شعره قصيدة خالدة في الفروسية والحب والشجاعة.

的两个儿子哈里姆（هرِم）和侯绥努（حُصين）立志复仇。安塔拉说道：这二人中伤他的名誉，妄称要向他复仇，但他俩其实并无胆量与他交战，因此他俩只敢在背后妄称杀他，一旦战场相遇，他们却惧怕他，不敢上前。就这样，安塔拉的悬诗收尾于这样充满矜夸之豪气、震慑敌手令其心惊胆战的一行诗句。他说道，即便那两个人辱骂、中伤我，号称要血债血偿，那也是无济于事，我已经杀死了他俩的父亲达姆达姆。他俩的父亲死状惨烈，这却是我最荣耀的一次击杀行动，因为我是在战争中杀死他的，让他（的尸体）成了狮子、秃鹫的食物。

这首英雄的赞歌抒发了安塔拉对公正的渴望、对自己超凡品质的自豪。这首诗以记念女性开篇，而女性话题在后面的诗中也不时闪回，其中还充满诗人对自己英雄气概和骑士精神的自我矜夸，有的还成了谚语。尽管如此，这首诗仍然只是安塔拉诗歌的一部分，它并未就此终结，而是在安塔拉的其他诗作中不断出现，在这首悬诗中详细描绘的话题，会在其他诗中简略提及，而这首悬诗中简短略过的内容，会在其他诗中详细铺陈，仿佛安塔拉的整部诗集就是一首关于勇武、爱情和骑士精神的永恒之诗。

# 安塔拉与当代阿拉伯读者期待视野的契合

在当代阿拉伯世界，安塔拉·本·舍达德·阿卜斯是一个妇孺皆知、家喻户晓的名字，他被认为是贾希利叶时期骑士诗人的代表，是阿拉伯人心目中文武双全、对爱情忠贞不渝的完美英雄。而附会于他的《安塔拉传奇》更是在这里世世代代广为流传，这部被誉为“阿拉伯的伊利亚特”[①]的史诗不仅在阿拉伯民间流传甚广，还为众多东西方的文学艺术家们提供创作灵感，成为他们作品中被歌颂的主人公。如埃及诗王艾哈迈德·绍基（1868—1932）曾写有诗剧《安塔拉》，俄罗斯音乐家拉姆斯基·科塞科夫（1844—1908）也曾创作名为《安塔拉》的著名歌剧。[②]

安塔拉（525—615）生于内志地区，父亲是阿卜斯部落贵族，母亲是埃塞俄比亚女奴。他自幼练习骑术，逐渐成长为一名优秀骑士。和安塔拉同时期的著名骑士有阿慕鲁·本·迈阿德·耶克里布(عمرو بن معد يكرب)、欧泰巴·本·哈雷斯·本·什海卜 (عتيبة بن الحارث بن شهاب)等[③]。此外还有两个著名的黑人胡法夫·本·欧麦依尔·沙里迪(خفاف بن عمير الشريدي)和苏莱克·本·苏拉凯(السليك بن السلكة)，与安塔拉并称贾希利叶时期三大黑人(أغربة العرب وهم ثلاثة)，[④]他们都从自己的黑奴母亲那里遗传了黑色皮肤。这些人都以骁勇善战闻名，其中也不乏能诗之人。

那么，为什么只有安塔拉被塑造成数千页的阿拉伯民间英雄史诗的主角，而且更重要的是，他至今仍能得到当代阿拉伯人的广泛喜爱？有人认为，这是由于他的个人经历传奇、爱情历程曲折、流传诗作最多，还有他的名字简

---

① شوقي ضيف، تاريخ الأدب العربي - العصر الجاهلي، دار المعارف، الطبعة الثامنة، ص ٣٧٠.

② أحمد الأشقر، " قصة يِفْتَاح الجِلْعَادي اليهودي وسيرة عنترة بن شداد العربي "، ٢٠٠٥/١/٤، www.alwatanvoice.com
（访问日期：2007年1月16日）

③ عبد المنعم عبد الرعوف شلبي وإبراهيم الابياري، شرح ديوان عنترة بن شداد، دار الكتب العلمية، بيروت، الطبعة الأولى، ١٩٨٠، ص١٥.

④ أبو فرج الأصفهاني، الأغاني، دار الكتب العلمية، بيروت، الطبعة الثانية، ١٩٩٢ (الجزء ٨، ذكر عنترة ونسبه وشيء من أخباره)، ص ٢٤٠.

单易记。[①] 这些都不无道理，毕竟神话式的传奇故事中，需要英雄、爱情、困境等引人入胜的情节和内容。然而，真正让安塔拉的形象在当代阿拉伯人心中高大起来，并受到广泛喜爱的原因还不止这些。笔者认为，其中最重要的原因，是安塔拉身上存在许多符合当代阿拉伯人审美标准之处，即与当代阿拉伯人的期待视野有相通之处，因而能让当代阿拉伯人产生很大程度的认同感。本文将从接受美学读者期待视野的角度对此加以分析。

## 一、戏剧冲突，扣人心弦

事实上，安塔拉这个人物本身所具有的一系列矛盾对立面的集合，正是形成他独特性格的重要因素，也是他身上最吸引人的地方。这里套用戏剧理论里的一句名言“没有冲突就没有戏剧”。黑格尔首次提出完整的戏剧冲突理论，认为“戏剧是以目的和人物性格的冲突以及这种斗争的必然解决为中心”，“戏剧的动作并不限于某一既定目的不经干扰就达到的简单的实现，而是要涉及情境、情欲和人物性格冲突，因而导致动作和反动作，而这些动作和反动作必然导致斗争和分裂的调解。”[②] 戏剧冲突是戏剧作品中表现人物与其对立面相抗衡、相斗争的一种艺术形式，主要表现为性格冲突，包括人物与人物之间、人物与命运之间、人物与阻碍其实现目标的环境之间的冲突，也可以是产生于人物内心世界里相互矛盾的欲望或价值观之间的冲突。可见，冲突是戏剧艺术的本质特征，也是形成戏剧性、引起欣赏者兴趣的重要因素。在安塔拉这一人物身上，正汇集着这样的戏剧冲突。

### 1. 获得自由却仍倍受歧视

按照贾希利叶时期的传统，女奴之子亦为奴隶，只有在生儿育女后才能被认祖归宗。所以尽管安塔拉的父亲是部落贵族，但母亲的奴隶身份使安塔拉出生后就被当作奴隶。但不甘被奴役的他从小养成勇敢的骑士精神，在本部落被侵犯时遵从父命抗击敌人，遂获得自由。

虽然他变成自由人，并为保卫本部落的人身财产安全立下功劳，但周围

---

① عبد المنعم عبد الرءوف شلى وإبراهيم الابياري، شرح ديوان عنترة بن شداد، ص١٥-١٦.

② 朱立元：《黑格尔美学论稿》，复旦大学出版社，1986年，第293页。

环境没有改变对他的态度，这是他一生痛苦的根由。当塔米姆部落险些击败阿卜斯部落时，安塔尔挺身而出，才使部落没有损失，而塔米姆部落首领盖斯·本·祖海尔撤退时说：“哎，竟让一个黑人之子来保卫族人。”[①] 就连本部落的人也不因他的巨大功绩而消除对他的偏见，反而增强了对他的嫉妒，甚至对他辱骂中伤，[②] 使他始终不能享受真正意义上的自由权利。他与家人和族人之间产生了不可调和的矛盾，也在诗中表现出他对自己处境的不满：

曾经，我为他们照看骆驼，
　　如今，我为他们抵御入侵。
托神明之福，阿卜斯部落降生了
　　阿拉伯人中最高尚的一群人。
即便有人以黑肤色诟病我的出身，
　　沙场上它却是我引以为傲的身份。[③]

### 2. 皮肤黝黑却心地明亮

安塔拉从他的埃塞俄比亚黑奴母亲那里遗传了黑色皮肤。他被称作“与黑暗同行的人”(أبو المغلّس)，这既暗示他遭受不公，也指他的皮肤黝黑。[④]

尽管他的黑皮肤给他带来的歧视使他饱受艰辛，但他仍然是一个品德节操高尚的人。这些可贵的品质，在他带有自我表现色彩的朴直的诗歌中得到反映。[⑤]例如，他饮酒作乐，兼具豪爽与矜持，酒醉时不失体面，清醒时又不失慷慨：

财货散去，任我一醉方休，
　　我的名节却不曾因醉蒙污。

---

① أبو فرج الأصفهاني، **الأغاني**، الجزء ٨، ص ٢٤١.

② ［黎巴嫩］汉纳·法胡里：《阿拉伯文学史》，郅傅浩译，人民文学出版社，1990年，第110页。

③ عبد المنعم عبد الرءوف شلى وإبراهيم الابياري، **شرح ديوان عنترة بن شداد**، ص١٠.

قَد كُنتُ فيما مَضى أَرعى جِمالَهُمُ　　وَاليَومَ أَحمي حِماهُم كُلَّما نُكِبوا
لِلَّهِ دَرُّ بَني عَبسٍ لَقَد نَسَلوا　　مِنَ الأَكارِمِ ما قَد تَنسُلُ العَرَبُ
لَئِن يَعيبوا سَوادي فَهوَ لي نَسَبٌ　　يَومَ النِزالِ إِذا ما فاتَني النَسَبُ

④ عبد المنعم عبد الرءوف شلى وإبراهيم الابياري، **شرح ديوان عنترة بن شداد**، ص١٠.

⑤ ［黎巴嫩］汉纳·法胡里：《阿拉伯文学史》，郅傅浩译，人民文学出版社，1990年，第113页。

清醒的我同样未曾吝啬
　　——你早就了解我的品行、气度。①

他为部落立下赫赫战功，但羞耻心和高贵的品质，让他面对战利品不为所动：

亲临战斗者会告诉你，
　　我是如何冲锋，对战利品却羞于多拿！②
我当然可以将财货据为己有，
　　只是羞耻与慷慨之心将这念头阻止。③

他宁愿挨饿致死也不取不义之食，先知穆罕默德赞许他这种气节，曾吟诵他这句诗：

我忍饥挨饿终日，
　　只为赢取高尚的餐食。④

他能够坚定自持，绝不沉湎于声色犬马。他若去拜访同区的女子，必须有她丈夫在身边才可以；当女邻居从他身边经过，他会闭上眼睛直到她走进家门，而他的眼光从不会追随她：

我若求买女奴，
　　必先向其主人付清价钱。
走访女子必须其丈夫在家，
　　若彼出征则不会登门约见。

---

① 见本书，第369页。
② 见本书，第373页。
③ عبد المنعم عبد الرءوف شلى وإبراهيم الابياري، شرح ديوان عنترة بن شداد، ص١٥٠.
فَأَرَى مَغَانِمَ لَوْ أَشَاءُ حَوَيْتُهَا　　فَيَصُدُّنِي عَنْهَا الحَيَا وَتَكَرُّمِي
④ أبو فرج الأصفهاني، الأغاني، الجزء ٨، ص ٢٤٣.
لَقَدْ أَبِيتُ عَلَى الطَّوَى وأظَلُّه　　حتى أَنالَ به كريمَ الْمَأْكَلِ

若女邻居从旁经过，
　　直到她走进帐房，我都闭上双眼。
我的性情宽和而高尚，
　　绝不受制于私心邪念。①

他虽骁勇善战、毫不畏惧，但不妄称自己是最勇敢的人。有人问他：“你是最勇敢的阿拉伯人吗？”他回答：“不。”又问：“那你为何在人们中以此闻名？”他说：“我认为必须进攻时才进攻，该撤退时就撤退，决不陷进没有出路的困境。我首先猛烈进攻怯懦者，勇敢者惊魂未定之时我也将他置于死地。”②

### 3. 爱情纯真却阻碍重重

安塔拉爱上了堂妹阿卜莱，甚至他的一生都在取悦阿卜莱。几乎其每一首诗作都少不了她的名字，想尽办法引起她对自己的注意。安塔拉所做的一切都是为了得到她的青睐，他的爱情纯洁无邪、真挚热烈：

你已在我心中安家落户，
　　这份爱恋和敬重确切无误。③

他无时无刻不在思念阿卜莱，甚至在枪林刀丛中浴血奋战时脑海中还浮现出她的倩影，从而在诗歌中开创了将战场上的英雄气概和纯美爱情关联在一起的模式：

敌人的刀枪印着我的血迹斑斑，
　　我却仍旧将你深深思念。

---

① عبد المنعم عبد الرءوف شلى وإبراهيم الابياري، شرح ديوان عنترة بن شداد، ص١٨٥-١٨٦.
مَا اسْتَمْتُ أُنْثَى نَفْسَهَا فِي مَوْطِنٍ　　حتى أُوَفِّيَ مَهْرَها مَوْلاهَا
أَغْشَى فَتَاةَ الْحَيِّ عِنْدَ حَلِيلِهَا　　وإذا غَزا في الجيشِ لا أَغْشَاهَا
وأَغُضُّ طَرْفِي مَا بَدَتْ لِي جَارَتِي　　حَتّى يُوَارِيَ جَارَتِي مَأْوَاهَا
إِنّي إمْرُؤٌ سَمْحُ الخَلِيقَةِ ماجِدٌ　　لَا أُتْبِعُ النَّفْسَ اللَّجُوجَ هَوَاهَا

② أبو فرج الأصفهاني، الأغاني، الجزء ٨، ص ٢٤٤.

③ 见本书，第351页。

我真想亲吻那些宝剑，
　　它们多像你张开笑口，珠齿闪闪。①

然而，由于安塔拉皮肤黝黑，下唇有豁口，并且从前身为奴隶，阿卜莱及其亲属都疏远他。得不到认可的安塔拉，虽从未放弃努力，但也常会因此难过伤感，在这种尴尬境地中不解地追问：

离别的日子，对着营帐的遗迹，
　　眼泪固然无可吝惜，但我强忍泪水。
敢问树上鸟，你的婉转啼鸣，
　　曾让多少我这样的人伤心落泪？②

他一直向阿卜莱求婚，但叔父马立克想把女儿嫁给有钱有势的人，举家迁到什班部落，他的苦衷无从诉说，便对树枝上的鸟儿倾诉无尽哀伤：

树上的鸟儿啊，你的歌声
　　使我陶醉，触动了我的悲伤。
让我尽情哭泣、宽解悲伤吧，
　　你会看到我的泪水化作一片汪洋。
如果有一天你看到出嫁的驼队，
　　鸟儿啊，就去为我报丧。
说：“安塔拉的血泪已经哭尽，

① عبد الله التطاوي، القصيدة العربية بين الجاهلية وصدر الإسلام، دار الوفاء للنشر والإعلان، القاهرة، الطبعة الأولى، عام ١٩٨٤، ص١٠٧.
وَلَقَدْ ذَكَرْتُكِ وَالرِّمَاحُ نَوَاهِلٌ　　مِنِّي وَبِيضُ الْهِنْدِ تَقْطُرُ مِنْ دَمِي
فَوَدِدْتُ تَقْبِيلَ السُّيُوفِ لِأَنَّهَا　　لَمَعَتْ كَبَارِقِ ثَغْرِكِ الْمُتَبَسِّمِ
译文引自仲跻昆编译：《阿拉伯古代诗选》，作家出版社，2019年，第23页。

② عبد الله التطاوي، القصيدة العربية بين الجاهلية وصدر الإسلام، ص ١٠٨.
وَلَقَدْ حَبَسْتُ الدَّمْعَ لَا بُخْلاً بِهِ　　يَوْمَ الْوَدَاعِ عَلَى رُسُومِ الْمَشْهَدِ
وَسَأَلْتُ طَيْرَ الدَّوْحِ كَمْ مِثْلِي شَجَا　　بِأَنِينِهِ وَحَنِينِهِ الْمُتَرَدِّدِ

被抛弃的他卧病而亡”。[①]

### 4. 信心满怀却又抑郁痛苦

安塔拉每每遭遇责难和暗算，便会变得更加坚定不屈，用加倍的努力堵住诽谤者的非议。虽因身世屡遭歧视，但他照样写诗夸赞自己，一方面强调父亲的出身尊贵，另一方面突出自己在战争中的英勇，以显得他比伯伯舅舅们更加优秀：

半个我有阿卜斯最好的出身，
　　我用宝剑维护我的其余部分。
一旦人马后退期待有人应敌，
　　人们发现我胜于叔伯舅舅们。[②]

他也毫不避讳母亲是黑奴的事实，说她是努哈的儿子哈姆的后代，同父亲（阿拉伯人是努哈的儿子闪姆的后代）一样尊贵，而且用克尔白天房里神圣的玄石来形容母亲的黑皮肤：

这青年，他父亲是阿卜斯最高贵的之一，
　　他母亲则出自哈姆的后裔。
哈姆・本・努哈是老太太的祖先，
　　她的额头好似天房的黑石。[③]

---

① عبد المنعم عبد الرءوف شلى وإبراهيم الابياري، شرح ديوان عنترة بن شداد، ص١٧٣.

يَا طَائِرَ الْبَانِ قَدْ هَيَّجْتَ أَشْجَانِي　　وزِدْتَني طَرَبًا يا طائر البـــانِ
زِدْني مِنَ النَوْحِ وَاسْعِدْنِي عَلَى حَزَنِي　　حَتَى تَرى عَجَباً مِنْ فَيْضِ أَجْفَانِي
نَاشَدْتُكَ الله يَا طيرَ الحمـامِ إذا　　رَأَيْتَ يوماً حُمُولَ الْقَوْمِ فَانْعَانِي
وقُلْ طَرِيحًا تَرَكْنَاهُ وَقَدْ فَنِيَـــتْ　　دُمُوعُه وَهْوَ يَبْكِي بِالدَّمِ الْقَانِي

② شوقي ضيف، تاريخ الأدب العربي - العصر الجاهلي، ص ٣٧٠.

إِنِّي امْرُؤٌ مِنْ خَيْرِ عَبْسٍ مَنْصِباً　　شَطْرِي، وَأَحْمِي سَائِرِي بِالْمُنْصُلِ
وَإِذَا الْكَتِيبَةُ أَحْجَمَتْ وَتَلاحَظَـتْ　　أُلْفِيـتُ خَيْراً من مُعَمٍّ مُخْـــوَلِ

译文引自仲跻昆：《阿拉伯文学通史》（上卷），译林出版社，2010年，第107页。

③ عبد المنعم عبد الرءوف شلى وإبراهيم الابياري، شرح ديوان عنترة بن شداد، ص١٥٩.

يُقَدِّمُهُ فَتَى مِنْ خَيْرِ عَبْسٍ　　أَبُوهُ، وَأُمُّهُ مِنْ آلِ حَامِ
عَجُوزٌ مِنْ بَنِي حَامِ بْنِ نُوحٍ　　كَأَنَّ جَبِينَهَا حَجَرُ الْمَقَامِ

有人嘲笑他皮肤黑，他便作诗反驳说他们的卑劣行径比他的皮肤还要黑：

他们诟病我的肤色，殊不知
　　他们的丑行比我的皮肤更黑。①

但是族人不公正的对待，终究使他内心充满了深深的抑郁与愤懑，让他痛苦不堪，有时竟达到他不能忍受的程度，只能以泪水排遣苦闷：

当泪水盈眶、滴落脸庞，
　　当对阿拉姆·萨迪山的思念涌上心房，
我向族人控诉他们的霸道欺凌，
　　无论远近，他们都待我不公。②

### 5. 骁勇刚毅却又温柔细腻

安塔拉确实是一名优秀的骑士，其骁勇刚毅闻名遐迩，有阿拉伯骑士之父（أبو الفروسية العربية）③的美誉。他在战场上英勇无畏，即使在厮杀中负伤，也仍不下马，继续奋勇作战：

敌人的勇士轮番进战，
　　我总是御马上前，左右冲杀。
方临枪矛，又遭弓箭，
　　高大的烈马满身都是伤疤。④

他善骑术，通战术，与再强劲的对手交锋也迎难而上，从不退避逃脱：

---

① عبد المنعم عبد الرءوف شلى وإبراهيم الابياري، شرح ديوان عنترة بن شداد، ص٦٢.
يَعِيبُونَ لَوْنِي بِالسَّوَادِ وَإِنَّمَا　　فِعَالُهُمُ بِالْخُبْثِ أَسْوَدُ مِنْ جِلْدِي

② عبد المنعم عبد الرءوف شلى وإبراهيم الابياري، شرح ديوان عنترة بن شداد، ص٦٢.
إِذَا فَاضَ دَمْعِي وَاسْتَهَلَّ عَلَى خَدِّي　　وَجَاذَبَنِي شَوْقِي إِلَى الْعَلَمِ السَّعْدِي
أذكِرُ قوْمِي ظلمَهُمْ لِي وَبَغيَهُمْ　　وَقِلة إِنصَافِي عَلى القرْبِ وَالبُعْدِ

③ شوقي ضيف، **تاريخ الأدب العربي - العصر الجاهلي**، ص ٣٧١.

④ 见本书，第373页。

多少全副披挂、人莫敢当的对手，

冲锋陷阵从不乞降。

是我的手送他一记疾刺，

用一条杆顺鋈坚的长枪。①

他平时与人和谐相处，宽厚容忍，然而一旦受委屈或权利遭到侵犯，就一定要为自己的利益据理力争，也会让对方吃尽苦头：

赞美我吧，你知道我是多么随和

——只要我不被人欺辱。

若有人敢于欺凌，就让他尝尝

我手段毒烈如苦瓜一般苦。②

面对侮辱他操守品格的诽谤者，他从不心软，有时甚至表现得近乎残酷：

我未开口，先中伤我的名誉，

叫嚣取我性命，却不敢亮出刀剑。

任他们如何，我都已将他们的父亲

变成狮子、秃鹫的盛宴。③

他让敌人闻风丧胆，让对手心生敬畏。贾希利叶时期另一位以勇敢和擅长骑术著称的骑士诗人阿慕鲁·本·迈阿德·耶克里布曾说："我不在乎遇到哪个阿拉伯骑士，除了两个自由人和两个奴隶。"此处他提到的"两个奴隶"即指安塔拉和苏莱克·本·苏拉凯。④

由于安塔拉是受尽屈辱之后才获尊荣，身为奴隶而后获得自由，少年时代遭受的凌辱伤害，无疑造成他多愁善感的一面。⑤他在诗歌中表现出的温情，

① 见本书，第375页。

② 见本书，第367页。

③ 见本书，第391页。

④ أبو فرج الأصفهاني، الأغاني، الجزء ٨، ص ٢٤٦.

⑤ طه حسين، من تاريخ الأدب العربي- العصر الجاهلي والعصر الإسلامي، دار العلم للملايين، بيروت، الطبعة الخامسة،١٩٩١، (ساعة مع عنترة)، ص ٤٣٩.

不仅局限在对阿卜莱的爱情。比如，他对陪伴其一生并与之共同战斗的战马疼爱有加，为它在战场上伤痕累累而心痛不已：

它一边躲避胸前的枪锋，
　　一边报我以悲鸣、泪眼。
若通人言，它必会与我倾诉，
　　若懂人语，它必会向我申辩。①

甚至对被他杀死的敌人，也会表现出这种柔情：

那是我刺穿了他的铠甲，
　　高贵之人亦不免在长枪下气绝身亡。②

可以看出，无论是安塔拉前后身份转变的传奇特征，还是他因不平凡的生活经历而形成的极端矛盾的独特个性，还有他毕生追求的目标与周围环境之间无法逾越的鸿沟，都构成反差极大的富有戏剧性的冲突。如前所述，这一系列矛盾和冲突形成的戏剧性，也是引起当代阿拉伯人兴趣的重要因素。同时，就像塔哈·侯赛因在总结安塔拉的特性时所说："安塔拉拥有十足的阿拉伯大丈夫气概，他温柔但不懦弱，刚毅但不残暴；他饮酒，但酒醉时不败坏道德，酒醒时不忘慷慨给予；战争中他英勇无畏，分配战利品时他则廉洁清正。"③ 可见，安塔拉身上所具备的英勇刚毅、慷慨大方、清正廉洁等品质，依然被当代阿拉伯人认为是高尚情操。再如，阿拉伯民间画的重要主题之一，便是安塔拉的英雄形象，不同时代的民间画家将这部传奇绘成画作，画中的安塔拉总是骑着骏马，身披战袍，手握长矛，高举利剑，是为正义而战的英雄。"安塔拉传奇中的道德价值已成为各个阿拉伯地区的道德价值。"④ 此外，对爱情的执着追求，实际上是人类的永恒主题之一。基于此，安塔拉的爱情经历能够被当代阿拉伯

① 见本书，第389页。
② 见本书，第375页。
③ طه حسين، من تاريخ الأدب العربي- العصر الجاهلي والعصر الإسلامي، (ساعة مع عنترة)، ص ٤٤٠.
④ نزار الأسود، "الفن الشعبي من الحارة إلى اللوفر"، ٢٠٠٧/٤/١٧، http://thawra.alwehda.gov.sy
（访问日期：2007年1月18日）

人所接受和理解。可以说，这个人物满足了当代阿拉伯人对完美骑士英雄的一切期望和幻想，当然也包括对英雄遭遇的同情与感叹。

## 二、愈挫愈勇，普获认同

安塔拉的一生是不断追求、努力实现自我价值的一生，他不满于不被认可的现状，勇于和生活环境、和命运做斗争，具有强烈的自我意识和反叛精神。

面临本部落对自己的歧视，甚至诽谤等不公待遇，安塔拉完全可以选择走进“侠寇”的世界（例如前面提到的苏莱克正是如此），以打家劫舍、拦路行抢为生，借以控诉对贫富悬殊的不公正社会的强烈不满。然而，他没有逃避，而是正视困难，毅然留在让他备受冷落的群体里，用贾希利叶时期人们崇尚的骑士精神来证明自我价值，这的确需要勇气。对他而言，忧虑不安的生活迫使他去战斗，英勇乃是他治疗身心痛苦的良药。安塔拉用诗歌和战斗去争取自己的权利。骑士精神和爱情是他诗歌创作的两大主题，也是他生活中最重要的组成部分。

敌人来袭时，他奋力战斗、拼命厮杀，为的是给自己争取自由。父亲要求他抵御入侵的塔伊部落时，他推托说“奴隶只会挤奶”，而当父亲表示，只要他去战斗就给他自由时，他便应声而起，并吟诵诗句，表示人人都会为捍卫自己的自由和尊严而战斗：

我就是混血儿安塔拉
　　每个人都要保卫族人①

他也在诗歌中极尽夸张之能事，表现自己在战场上的英勇无畏，目的是让族人对他另眼相看。贾希利叶时期的阿拉伯人普遍把名誉看得比生命更重要。作为倍受歧视的部落成员，安塔拉的这种感情更加强烈。给部落带来荣耀就能赢得族人好感，从而减轻他心中的痛苦。因此，听到族人的呼唤，他

---

① أبو فرج الأصفهاني، الأغاني، الجزء ٨، ص ٢٣٩.
أَنَا الْهَجِينُ عَنْتَرَهْ　　كُلُّ امْرِئٍ يَحْمِي حِرَهْ

便愈加英姿勃发：

可当骑士们呼喊“前进啊，安塔拉！”
　　我的忧愁立时驱散。①

有时，他赞美部落时带有明显的自我矜夸色彩；有时，他将部落的荣耀与自己的荣誉联系起来，这都是建立在他自诩为部落保护人的基础之上：

我用剑为他们高筑光荣
　　他们却将我的光荣破坏②

安塔拉作诗，除了抒发胸臆，还为了向别人证明自己具有诗才。阿卜斯部落的一个人辱骂他和他的母亲、兄弟皮肤黑，他反驳道：“……我屡战沙场，能缴获战利品，没有不良行为，对人慷慨给予，办事英明果断。”那人便对他说：“我比你更会作诗。”安塔拉回答道：“你将知道（真相）。”随即吟诵他那首著名的《悬诗》，在其中详述自己的功绩，后被称作“金诗”③，流传至今。

爱情对安塔拉来说，更多的是争取自由权利、证明自身价值的途径。可以说，表妹阿卜莱在他心中不仅仅是一个情人，更是他所追求的最高理想的象征和标志。阿卜莱的家族属于自由人阶层，叔父马立克如果同意他俩结合，就意味着对他的自由人身份被承认和接纳。于是，为了赢得阿卜莱的心，他用宝剑证明自己的骑士精神，也常作诗告诉她自己的汗马之劳，提醒她关注自己的优秀品质，让她忘掉他的肤色和相貌、两人的门第差别和重重的世俗阻碍：

马立克的女儿啊，若对我有所不知，
　　你不妨去问问战马！④

---

① 见本书，第389页。

② عبد المنعم عبد الرءوف شلى وإبراهيم الابياري، شرح ديوان عنترة بن شداد، ص٦٢.
بَنَيتُ لهم بِالسَّيْفِ مَجْدًا مُشَيّدًا　　فَلَمَّا تَنَاهَى مَجْدُهُمْ هَدَمُوا مَجْدِي

③ أبو فرج الأصفهاني، الأغاني، الجزء ٩، ص ٢٢٤.

④ 见本书，第373页。

总之，不论安塔拉战斗、作诗还是求爱，他的所作所为、一言一行都有为了向别人证明自我存在和自我价值的倾向，渴望得到周围人们的承认和赞扬。他身处理想与现实的巨大差距之中，经历过挫折，遭受过磨难，却仍然怀着满腔热情，不懈地追求心中的目标。实际上，人的意志愿望与周围环境之间存在矛盾是常有的事，这是一个普遍问题，人们在面对这种矛盾时会产生不同程度的彷徨，选择迎难而上会担心自己能否坚持到底，选择知难而退似乎又不太甘心。尽管如此，抛开一切顾虑朝着理想全力以赴，是多数人公认的勇敢举动，并对之褒奖赞赏，对这样的勇者敬佩尊重。从这个意义上讲，安塔拉的这种大无畏精神能够引起阿拉伯人的认同感。此外，联系当代阿拉伯人所经历的遭遇，面对长期的外来入侵和占领，他们自然会产生反抗外敌、保卫家园、捍卫民族尊严的强烈意识和情感，而安塔拉的奋斗历程则在一定程度上给了他们精神鼓舞。安塔拉常被引用的诗句之一是“不要拿屈辱的生命之水将我浇灌，而要用那充满荣耀的苦瓜杯给我解渴”①（لا تسقني ماء الحياة بذلةٍ، بل فأسقني بالعز كأس الحنظل），这也是当代阿拉伯人不愿受屈的心理写照。

## 三、情感真挚，动人心扉

安塔拉的诗作，感情质朴真挚，文字简洁易懂，这也是促使其诗作更广泛地流传，进而得到人们喜爱的重要原因之一。

“安塔拉在思想、想象、感情、感觉方面都是真诚的，基于这种真诚，诗中显现出一种本能的朴直。”②伊本·赛拉姆曾这样评价安塔拉的悬诗：“这首诗是罕见的”。塔哈·侯赛因也说：“这首诗就像是一组由众多迥异的乐曲组成的乐章，但其中有一个主调贯穿始终，有时表现得很清楚，有时虽听不出来，却可以感觉得到……这就是诗人对情人的倾诉和他心中对她自始至终的思慕。”③他表达爱情的诗句，不同于贾希利叶时期如乌姆鲁勒·盖斯等诗人写的情诗，其中没有露骨的男欢女爱，也没有浪漫的花前月下，我们看到的他关于爱情的描写，发自一颗痴恋之心，高尚忠贞，矢志不渝：

---

① الشيخ كمال خطيب، "قرعة وبتتحالى بشـــعرات بنت خالتها"، ٢٠٠٦/٦/٢٧، www.sawt-alhaq.com（访问日期：2007年1月18日）

② ［黎巴嫩］汉纳·法胡里：《阿拉伯文学史》，郅傅浩译，人民文学出版社，1990年，第115页。

③ طه حسين، من تاريخ الأدب العربي- العصر الجاهلي والعصر الإسلامي، (ساعة مع عنترة)، ص ٤٣٩.

你若去问阿卜莱，她一定会说：
　　我追求的女子只有她
无论她想要什么，我必将奉上
　　只援助她，绝不伤害她①

安塔拉也因此被誉为“贞情诗的鼻祖”②。因为长久无法和恋人接近，他的爱情常与痛苦和泪水相伴。他的情诗笼罩着些许失望悲凉的色彩。即使在这种情况下，他的相思依旧未减，热烈如初：

当人们说“明天约会在沙丘曲折处”
　　这思念对爱恋者来说是多么漫长③

安塔拉的诗质朴平实，“如果将他的诗读给年轻人听，他们会理解其中的大部分，不需要解释和翻译，因为它清楚明晰，文字简单，意思浅显，年轻人不觉得会有障碍。”④ 他在诗中的疑问、感叹、反诘、呼唤等都用得恰到好处，没有做作之感。他的比喻形象生动，贴近生活，例如，他把要给对手尝的苦头形容为“苦瓜的味道”（فإذا ظلمتُ فإن ظلمي باسل مرّ مذاقته كطعم العلقم），将心上人阿卜莱比喻成“未经放牧的处女地和芳草园”（روضة أنف），将战场上飞速的刀光剑影比作快速落下的“井绳”（والرماح كأنها أشطان بئر في لبان الأدهم），形容飞溅的鲜血“如同龙血树一样红”（ورشاش نافذة كلون العَنْدَم）。⑤

正如汉纳·法胡里所说，“安塔拉温柔、悲婉、忧郁、崇高的心境，在诗中便显得率真而热烈，他的诗是歌唱，蕴含着能引起人们共鸣的忧伤——那不分时代、不分地域的人类的忧伤，他是具有极大影响力的永恒的人类诗篇，能使每一个人激动，能打开每一扇心扉”。⑥

---

① عبد المنعم عبد الرءوف شلى وإبراهيم الابياري، شرح ديوان عنترة بن شداد، ص١٨٦.
وَلَئِنْ سَأَلْتَ بِذَاكَ عَبْلَةَ خَبَّرَتْ　　أَنْ لَا أُرِيدَ مِنَ النِّسَاءِ سِوَاهَا
وَأُجِيبُ إِمَّا دَعَتْ لِعَظِيمَةٍ　　وَأُغِيثُهَا وَأَعِفُّ عَمَّا سَاهَا

② شوقي ضيف، تاريخ الأدب العربي - العصر الجاهلي، ص ٣٧١.

③ عبد المنعم عبد الرءوف شلى وإبراهيم الابياري، شرح ديوان عنترة بن شداد، ص٧٠.
قَالُوا اللِّقَاءَ غَداً بِمُنْعَرَجِ اللِّوَى　　وَا طُولَ شَوْقِ الْمُسْتَهَامِ إِلَى غَدِ

④ طه حسين، من تاريخ الأدب العربي- العصر الجاهلي والعصر الإسلامي، (ساعة مع عنترة)، ص ٤٣٩.

⑤ عبد الله التطاوي، القصيدة العربية بين الجاهلية وصدر الإسلام، ص١٠٥.

⑥ ［黎巴嫩］汉纳·法胡里：《阿拉伯文学史》，郅傅浩译，人民文学出版社，1990年，第115页。

基于上述原因，安塔拉的诗歌流传甚广，他是贾希利叶时期诗歌流传最多的诗人（当然也不排除有附会之作）。至今人们仍以各种形式怀念他，如黎巴嫩著名女歌唱家菲鲁兹在黎巴嫩和巴勒斯坦地区传唱甚广的五韵诗（مخمس مردود）中有一句："大门两扇上新锁，门旁守卫（夜与安塔拉）显威严"（باب البوابة ببابين بقفوله ومفاتيح جداد وعالبوابة في عبدين الليل وعنتر بن شداد），特别提到安塔拉的故事。阿拉伯人对安塔拉和阿卜莱的爱情仍津津乐道，在叙利亚大马士革老城区，每晚人们在阿兹迈宫殿（قصر العظم الدمشقي）的前庭抽着水烟，听说书人讲故事，墙壁上装饰着不同故事的插图，其中最著名的便是安塔拉和阿卜莱的爱情故事。[①]不论历史上这段爱情的结局如何，人们总是心怀美好的向往。据说，安塔拉和阿卜莱的故事曾在沙姆地区贝都因人的婚礼歌曲中占有重要地位，当新娘从娘家出发去新郎家时，人们会说"阿卜莱骑在骆驼背上，剑拿在右手上"（عبلة رِكْبَت ظَهْرِ الهَجِينِ والسيف بالإيدِ اليمين）；当新娘到了新郎家时，人们会说"我们的新郎是安塔拉·阿卜斯，安塔拉·阿卜斯是我们的新郎"（عَرِيسِنا عنتر عَبِس عنتر عبس عريسنا）之类的话，这是一种约定俗成的习俗。而在一些阿拉伯部落当中，安塔拉和阿卜莱的故事也曾是婚礼上不可缺少的表演。[②]

## 结语

接受美学有一条重要原则是"视野融合"，即只有读者的期待视野与文学文本相融合，才谈得上接受和理解。所谓期待视野，是指读者接受文学作品时自身所具有的某种思维定向和先在结构，包括人们的思想观念、道德情操、审美趣味，同时也包括人们的直觉能力、承受能力和接受水平等。读者的期待视野不是一成不变的，它因人而异，也因时代的变化而不断发展。每一时代的读者，都是依据自己的期待视野使作品意义现实化。

虽然安塔拉在创作诗歌时，古人在撰写《安塔拉传奇》时，都不会也不可能考虑到几千年后的当代阿拉伯读者的期待视野，但安塔拉身上存在的特质却

① لينا عثمان، " القص والحكاية من الشعر إلى السيرة "، ٢٠٠٥/٢/٢٨، thawra.alwehda.gov.sy（访问日期：2007年1月17日）

② أحمد الأشقر، " قصة يِفْتَاح الجِلْعَادي اليهودي وسيرة عنترة بن شداد العربي "، ٢٠٠٥/١/٤، www.alwatanvoice.com（访问日期：2007年1月18日）

具有不同时代、不同地区的人们普遍认同的精神，贯穿着某些共通的生活逻辑。他的独特性格、人生经历、诗歌创作为人所熟知，以他为原型的民间史诗，虽然带有附会夸张的成分，甚至神话的色彩，但都旨在加强故事引人入胜的程度，亦在当代人可以接受的范围之内，读者能够并且愿意接受这样的“改造”，在阅读时会不时体验到顺向相应的轻松，并产生强烈的认同感，称之为共鸣。共鸣指不同的读者，包括不同时代、阶级和民族的读者，在阅读相同文学作品时可能产生的大致相同或相近的情绪激动和审美趣味趋同的现象，另一方面则指读者被作品中人物的思想情感、理想愿望及命运遭际所打动，从而形成的一种强烈的心灵感应状态。共鸣是文学接受的高潮最重要的标志。正因如此，当代阿拉伯人对安塔拉这位贾希利叶时期的骑士诗人、阿拉伯长篇民间史诗主角的敬仰和热爱依然在延续，他的故事世代流传，经久不衰。

部落捍卫者
حامي القبيلة

معلقة الحارث بن حلزة

# 哈雷斯·本·希里宰的悬诗

من دفاتر الانتصار

胜利的历史

林哲　译

مقدمة بشرح: صالح الزهراني

导言与评析：萨利赫·扎哈拉尼

邹兰芳　徐月　译

从哈雷斯的悬诗探析阿拉伯文化的审美意识

杨婉莹

هو الحارث بن حِلّزة اليشكُري، من أشراف بني يشكر من قبيلة بكر بن وائل وحكمائها، الذين يُلجأُ إليهم في أوقات المحن والشدائد. لا نجد عنه في كتب التراث من الأخبار ما يكشف معالم شخصيته، سوى أنه كان مصاباً بالبرص، وأنّه كان شديد الفخر بقبيلته حتى قيل في المثل: أفخر من الحارث بن حلّزة.

اختلف المؤرخون في عدد أبنائه، فقد ذكر ابن قتيبة أنّ له ولداً اسمه مذعور، وقال الميداني: إنّ له ولداً آخر اسمه عمرو. أدرك في آخر حياته عمرو بن هند ملك الحيرة، وأنشد معلقته أمامه وعمره مئة وخمس وثلاثون سنة، على ما يذكر ابن الأنباري. قيل إن ديانته كانت النصرانية؛ وهي الديانة التي كانت تدين بها قبيلة بكر بن وائل في جاهليتها.

سكنت قبيلة بكر بن وائل الجزيرة العربية وبلاد البحرين، وانتقلت بعد ذلك إلى العراق وبلاد الشام، واستوطنت فيما يعرف الآن بديار بكر جنوب تركيا. توفي عام ٥٨٠م على وجه التقريب.

哈雷斯·本·希里宰·叶什库里（الحارث بن حِلّزة اليشكُري）是伯克尔·本·瓦依勒（بكر بن وائل）部落中叶什库里家族的显贵，也是这个家族中的智者，是危难之时众人的庇护所。我们在古籍的记述里找不到有关哈雷斯的个性特点，只知道他患有麻风病，他很为自己的部落感到自豪，以至谚语有云："比哈雷斯·本·希里宰更自豪"。

关于哈雷斯有几个子嗣，历史学家们意见不一。伊本·古泰白（ابن قتيبة）提到过他有一个儿子，名叫迈兹欧尔（مذعور）；迈达尼（الميداني）则说，他还有另外一个儿子，名叫阿慕鲁（عمرو）。据伊本·安巴里（ابن الأنباري）记述，哈雷斯晚年时，曾见到希拉国王阿慕鲁·本·杏德（عمرو بن هند），并在国王面前吟诵了自己的悬诗，时年135岁。据说，哈雷斯信仰基督教，这也是贾希利叶时期伯克尔·本·瓦依勒部落信奉的宗教。

伯克尔·本·瓦依勒部落居住在阿拉伯半岛和巴林，后来移居伊拉克和沙姆地区，定居在今天土耳其南部的迪亚尔·伯克尔地区。哈雷斯大约于580年去世。

# المعلَّقة

الحارث شاعرٌ مقلّ، جعله ابن سلّام صاحب طبقات فحول الشعراء من الطبقة السادسة من شعراء الجاهلية، وعدّه أبو عبيدة أجود الشعراء الذين قالوا قصيدة واحدة جيدة طويلة. وديوانه الذي بين أيدينا يدل على ذلك، فليس له فيه إلا قصائد قليلة العدد والأبيات، وبعض المقطعات.

لم يشتهر للحارث إلا معلقته هذه التي أنشدها في مجلس الملك عمرو بن هند في مجلس صلح بين بكر وتغلب، فقد ذكر ابن الأنباري أن عمرو بن هند أصلح بين القبيلتين في بعض حروبها، وأخذ من كل قبيلة مائة غلام رهناً لديه؛ ليضمن استتباب الأمن، وكان يصطحبهم معه في غزواته، ورحلاته.

وفي يوم من الأيام أصابت الناس سمومٌ مات بسببها أبناء تغلب، فطلب التغلبيون ديات أبنائهم من البكريين، فأبت قبيلة بكر، فاحتكموا إلى عمرو بن هند.

وقيل: إن سبب موت أبناء تغلب أنهم كانوا رعاة، فوردوا على مورد ماء فمنعهم البكريون فماتوا ظمأً في الصحراء، فطالبوهم بدياتهم فأبوا، فاحتكموا إلى الملك في خصومتهم.

وللصلح بين القبيلتين رشحت قبيلة بكر شاعرها النعمان بن هرم متحدثاً رسمياً باسمها، فالتقى به شاعر قبيلة تغلب عمرو بن كلثوم (وهو أحد شعراء المعلَّقات)، فقال له -وقد كان ثقيل السمع-: يا أصمّ، جاء بك أولاد ثعلبة تدافع عنهم وهم يفخرون عليك، فاشتدّت الخصومة بين الشاعرين، فتكلم النعمان بكلام لا يليق في حضرة الملك حتى اشتد غضب الملك منه، وهمّ بقتله.

هنا قام الحارث بن حلّزة وكان به برص، وكان عمرو بن هند لا ينظر إلى أحد به سوء، فارتجل قصيدته ارتجالاً متكئاً بقوة على قوسه من غضبه وشدّة حميّته، فجرح القوس يده، وكان ينشد من وراء سبعة ستور، وكانت أم عمرو بن هند تستمع إلى الحارث، وتتعجب من جزالة شعره، فظل الملك يطالب برفع الستور حتى ظهر له الحارث، فدعاه حتى أجلسه بجواره، وأشركه

# 悬诗

哈雷斯是一位作品不多的悬诗诗人。《杰出诗人品级》（طبقات فحول الشعراء）的作者伊本·萨拉姆（ابن سلّام）将他划分为“第六品级”诗人，阿布·奥贝达（أبو عبيدة）则把他列入最优秀诗人的行列，以一首高质量的悬诗而名垂青史。他留存下来的诗集证明了这一点，诗集里除了这篇悬诗外，只有零星的诗行和篇什。

哈雷斯最为人所知的，就是他这首在阿慕鲁·本·杏德国王面前吟诵的悬诗，当时国王正召开伯克尔和台额利布两个部落之间的调解会。据伊本·安巴里记述，阿慕鲁·本·杏德在这两个部落之间进行调解，并从每个部落中带走100名少年作为人质，以确保部落之间的安全稳定，在他的数次征战和游历中，都带着这些质子。

有一天，台额利布部落的一些人中毒了，有些人还不治身亡。于是，该部落的人向伯克尔人要求赔偿血锾，却遭到伯克尔人的拒绝，于是他们寻求阿慕鲁·本·杏德国王的裁决。

据说，台额利布部落人的死因是他们在游牧期间寻找水源时遭到伯克尔人的阻拦，导致有些人活活地在沙漠中渴死，他们的亲属向伯克尔人要求血锾赔偿，遭到拒绝，于是便向国王寻求裁决。

为了实现两个部落之间的和解，伯克尔部落推选部落大诗人努阿曼·本·海里姆（النعمان بن هرم）为其代表进行陈述。台额利布部落的代表是诗人阿慕鲁·本·库勒苏姆（عمرو بن كلثوم悬诗诗人之一）。两位诗人交锋时，只听阿慕鲁·本·库勒苏姆说：“聋子啊（努阿曼有些耳背），狐狸的孩子们把你带到这儿来，以你为傲，找你来为他们辩护。”两位诗人之间的争辩越来越激烈，努阿曼在国王面前出言不逊，激怒了国王，差点被国王杀了。

这时，哈雷斯·本·希里宰临危救场。他虽身患麻风病，但阿慕鲁·本·杏德国王并不以恶视之。只见哈雷斯紧握弓弦，即兴赋长诗一首，由于

في طعامه، وجزّ له شعور أبناء تغلب المرتهنين عنده إعجاباً بما قال، فظلت هذه الواقعة مصدر فخر لبكر ولشاعرها العظيم.

بنى الحارث معلقته وفق تقاليد القصيدة المادحة في الشعر الجاهلي، حيث بدأها بالحديث عن الصاحبة التي رحلت عن المكان، فأصبح قفراً لا حياة فيه، فركب ناقته مبدداً همومه، ليصل بعد ذلك إلى مواجهة المصيبة التي حلت بقومه. فالقصيدة تتكون من ثلاثة موضوعات: (الوقوف على الطلل، وصف الناقة، المرافعة في مجلس الملك).

وقد كشف فيها عن قدرة كبيرة على تطويع اللغة لقضيته، كما كشف عن قدرة حجاجية فذة تمكن من خلالها من تحقيق النصر على خصمه العنيد عمرو بن كلثوم.

والقصيدة تتكون من ٨٣ بيتاً، وهي من البحر الخفيف: فاعلاتن مستفعلن فاعلاتن.

他满腔愤怒，情绪激动，以至弓弦勒破了他的手。哈雷斯隔着七层帘幕吟诗，而阿慕鲁·本·杏德国王的母亲正好听到哈雷斯的吟诵，惊叹于其诗文之慷慨激昂。国王终于下令撤掉重重帘幕，以便看见诗人真容，哈雷斯被赐座于君侧，并与国王共享美食。国王感佩于诗人的吟诵，对扣押在他那里的台额利布少年之死不再感到内疚。这一事件被传为佳话，成为伯克尔部落及其伟大诗人的荣耀。

哈雷斯依照贾希利叶时期诗歌中赞美诗的传统创作了自己的悬诗，诗人以昔日恋人迁离故土，而今此地如此荒芜开篇，继而谈到他为此骑上骆驼出征，以排解自己的忧伤，之后谈到他如何勇于直面降临于自己族人的灾难。长诗由三种题旨构成：驻足于废墟前；描写骆驼；在国王调解会上为族人辩护。

悬诗中，哈雷斯展现出卓越的语言驾驭能力，以及非凡的雄辩才华，藉此成功击败了他的劲敌阿慕鲁·本·库勒苏姆。

这首悬诗由83个联句组成，其格律为“轻律”（البحر الخفيف）。

## المشهد الأول

# عاشق بين نارين

١. آذَنَـتـنَـا بِبَـيـنهـا أَسمَـاءُ      رُبَّ ثَاوٍ يَمَـلُّ مِنـهُ الثَّـواءُ

٢. بَعـد عَهـدٍ لَهـا بِبُرقَـةِ شَمَّـا      ءَ فَأَدنَـى دِيَارِهـا الخَلْصَـاءُ

٣. فَمحيّـاةُ فَالصّفـاحُ فأعلـى      ذي فِتَـاقٍ فَعـاذِبٌ فَالوَفـاءُ

٤. فَـريَاضُ القَطَـا فَأَوْدِيَـةُ الشُر      بُـبِ فَالشُعبَتَانِ فَالأَبْـلاءُ

٥. لا أَرَى من عَهِدتُ فِيهَا فَأبْكِي الـ      يَـومَ دَلهـاً وَمَـا يَرُدُّ البُكَاءُ

٦. وبِعَينَيـكَ أَوقَدَت هِنـدٌ النَّـ      ـارَ أَخِيراً تُلوِي بِهَـا العَلْيَـاءُ

## 第一幕

# 身处两团火焰之间的恋人

1. 艾斯玛向我们辞别，她将远迁，
　　斯人长居于此或已心生厌倦。
2. 我们曾在舍玛[①]沙丘，在离她家园[②]
　　最近的海勒萨营地相见。
3. 相会在穆希叶特，在索法哈高地，
　　在瓦法，在阿迪布谷地，
　　也在祖·费塔格山巅[③]。
4. 在卡塔牧场[④]，在舒尔布谷地，
　　在舒阿拜坦沙丘，在阿布拉井边。[⑤]
5. 佳人一去不复见，不由我意碎神伤泪阑干，
　　但徒然哭泣，又怎能唤得爱人回返？
6. 你眼见真真切切，最后一面，
　　佳人杏德[⑥]在高地燃起明亮火焰。

---

① 舍玛（شماء）为一处高原。（译者注）

② 她的家园，阿拉伯语原文为ديارها，在古代阿拉伯语境中实为“她所属部落的迁徙带”。古代阿拉伯人以游牧部落为单位聚居，各部落出于生活、放牧等需要不时迁徙。部落来回迁徙的带状地区即迁徙带。（译者注）

③ 海勒萨（الخلصاء），穆希叶特（محياة），索法哈（الصفاح），瓦法（الوفاء），阿迪布（عاذب），祖·费塔格（ذو فتاق）都是位于达赫纳沙漠（صحراء الدهناء）的地名。（译者注）

④ 卡塔牧场（رياض القطا），卡塔原为一种像鸽子的野鸟，此处为地名。（译者注）

⑤ 舒尔布（الشربب）谷地，舒阿拜坦（الشعبتان），阿布拉（الأبلاء），亦皆为达赫纳沙漠各处的地名。（译者注）

⑥ 杏德（هند）是诗人的恋人，还是其部族的一员，尚不得而知，目前学界尚未能推断出其身份。（译者注）

٧. أوقَدَتْهَا بينَ العقيقِ فشخصيـ ـنِ بِعُودٍ كما يلوحُ الضِّياءُ

٨. فَتَنَوَّرتُ نَارَهَا مِن بَعِيدٍ بِخَزَازَ هَيهاتَ مِنكَ الصَّلاءُ

بعد علاقة متينةٍ، وأيّامٍ عامرة بالأُنس بين الحارث وصاحبته أسماء، قررت الرحيل عن المكان، وأعلمته بنيّتها، فكان خبر الرحيل فاتحة القصيدة، الذي لفت من خلاله ذهن المخاطب إلى أن الرحيل قد يكون راحةً للراحل والمرتحَل عنه، فكثير من الناس يبعث مكوثه الملل حين يطول. لكن مع أسماء الأمر مختلف؛ فإنها حين قررت الرحيل زرعت الخوف في نفس المحبّ، وتركت الجدب يحيط بالمكان، فبدأ الحارث يوقظ الصحراء من غفوتها لمواجهة الفاجعة، ويلملم الأمكنة ويحشدها في تتابع مثير، وكأنه الطبيب الذي يحاول إنعاش قلب المريض، للحفاظ على حياة الذكريات الجميلة.

يتفقد الأمكنة مكاناً تلو آخر بحثاً عن المحبوبة الراحلة وذكرياتها النابضة بالسعادة والأمن والأمل، وحين يفقد الأمل ينهار باكياً بكاء من فقد عقله. وهل للعاقل أن يعي بأن البكاء لا يرد حبيباً، ولا يحل إشكالاً فيكفّ عن بكائه؟

في هذا الفراغ العاطفي القاتل الذي يزرع الموت في كل زوايا الصحراء، يلتفت الشاعر من الحديث بضمير المتكلم إلى التعبير بضمير المخاطب، وفي هذا الالتفات رغبة في التحول من حال إلى حال.

هنا يبصر الشاعر نار هند التي أوقدتها عن بعد، في رابية مرتفعة، فبدأت تلوح كما يلوح الضياء، مع أن الرياح تلوي بشعلتها يمنة ويسرة، وتبعث رائحتها الزكيّة في الفضاء المفتوح، فيشتاق الشاعر لدفئها، ولكنها بعيدة لا يمكن الوصول إليها.

النار تلوح من خزازى، وهو مكان شهد يوماً من أيام الصراع بين بكر وتغلب، فيهرب من نار إلى نار، فنار الفراق التي أشعلتها أسماء بفراقها، أفضت به إلى نار هند، فهو بين نارين، لا يدري على أي جانبيه يميل.

توقد هند نارها بعود، وأيّاً كان العود للطيب أو للإشعال؛ فإن دلالة العود في هذا السياق

7. 在阿吉格与舍赫绥尼[1]之间，她把檀香木点燃，

恰像灯光摇曳，划破了黑暗。

8. 极目远望，她在赫扎兹[2]将火光点燃，

欲求相聚，怎奈相隔遥远路茫茫！

哈雷斯和他的恋人艾斯玛（أسماء）曾有着牢固的关系，度过了一段深怜密爱的时日。此后，艾斯玛决意迁往他处，并将去意告知哈雷斯。恋人远迁的消息构成这首诗的起首。这里，诗人以第二人称叙事，对脑海中的“你”说：远迁对迁徙者和原居住地的人而言，或许都是一种解脱。因为对于许多人来说，相守日久了难免心生厌倦。但艾斯玛远迁一事则有所不同：佳人决意远迁，便在情郎的心中种下忧惧，在遗弃之地留下一片荒芜。哈雷斯唤醒沉睡的沙漠，直面这桩伤心事；他重拾一片片对故地的零碎记忆，一时间回忆纷至沓来，引起内心阵阵波澜，如同一位医者要激活病人的心脏，好让那充满美好回忆的生命延续下去。

诗人在故地间逡巡，苦觅恋人芳踪，找寻那一段段洋溢着幸福、安宁和希望的回忆。遍寻不得大失所望时，他失魂落魄，哭倒在地。哀哭既不能唤回爱人，亦不能解决问题，明智之人是否能意识到这一点，收泪止啼呢？

这一致命的情感空虚在沙漠的每个角落播下死亡的种子。正是在这样的空茫中，诗人从第一人称的叙述中抽离，转而用第二人称讲话。人称的转变表达了他想换一种状态的渴望。

吟到此处，诗人看到另一位佳人杏德在远处的山丘上燃起的火光。火光明亮如同灯盏摇曳，哪怕风儿将火焰刮得左摇右摆，但佳人点燃的檀香木散发出的沁人心脾的气息仍被吹到广袤的夜空中。诗人向往火光的温暖，却苦于距离遥远，无法到达。

火光在赫扎兹燃起，此地为伯克尔人和台额利布人昔日交战之地。诗人从一处火光逃向另一处。艾斯玛离去时燃起的离别之火，驱使他奔向杏德燃起的火焰。他在两团火焰之间踯躅，不知奔向何方。

---

① 阿基格与舍赫绥尼（العقيق وشخصين），二者皆为地名。（译者注）

② 赫扎兹（خزاز），达赫纳沙漠里的一座山，为伯克尔人和台额利布人昔日大战之地，诗人描述佳人在赫扎兹燃起的火光，或是为下文埋下伏笔。（译者注）

ترتبط ارتباطاً وثيقاً بالحرب، وكما قال نصر بن سيّار:

فإن النارَ بالعودين تُذكى    وإن الحربَ أوّلُها كلامُ

من بين ناري أسماء وهند ينسلّ إلى النار الموقدة بين بكر وتغلب، مستعيناً بعمرو بن هند لإطفاء لهبها المشتعل.

إن فقدان الأحبة، والشعور بالوحدة، وعدم القدرة على التماسك، وذهاب العقل أمام الفاجعة في مقدمة القصيدة جمرة من نار الصحراء الموقدة بين أبناء العمومة، التي أهلكت الحرث والنسل، ولا سبيل للخروج منها إلا بمجابهتها، وتجفيف منابع موقديها.

النار محور هذه المقدمة، فهي شغل الحارث الشاغل، لذا فرضت حضورها عليه، فحين تحدّث عن لواعج الحب، ولوعة الفراق، لم يجد لها شبيهاً إلا لهب النار، التي تلوح له من كل مكان، فتفقده عقله، وتجبره على الرحيل عن المكان.

إن رحيل أسماء عن المكان احتجاجٌ مبطن على هذا الواقع المزري، وتحفيز للحارث إلى تغييره، وهو ما يدفع الحارث إلى ركوب ناقته لمواجهة الكارثة.

杏德用檀香木燃起火焰，这檀香木既是香料，也是燃料。这一语境下的檀香木及其语义与战争紧密相关，正如纳赛尔·本·赛亚尔（نصر بن سيّار）有诗云：

大火点燃始于两根柴棍，
　　战争发端缘于口水之争。

在两位佳人的火焰之间，诗人转向伯克尔人与台额利布人之间燃起的熊熊战火。他向阿慕鲁·本·杏德求助，希望国王能调停战火。

诗歌开篇吟诵的失去恋人、孤独袭来、无法自制，在痛失所爱之时失去理智等，恰似家族内部叔侄之间在沙漠中点燃大火的小小火炭，燃起的熊熊烈火烧毁了生机和子嗣繁衍。诗人除了直面烈火，熄灭火源，别无出路。

火是这篇悬诗起首部分的核心，是哈雷斯关注的焦点。因此当诗人吟咏炽热的爱情，抒发离别的苦痛时，他只能用火焰比拟：周遭摇曳的火光让他失去理智，驱他离开此地。

艾斯玛的离开是对当下恶劣事态（指伯克尔人和台额利布人之间的争端）的无声抗议，推动哈雷斯非改变它不可，这就是他跨上母驼、直面灾难的动机。

## المشهد الثاني

## الناقة الطائر

٩. غيرَ أَنّي قَد أَستَعِينُ عَلَى الهـ      ـمِّ إِذَا خَفَّ بِالثَّوِيِّ النَجَاءُ

١٠. بِزَفُوفٍ كَأَنَّها هِقَلَةٌ أُ      مُّ رِئَالٍ دَوِيَّةٌ سَقْفَاءُ

١١. آنَسَت نَبأَةً وأَفْزَعَها القَنَّـ      ـاصُ عَصراً وقد دَنَا الإِمْسَاءُ

١٢. فنرى خَلْفَها من الرَّجعِ وَالوَقـ      ـعِ مَنِيناً كَأَنَّهُ إِهبَاءُ

١٣. وَطِرَاقاً من خَلفِهِنَّ طِرَاقٌ      سَاقِطَاتٌ تُلوى بها الصَحرَاءُ

١٤. أَتَلَهَّى بِهَا الهَوَاجِرَ إذ كُـ      ـلُّ ابنِ هَمٍّ بَلِيَّةٌ عَمَيَاءُ

ترحل أسماء، فيركب الحارث ناقته مستعيناً بها على همومه وأحزانه، خارجاً بها مسرعاً من عالم الوحشة الذي يحيط به من كل جانب، فتبدو الناقة في سرعتها براكبها وكأنها النعامة التي فجأتها العاصفة والمطر في رحلة بحثها عن الطعام، فتذكرت صغارها، فاندفعت نحوهم في الصحراء بقوائمها الطويلة المنحنية لتحميهم من الأعداء المتربصين.

لقد سمعتْ صوتاً لا تدري ما مصدره؟ وأفزعها الصياد المترصد لها، وأسدل الليل على الصحراء جلبابه، فزادت من سرعتها، ومن عادة الشعراء الجاهليين إذا شبهوا نياقهم بالنعام أن يصفوا بيضها، أو صغارها الذين تركتهم وخرجت بحثاً لهم عن الطعام، وقد أخذ منهم الجوع كل

## 第二幕

# 飞跑的母驼

9. 而今我必须快快解决思虑中事，
恰如居者拔营，启程何其迅疾。
10. 但见他驱使母驼，健步飞跑，
如沙漠里心系幼崽的母鸵鸟。
11. 它听到猎人屏敛的声息，
暮色四合中，它胆战心惊。
12. 霎时间只见它拔腿驰骋，
身后扬起尘沙一阵阵。
13. 母驼勇力奋蹄嘚嘚响，
沙漠上留下脚步一行。
14. 酷热正午我骑驼嬉戏，却压不住那忧心如焚，
恰如拴在故主墓前蒙眼的母驼，为主殉葬。[①]

艾斯玛离开了，于是哈雷斯骑上骆驼出征，以此排解忧伤，从这包围着他的孤独世界中快速突围。骆驼载着诗人健步如飞，就像在觅食途中突遇暴风雨的鸵鸟妈妈，想起了她在沙漠中的幼崽，于是她急速奔向孩子们，以她修长的四肢保护它们免遭潜伏之敌的伤害。

鸵鸟听到一记不知从哪儿传来的声响，正在窥伺的捕猎者让鸵鸟心惊胆战，眼见沙漠中夜幕降临，它加快了步伐。通常情况下，贾希利叶时期的诗

① 古代阿拉伯风俗，人死后，人们将其生前作为坐骑的母驼拴在墓前，并蒙住母驼的双眼，任其死去，以供主人后世骑乘。（译者注）

مأخذ. لكن الحارث يكتفي بمشهد سرعة النعامة، ويطوي بقية المشاهد، ليدع النهاية مفتوحة، وكأن رحلة النعامة هي رحلته للصلح مع خصومه لا يدري إلى ماذا تؤول؟

تنطلق الناقة بسرعة لافتة من عوالم الخوف والهموم والظلمة مهتديةً بنار هند التي لاح ضوؤها بخزازى، فتثير الغبار بأخفافها، وينعقد وراءها وكأنه سحابة من الدخان الشفيف، وهنا تظهر النار مرة أخرى من وراء حجب اللغة، ويظهر الخوف من فشل المسعى، فهو لا يريد أن يكون سعيه وسعي ناقته هباءً منثوراً، كذلك الهباء المنعقد من وراء ناقته الراكضة في هجير الصحراء.

تبدأ نعال الجلد التي تحمي أخفاف الناقة تتساقط من سيرها السريع في شدة الهاجرة، وهي تندفع خارجة من هذا المدار الموحش، ومع كل هذا الخوف فإن الحارث يلاعب بها الهاجرة، ويستمتع بسرعتها ونشاطها في هذا الحرّ اللاهب، ويتناسى بها همومه، في لحظات يفقد فيها صاحب الهمّ بصيرته وقدرته على بلوغ غايته، فيصبح مثل الناقة المربوطة عند قبر صاحبها، وقد عُكِس رأسها إلى ذنبها، وحُرِمَتْ الطعام والشراب حتى تموت، فلا تهتدي إلى الخروج من هذه المحنة سبيلاً.

لقد بدأ هنا الحارث يخرج من دائرة الخوف والهموم والظلمة التي كانت تحيط به عندما تركته أسماء ورحلت، وأصبح يلاعب بناقته الهواجر، ويهتدي إلى غايته، وهي غاية شاقّة، ستظهر عبقريته في تخطي عقباتها في المقطع القادم من المعلَّقة.

人如果将他们的骆驼比作鸵鸟，那么他们习惯于描述鸵鸟外出觅食时留在窝中的鸵鸟蛋或饥肠辘辘的幼崽。但哈雷斯在这里只描述鸵鸟急驰的场景，省略掉其他情境，留下开放的结局，他将鸵鸟急速奔跑之旅比作他要与对手握手言和的过程，而现在尚不知道结局如何。

骆驼迅速起程，离开这片恐惧、忧虑和黑暗的苦境，向杳德于赫扎兹山丘燃起的火焰指引的方向进发。母驼的蹄子扬起尘土，像一团薄雾笼罩其身后。这里，诗人再次让火焰重现，言外之意是让读者感受到远处的火焰以及诗人的拼力奔走，诗人担心自己和骆驼的拼命追赶会变成竹篮打水一场空，就像骆驼在沙漠中奔跑时在身后留下的一股尘烟。

由于奔跑速度太快，保护母驼蹄子的皮掌开始纷纷脱落。母驼假作抛却忧愁，终于冲出了这片荒寂之地。尽管哈雷斯心下忧惧，但他还能驾驭母驼嬉游，欣赏它在酷热中奔跑的矫健身姿，假作抛却忧愁。曾有那么一刻，忧心忡忡的诗人看不到前方的目标，失去了想要抵达目标的勇力，变得像一头被捆绑在主人坟墓前殉葬的骆驼，不给吃，不给喝，等着死去，难逃厄运。

正在此时，哈雷斯终于渐渐走出了从艾斯玛离开他远行起就笼罩着他的恐惧、担忧和黑暗。他开始与奔跑的母驼嬉戏，朝着自己的目标挺进，任重道远。悬诗接下来的段落展示出诗人克服重重障碍的天才禀赋。

## المشهد الثالث
# رسالة السلام. مرافعة في مجلس الملك خبر وعتاب

١٥. وأتانا عـن الأراقِـمِ والأَنبـا ء وخَطـبٌ نُعنـى بهـا ونُسـاءُ

١٦. إنَّ إخوانَنـا الأَراقِمَ يَغـلُـو نَ عَليَنـا في قَولِهـم إحفَـاءُ

١٧. يَخلِطُونَ البَرِيءَ مِنَّـا بِـذي الذَّ نـبِ وَلا يَنفَعُ الخَـلِيَّ الخَـلاءُ

١٨. زَعمـوا أَنَّ كُلَّ من ضَربَ العيـ ـرَ مُـوالٍ لنـا وَأَنـى الـولاءُ

١٩. أَجمَعـوا أَمـرَهُم بِليـل فَلَمَّـا أَصبَحُوا أَصبَحَت لهُم ضوضـاءُ

٢٠. مِن مُنَادٍ ومن مُجِيبٍ ومن تَصـ ـهَالِ خَيـلٍ خِـلالَ ذَاكَ رُغَـاءُ

بدأ الحارث مرافعته في مجلس عمرو بن هند باستيائه من الأنباء التي تتوالى عليه من غضب أبناء عمومته بني الأراقم من تغلب مما جرى لأبنائهم الذين منعهم البكريون من الورود على الماء فماتوا عطشاً في الصحراء.

هذا النبأ الفاجع يقع على الحارث بن حلّزة وقوع المصاب الجلل، فالجُرمُ كبير، وفقدان أبناء العمومة مؤلم، وزاد الشعور بالمصيبة الاتهام الذي لا يستثني أحداً من بكر، فهم كلهم مجرمون في نظر التغلبيين، وهذا اتهامٌ لا يقلّ في ألمه عن ألم الفقد، فهم يُجحفون في خصومتهم، ويخلطون

## 第三幕
## 和平的使命：在国王调解会上的申诉与谴责

15. 猝闻艾拉吉姆人[1]的种种讯息，
　　我们被牵连其中，忧心不已。
16. 艾拉吉姆兄弟们把我们诬告，
　　他们的话语实在是胡说八道。
17. 将我们当中的无辜者与有罪者混为一谈，[2]
　　那些清白的人自证清白已成枉然。
18. 他们妄称所有射出冷箭的人，
　　全都是我们的支持者和友伴。
19. 他们在晚间计议停当，
　　翌日清晨便喧哗叫嚷。
20. 有人在呼叫，有人在应答，
　　马嘶驼哼，战争一触即发。

哈雷斯在阿慕鲁·本·杏德主持的调解会上开始了他的辩护。在调解会上，接二连三地听到从台额利布部落的艾拉吉姆人，即他的堂兄弟们传来的愤怒消息，他们的人被伯克尔人阻拦，不让他们去寻找水源，结果在沙漠中被活活渴死。

得知这个惨痛的消息后，哈雷斯受到巨创，伯克尔被指控罪行深重，他堂兄弟们的身亡亦令人痛心，但令人感到更痛心的是台额利布人对全体伯克

① 艾拉吉姆人（الأراقم）为台额利布部落的一支。（译者注）
② 此前，阿慕鲁·本·库勒苏姆在其《悬诗》中对伯克尔部落大加挞伐。（译者注）

البريء بالمذنب، ولا يقبلون من أحد اعتراضاً، ولا رفضاً للتهمة، فالجميع في نظرهم مذنب، لا تنفع البريء براءتُه، ولا المفارق لهم بُعده.

لقد أسرفوا في اتهامهم حين جعلوا كل من ضرب وتده في الصحراء من أبناء عمومتنا فحمّلونا جُرمه، وأشركونا في ذنبه. لقد حمّلونا جميعاً مسئولية الجريمة، وأصدروا قرار الاتهام ضدنا بالإجماع، وقرروا الأخذ بالثأر من المذنب والبريء، فما أصبح الصبح حتى علا صراخ الناس، وصهيل الخيول، ورغاء الإبل في حربٍ شاملة لا تستثني أحداً.

## زمان اللهو

٢١. أَيُّهَـا النَاطِـقُ المُرَقِّـشُ عَنَّـا     عِنْـدَ عَمـرٍو وَهَل لِذَاكَ بَقَـاءُ

٢٢. لا تَخلنَـا عـلى غـرَائِك إنّا     قبلُ مَا قَـد وَشَـى بِنَا الأَعـدَاءُ

٢٣. فَبقَينَـا عَلَى الشَنـاءَةِ تَنمِيـ     ـنَا حُصُـونٌ وَعِـزَّةٌ قَعسَـاءُ

٢٤. قَبلَ مـا اليـومِ بَيَـضَت بِعُيونِ الـ     ـنَّاسِ فيهَـا تَغَيُّـظٌ وَإِبَـاءُ

٢٥. وكَأَنَّ المَنـونَ تَردِي بنـا أَر     عَـنَ جَوناً ينجـابُ عنهُ العَماءُ

尔人的指控，在台额利布人眼里，每一个伯克尔人都是罪犯，这种不分青红皂白地指控带来的痛心不亚于那些台额利布人丢掉性命。他们对对方极为不公，将伯克尔部落的无辜者与罪犯混为一谈，既不接受反对者的意见，更不接受对控罪的否认。在他们眼中，（伯克尔部落）所有人都是有罪的，无辜者不能还其清白，已逝者也得不到伸张。

诗人申诉：他们滥施指控，不仅指控每一个使我们的堂兄弟①葬身沙漠的人，还让我们大家都承担这一罪责，让我们所有人共担其过。他们以公议（الإجماع）的法则发出指控的决议，决定要向所有人复仇，不管是有罪的还是无辜的。他们一大早便人声鼎沸，马嘶驼哼，全体出动，准备发动一场全面的战争，不放过任何一个人。

## 挖掘历史

21. 以荒谬之言粉饰，你这说谎之徒②！
　　在阿慕鲁③国王面前岂有你容身之处？
22. 别以为我们会被你们轻易告倒，
　　在尔等之前，我们也曾被众多仇敌诬告。
23. 多少诋毁诟骂都无法把我们摧毁，
　　只会让我们地位提升，不可动摇。
24. 今日以前，人们以白眼待我部落，
　　但我们依然屹立挺拔，从不受辱。
25. 恰似命运降下重重忧患，
　　我们耸立如山直插云端。

---

① 指台额利布部落的阿拉吉姆人。（译者注）
② 指此前吟诗攻讦伯克尔部落的诗人阿慕鲁·本·库勒苏姆。（译者注）
③ 指阿慕鲁·本·杏德国王，即此次争端的裁断者。（译者注）

٢٦. مُكفَهِراً على الحوادثِ لا تَر تُـوهُ للدّهـرِ مُؤَيِّـدٌ صَمّاءُ

٢٧. أَيَّمـا خُطَّـةٍ أَردتُم فَـأَدو هَـا إلينـا تمشي بِهَـا الأَمـلاءُ

٢٨. إن نَبشتُم مَا بَينَ مِلحَـةَ فالصّا قِـبِ فِيـهِ الأَمـوَاتُ وَالأَحَيـاءُ

٢٩. أَو نَقَشتُم فَالنَّقشُ يَجشَـمُه النَّـ ـاسُ وَفِيـهِ الصّـلاح والإِبـراءُ

٣٠. أَو سَكَتُّم عَنّـا فَكُنّـا كمَـن أَغـ ـمَضَ عَيناً في جَفنِهَـا الأَقـذَاءُ

٣١. أَو مَنعتُم ما تسأَلونَ فمَـن حُدِّ ثتُمُـوهُ له علينـا العـلاءُ

٣٢. هـل عَلِمـتُم أَيّامَ يُنتَهَـبُ النَّـ ـاسُ غِـوَاراً لِـكُلِّ حَيٍّ عُـواءُ

٣٣. إِذ رَفَعنَا الجِمَالَ من سَعَفِ البحـ ـرَينِ سَـيراً حَتَّى نَهَاهَـا الحِسَـاءُ

٣٤. ثُمَّ مِلنـا عـلى تَمـيم فَأَحرَمـ ـنا وفينـا بَنَـاتُ مُـرٍّ إِمَـاءُ

٣٥. لا يُقِـيمُ العَـزيزُ بِالبَلَـدِ السّهـ ـلِ ولا ينفَـعُ الذَّلِيـلَ النِجَـاءُ

26. 悠悠岁月，重重灾祸，
我们依然坚挺，屹立岿然。

27. 你们有何图谋，尽可朝我们使出来，
且由在座贵人裁断。

28. 若在米尔哈与索基布山[①]间的古战场寻探，
你们定会看到许多亡者与虽死犹生的好汉。[②]

29. 若你们执意寻根究底，待到真相显露，
定将我们的清白看得清清楚楚。

30. 如果你们不来攻击，我们便对你们的过失避而不谈，
恰似勉强闭上双眼，不管眼中的沙砾一般。

31. 但若你们负隅顽抗，不答应我们停战，
那便请看，谁会比我们更强悍？

32. 你们可知，一旦我们发起攻势，
没有一个部落和营地能够幸免。

33. 一旦我们驱驼起程，纵横驰骋，犹如飞电，
顷刻间便从巴林的枣椰园到达希萨东部的海边[③]。

34. 禁月到来时，我们向泰米姆人宣战，
被我们掳走的女眷沦为佣奴，听我们使唤。

35. 高贵者不屑于居住在富裕平川，
卑贱者即使脱险，也只能苟且偷安。

---

① 米尔哈（ملحة）、索基布（الصاقب）山，皆为地名，两者之间发生过多次战争。（译者注）

② 亡者与虽死犹生者，诗句原文直译过来是“亡者与生者”。古代阿拉伯人认为，死者若得复仇，则虽死犹生，故称“生者”；若复仇未成功，则自然是“死者长已矣”。（译者注）

③ 巴林，此处泛指阿拉伯半岛东部地区。希萨（الحساء）：地名，又译“哈萨”（见仲跻昆译《悬诗》）。（译者注）

٣٦. لَيسَ يُنجي مُوَائِلا من حـذار رَأْسُ طَـودٍ وَحَـرَّةٌ رَجـلاءُ

الادعاء الكاذب، والظنّ السيئ، والحقد الأعمى، والوشاية إلى عمرو بن هند، واستعداء السلطة بحاجة إلى برهانٍ يفضحه، فلم يجد حجة أبلغ في نقض الادعاء من تاريخ مضيء، وصمود لا ينكسر، يستعيده ليستمد منه القوة، فالدهر ما زال يرمي الحارث وقومه برزاياه وهم ثابتون على مواقفهم لا يتزعزعون، ثبات الجبل الشامخ الذي لا تزيده الأحداث إلا شموخاً. وادعاءات الخصوم، وأكاذيب الوشاة، واستعداء الملك، لن تخيف الحارث وقومه، لأنها لعبة خاسرة جربها أقوامٌ سواهم فلم تجدهم نفعاً.

لفضح هذا الادعاء الزائف يدعو الحارث تغلب إلى أن يقدموا خطتهم للسلام، ويخيرهم بين نبش التاريخ المثقل بالخسائر، وتذكر القتلى الذين أُخذ بثأرهم، والذين لم يؤخذ، أو السكوت عن الماضي، وطي صفحاته، ونسيان أخطائه، وإن لم يقبلوا فعليهم أن يخبروه، هل هناك من هم أشرف منه ومن قومه؟ ومن هم أنصع تاريخاً في سجلات الحروب.

في مقابل اعتزازه بتاريخ قومه، يذكّر تغلب بتاريخهم الأسود، وهزائمهم المدوّية، وينصحهم بطيّ صفحة هذا التاريخ، فالسكوتُ خير من الإفصاح. ويدعوهم لإنصاف خصومهم، فمن شيم الكريم أن ينصف خصمه؛ لأنه حين يفعل ذلك ينتصف لنفسه، ويعلن شرف خصومته.

هنا يُشرع الحارث في نشر تاريخ قومه، مذكّراً خُصومه ببعض بطولات البكريين، الذين يُقدمون حين يجبن الناس، ففي أيام السلْب والنهب، وصراخ الخائفين، يدفعون كتائبهم من نخيل البحرين إلى عدوهم، فلا يوقف زحفها إلا شطّ البحر، ويميلون على تميم، فيقتلون رجالهم، ويسبون نساءهم، ولكن لأنهم كرام لا يمسُّون أعراض خصومهم بسوء، وهذه خصومة شريفة يفخر بها الحارث، وكأنه يدعو تغلب لتبني هذا السلوك الإنساني، الذي رسّخ استقرار ملك قومه، وأكسبهم أخلاق الفرسان، وخلد ذكرهم على صفحات التاريخ.

استعادة التاريخ ليس من باب الاستعلاء، وإثارة نار الفتنة، وإنما من باب التغني بأخلاق الفروسية، التي تنصف الخصم، وتحفظ له كرامته، فالبكريون قوة القطب الواحد في الجزيرة

## 36. 被我们追逐者无法逃脱，哪怕逃到山巅，<br>或逃到崎岖难行的石头地，也都是枉然。

谎言指控、恶意中伤、盲目仇恨，在阿慕鲁·本·杏德国王面前搬弄是非，对王权的敌意，揭露这些都需要实证。辉煌的历史胜于雄辩，是对簿公堂、揭穿谎言最好的证据，坚不可摧的意志力可以让人们从中重新汲取力量。尽管哈雷斯和他的族人仍在经历灾祸，但他们的立场如高山一样坚定不移，虽历经世事沧桑，却愈加巍峨挺拔。对手的指控、告密者的谎言和对国王的敌意并不会让哈雷斯和他的族人望而却步，因为那些人注定会失败，此前已有其他部落的人尝试过，但他们并未得到任何好处。

为了揭露这虚假的指控，哈雷斯吁请台额利布部落提出他们的和平方案，让他们自行选择：要么铭记刻满失败的沉重历史，记住那些复仇成功的勇士和没有成功的冤魂，要么对过去保持沉默、让它翻篇、遗忘过错。如果他们不接受这一倡议，那他们要回答：还有谁比哈雷斯和他的族人更高贵？谁才是战争史册上最光彩的人？

哈雷斯在为自己族人的历史感到骄傲的同时，历数台额利布人的黑历史以及他们那些被明确记载的惨败，劝告他们合上历史的这一页，因为缄口不言胜过大放厥词。他呼吁台额利卜人对自己的对手要秉持公道，这是慷慨之举，这样做既能让自己伸张公平正义，也能让对手不失体面。

哈雷斯开始宣扬本族人的历史，提醒对手应该记住他的族人伯克尔人的英雄业绩。伯克尔人在其他人胆小怯弱之时表现得勇往直前。当恐惧者在劫掠时高声尖叫，伯克尔部落派出的队伍从巴林茂密的枣椰林一直杀到海边的敌营，所向披靡。他们顺道劫掠部落，杀死部落的男人，俘虏部落的女人，但因为他们慷慨仗义，还是给对手留了面子。这里，哈雷斯矜夸他的族人们在对待敌人时表现出的高尚品德。他仿佛是在呼吁台额利布人应该采纳这种人道主义作法，以此巩固自己部落在国王心中的地位，赢得骑士之品德，载入史册，永垂不朽。

回顾历史不是为了炫耀，更不是为了煽风点火，而是为了歌颂骑士的风骨：即便对待对手也要秉持公正，维护其尊严。伯克尔人是阿拉伯半岛上的一支强劲之师，尽管这样，他们并没有蔑视对手及其尊严。凭这一点以及过

العربية، لكن مع كل هذه القوة، لم يهينوا خصومهم، ولم يخدشوا كرامتهم، ومن هذا تاريخه فهو جديرٌ بقبول نصحه، والتفاوض معه، فالذات البكرية ذاتٌ إيجابية، لا تقبل الذل، ولا تتعطش للانتقام، قوتها في إيثارها للتسامح وليس في محبتها للانتقام.

## المنذر بن ماء السماء

٣٧. فَمَلَكْنا بذلك النّاسَ حتّى    مَلَكَ المنذِرُ بنُ ماءِ السّماءِ

٣٨. وهو الرّبُّ والشّهيدُ على يو    مِ الحِيارينِ والبلاءُ بَلاءُ

٣٩. مَلِكٌ أضلَعُ البريَّةِ لا يُو    جَدُ فيها لِما لديهِ كِفاءُ

لقد ملك البكريون الناس، فدانوا لملكهم، حتى جاء المنذر بن ماء السماء، والد عمرو بن هند، فملك من بعدهم. هنا يقوم الحارث بذكاء باستدراج عمرو بن هند إلى صفّه من خلال الثناء على والده المنذر، فهو السيّد العظيم، والملك المبجّل، وأعرف الناس بمآثر بكر وبطولاتهم حين غزا أهل الحيارين، فقد كان فرسانُ بكر جنوده في جيشه المظفر الذي لا يقهر.

إنه رجل المرحلة الذي يحتمل ما لا يحتمله أحد، ويتصدى لملمّاتٍ لا يتصدى لها إلا من كان مثله في قوة العزم والحزم، وليس مثله أحد في ذلك. لقد كان ضليعاً في أمور السياسة، وحين يشير الحارث إلى هذا الفكر السياسي للمنذر؛ فإنه يذكّر عمرو بن هند بمسؤولية الحكم، وعبء التاريخ الذي يحمله.

إن الحارث وعمرو بن هند ورثا تاريخاً حافلاً بالمشاركة وبالنصر، والوفاء لذلك التاريخ يوحدهما أمام العاصفة الجديدة.

去的历史，台额利布人应该接受哈雷斯的忠告并与其进行谈判，因为伯克尔人的精神是积极向上的，他们不接受羞辱，不急于复仇，伯克尔人的力量蕴藏在宁愿宽容为怀，也不愿复仇为快的个性中。

## 蒙齐尔·本·麦义·萨马

37. 早在蒙齐尔国王①威服我们之前，

　　我们也曾统治一方，子顺民安。

38. 他是我们的统帅，见证了哈亚林之战②，

　　以及我们经历的困厄艰险。

39. 国王勇于担当，廉洁正直，

　　他的智慧才干无人可及。

伯克尔人曾经统治过一方百姓，受到人们拥戴。后来阿慕鲁·本·杏德的父亲蒙齐尔·本·麦义·萨马登上王位，哈雷斯通过称赞阿慕鲁·本·杏德的父亲巧妙地将他拉向自己一边，他的父亲是位伟大的君主。诗人让人们知道，当哈亚林人（أهل الحيارين）入侵时，伯克尔人立下丰功伟业，彼时，伯克尔的骑士们是蒙齐尔军中的常胜劲旅。

蒙齐尔是一位在关键时刻勇于担当的人，也只有像他那样有决心和毅力的人才能抵挡一切艰难险阻。他的确擅长政治事务。当哈雷斯提到蒙齐尔的政治思想时，旨在提醒阿慕鲁·本·杏德国王应该担起眼前的这份裁决大任，肩负起历史重担。

哈雷斯和阿慕鲁·本·杏德都继承了这段承载着并肩战斗、取得胜利的历史遗产。在新的风暴面前，对历史的忠诚将他们俩团结在一起。

---

① 蒙齐尔国王，此处只用了其本名，全名为蒙齐尔·本·麦义·萨马（المُنذِرُ بنُ ماءِ السَّماءِ），原名为蒙齐尔·本·伊姆里尔·盖斯·本·努阿曼，为希拉王国的国王，是此次争端的裁决人阿慕鲁·本·杏德国王之父。麦义·萨马为其母名，意为“天上之水”。（译者注）

② 哈亚林之日（الحِيارِين）：即哈亚林之战。古代阿拉伯人习惯将战役称为“日子”。在哈亚林战役中，哈雷斯所在的伯克尔部落追随蒙齐尔国王，一同英勇战斗，历经磨难。（译者注）

# نشر وثائق التاريخ

٤٠. فاترُكـوا البَغـيَ والتّعـدّي وإمّـا    تتعاشَـوا ففي التّعاشـي الـدّاءُ

٤١. واذكُـروا حِلفَ ذي المجازِ وما قَـ    ـدّمَ فيـه العُهـودُ والكُفـلاءُ

٤٢. حذَرَ الخـونِ والتّعـدّي وهل ينـ    ـقُـضُ ما فـي المهارِقِ الأهواءُ

٤٣. واعلمـوا أنّنـا وإيّاكُمُ فيـ    ـما اشترطنا يومَ اختلفنا سـواءُ

٤٤. أعلينـا جُنـاحُ كِنـدةَ أن يَغنـ    ـمَ غازِيهُـمُ ومِنّـا الجَـزاءُ

٤٥. أم علينـا جـرّى حنيفـةَ أو ما    جمّعَـت مـن مُحـارِبٍ غـبراءُ

٤٦. أم جَنـايا بـني عتيـقٍ فمَـن يَغـ    ـدِرُ فـإنّا مـن حربِهـم بُرآءُ

٤٧. أم علينا جـرّى العِبـادِ كما نِيـ    ـطَ بجـوزِ المحمّـلِ الأعبـاءُ

٤٨. أم علينـا جـرّى قُضاعـةَ أم ليـ    ـسَ علينـا مِمّـا جَنَـوا أنـداءُ

## 宣扬历史的明证

40. 你们要弃绝愚昧和敌对，不要装盲充瞎，
视而不见正是粉身碎骨的前兆！
41. 你们可还记得，在祖·迈加志①
定下的信诺桩桩，誓言凿凿？
42. 双方约定：不得背约和相互侵扰；
白纸黑字的盟约，
难道只凭心中的好恶就能撕掉？
43. 你们须知，若有一天产生分歧，
双方都要保持一致，守住信条。
44. 若是铿德部落掠取了你们的牲口，
难道反倒要我们给你们赔偿罚金？
45. 难道我们还得为哈尼法②部落顶罪，
或是将盗贼流寇掠取的一一偿还？
46. 难道阿提格人的罪孽也得算到我们头上，
别人背信弃义挑起战争可是与我们无关。
47. 难道伊巴德部落的罪过也要我们来承担，
恰似再添重负压在驼鞍？
48. 难道古达阿部落的过失也得让我们背负，
一切过错都和我们相干？

① 祖·迈加志（ذو المجازِ），位于今沙特麦加省。此前，阿慕鲁·本·杏德国王撮合伯克尔部落与台额利布部落在此地立约讲和。（译者注）
② 哈尼法部落（قبيلة حنيفة），伯克尔·本·瓦伊勒部落联盟下属的一个部落，曾驻留于阿拉伯半岛上的叶麻麦地区，该地区现归利雅得省管辖。（译者注）

٤٩. ليسَ مِنّـا المضرِّبُـونَ ولا قيـ ـسٌ ولا جنـدلٌ ولا الحَـدّاءُ

٥٠. أم علينـا جـرّى إيادٍ كما قيـ ـلَ لِطـسْمٍ: أخـوكُمُ الأبّـاءُ

٥١. عَنَنـاً باطِـلاً وظُلمـاً كما تُعـ ـتَرُ عن حَجرةِ الرّبيـضِ الظِّبـاءُ

بعد أن أثنى على المنذر بن ماء السماء وحنكته السياسية، عاد إلى خصومه داعياً إلى نبذ ثقافة الكراهية، وسلوك العنف، وطمس حقائق التاريخ، مستعرضاً بطولات قومه، ومذكّراً تغلب بالعهود والمواثيق التي قطعوها على أنفسهم، وأشهدوا عليها عمرو بن هند في ذي المجاز.

لقد اتفق الجميع على شروطٍ ـ والناس عند شروطهم ـ لا يجوز الإخلال بها، منها: وجوب التيقّن من المعتدي، والوقوف صفاً واحداً ضدّه، فكيف أخلت تغلب بهذه الشروط؟ هنا يسألهم الحارث موبخاً لماذا تقتلكم كندة، وتأسركم، وتعجزون عن مقاومتهم، وتحملوننا جرائمهم؟ وهل يصح أن نؤخذ بجرائم الآخرين: حنيفة، ولصوص محارب، وغارات صعاليك العرب؟ وجنايات بني عتيق، والعباديين؟ وهل علينا أن نكون الضحية الذين يدفعون الثمن، وتكون قضاعة المجرم؟ إننا لم نقتل لكم قتيلاً، ولم ننهب منكم مالاً، ولم نسب من نسائكم امرأة. وهل علينا أن نؤاخذ بما فعلت إياد، فنكون كالبعير الذي حُمّل فوق طاقته؟ ويُفعل بنا ما فُعِل بطسمٍ عندما أُخذ بجريرة أخيه جديس؟

بعد هذا الاستعراض التاريخي، والأسئلة الحارقة، يقدّم براهينه على أن تغلب رجالٌ خارجون عن القانون، ومعادون للسلطة، فيذكّرهم بممارساتهم الخاطئة، وسلوكياتهم المنحرفة، وإثارتهم للفتن، ودعوتهم للاحتراب الداخلي، ويبرئ قومه من أفعالهم، فالمضرّبون، وقيس، وجندل، والحدّاء، الذين عُرفوا بإثارة الفتن، ونشر الكراهية، كلهم من تغلب.

49. 这些穆达拉布人并非出于我们部落，

更不要说盖斯、建戴勒和哈达人[①]。

50. 难道伊亚德部落的罪过也要归到我们头上，

就像有人对托斯姆[②]说："你的兄弟真够反叛！"

51. 我们被攻讦，被罗织构陷，被横加抑贬，

好像羚羊被当作绵羊宰割，昧良为奸！

在赞扬了蒙齐尔·本·麦义·萨马及其政治家风范后，哈雷斯又回到对手身上，通过回顾他们的族人曾经立下的英雄业绩，提醒台额利布人曾经立下的和约，诗人呼吁他们要摒弃仇恨文化、暴力行为和抹杀历史事实的行径。阿慕鲁·本·杏德国王当时也在祖·迈加志现场目睹了盟约的签订。

大家一致通过了不可违反的条款：必须查明入侵者，并团结一致反对入侵者。既然这样，台额利布人怎么能违反条约中的这些条款呢？在这里，哈雷斯质问道：为什么铿德部落杀了你们、俘虏了你们，而你们无力抵抗时，却让我们为他们的罪行负责？难道还要让我们来为哈尼法部落、盗贼流寇们的侵袭承担罪责吗？又或者将阿提格人、伊巴德人的罪行都算到我们头上？难道我们就该着付出代价、做出牺牲，为罪犯们抵罪吗？这样对吗？我们没有杀死你们一人，也没有抢劫你们一文钱，更没有占有你们的一个女人。我们是否应该为伊雅德部落犯下的罪行埋单？那我们就成了背上重负的骆驼！难道我们也要遭受托斯姆的厄运：当他的兄弟杰迪斯（جديس）犯了罪以后，他替兄弟戴罪受过？

在回顾了历史、发出火辣辣的诘问后，哈雷斯一一摆出证据，证明台额利布人才是背弃盟约、违反规则的一方。他提醒他们的那些错误做法、越轨行径和煽动叛乱的行为，呼吁他们首先从内部分清是非，还无辜者以清白。那些以煽动叛乱、散布仇恨出名的乌合之众，如盖斯、建戴勒和哈达人，他

---

① 穆达拉布（المُضرَّبُ）、盖斯（قيسٌ）、建戴勒（جندلٌ）、哈达（الحَذّاءُ）：四者皆为台额利布部落的分支，阿慕鲁·本·库勒苏姆此前在其悬诗中对其大加斥责。其中穆达拉布原义为"被剑砍杀的"。（译者注）

② 托斯姆（طسم），人名。据说此人的兄弟杰迪斯私吞了国王的赋税后逃走，国王便扣下托斯姆为人质。（译者注）

إن اعتراضكم اعتراضٌ باطل، وفعلكم فعلٌ ظالم، فأنتم تريدون أن تقدمونا قرابين في حروبكم الخاسرة، ويقرن هذا السلوك بسلوك الرجل البخيل الذي ينذر بتقديم شاة قرباناً للآلهة إذا بلغت غنمه مائة، وحين تبلغ هذا العدد يقوم بتقديم ظبي بديلاً لشاته، ليفي بنذره الذي قطعه على نفسه.

## صفحة جديدة من دفتر الهزيمة

٥٢. وثمانـونَ مـن تمـيمٍ بأيديـ    هِمْ رِمـاحٌ صُدورُهُـنَّ القضـاءُ

٥٣. لم يُخلّـوا بـني رِزاحٍ ببرقـ    ـاءِ نِطاعٍ لهـم عليهـم دُعـاءُ

٥٤. تركُـوهم مُلحّبِـينَ فأبُـوا    بِنِهـابٍ يَـصَمُّ فيـه الحُـداءُ

٥٥. وأتوهم يسترجِعونَ فـلم تـر    جِـعْ لهُـم شَـامَةٌ ولا زَهـراءُ

٥٦. ثُمَّ فـاءوا منهم بقاصمـةِ الـ    ـظّهرِ ولا يَـبرُدُ الغليـلَ المـاءُ

٥٧. ثُمَّ خيلٌ مـن بعدِ ذاكَ مع الـ    غـلّاقِ لا رافـةٌ ولا إبقـاءُ

٥٨. ما أصابـوا من تغلبـيٍّ فمطلو    لٌ عليـه إذا تولـى العَفـاءُ

们都是台额利布部落的人。

你们的反对纯属虚妄，你们的所作所为不仁不义。你们想拿我们的生命为你们输掉的战争献祭。这种行为好比一个吝啬的人宣称自己若有100只绵羊，就会拿出一只为众神献祭，可真有了100只，他却拿出一只羚羊代替履行承诺。

## 失败簿上新的一页

52. 从泰米姆部落来了八十个好儿郎，
个个手持投枪，枪尖上挑着死亡。
53. 他们在尼塔阿[1]将雷扎赫人[2]打得一败涂地，
打得他们连祈祷诅咒都来不及。
54. 他们俘获牲畜群群，让对方血流成河，
牛哞羊咩，掩盖住了人们的驱赶吆喝。
55. 他们来讨还牲畜，
但无论黑白骆驼都没讨回[3]。
56. 他们垂头丧气，失望而归，
清水也无法浇灭他们心中的怨怼。
57. 随后大军与艾拉格[4]大行屠戮，
残忍无情，毫不怜悯眷顾。
58. 被砍杀的台额利布人哟，鲜血白白流淌，
却落得无人为他们复仇的下场。

---

① 尼塔阿（نطاع），在今沙特东部。（译者注）
② 雷扎赫人（بنو رزاح），台额利布部落的一支。（译者注）
③ 本句意为，雷扎赫人想要向诗人的部落讨回被掠走的牲畜，却没能如愿，只落得两手空空，失望而回。（译者注）
④ 艾拉格（الغلاق），为泰米姆部落一员猛将，该将随行征讨，杀死雷扎赫人不计其数。（译者注）

٥٩. كتكاليفِ قومِنا إذا غزا المنـ ـذِرُ هـل نحنُ لابنِ هنـدٍ رِعـاءُ

٦٠. إذ أحـلَّ العَـلاةَ قُبّـةَ ميسـ ـونَ فأدنـى ديارِهـا العوصـاءُ

٦١. فتـأوّت لهـم قَراضِبَـةٌ من كُـلِّ حيٍّ كأنّهـم ألقـاءُ

٦٢. فهداهُم بالأسودينِ وأمرُ اللـ ـهِ بِلْـغٌ يشـقى بـه الأشـقياءُ

٦٣. إذ تمنّوهَـم غُـروراً فساقتـ ـهُمْ إليـكم أُمنيّـةٌ أشـراءُ

٦٤. لم يَغُـرُّوكُمْ غُـروراً ولكـن يرفـعُ الآلُ جمعَهـم والضّحـاءُ

تاريخ تغلب في سردية الحارث حافلٌ بالهزائم، وهذا فصل جديد من فصول النكبة، فقد ذُكر أن ثمانين رجلاً من بني تميم أغاروا على بني رزاح من تغلب، فقتلوا منهم من قتلوا، وتركوهم مقطعين بالسيوف، ونهبوا إبلهم ومواشيهم، وعندما جاء من بقي منهم يطالبون بأموالهم المنهوبة، وأسلحتهم المسلوبة، لم يعودوا ببيضاء ولا سوداء، بل عادوا بالخزي والعار.

وغزاهم الغلّاق اليربوعي، فأثخن فيهم القتل، ولم يرحم كبيرهم، ولم يعطف على صغيرهم، لعلمه أن كل تغلبيّ يقع في يديه مهدور الدم، لن يأخذ بثأره أحد، فليس لهم معين ولا ناصر.

وبعد أن هدم تاريخ تغلب أقام على أنقاضه مجد بكر، الذين نصروا عمرو بن هند كما نصروا أباه قبل ذلك، وهذا استدراجٌ ذكي للملك ليوغر صدره على تغلب، ويكسبه إلى صفه ضد خصومه، ويعرّض بهم في تراخيهم عن الملك عندما استنجد بهم في حربه على الحارث الغساني، فاعتذروا

59. 当年蒙齐尔王遭遇突袭，我等随君侧奋勇杀敌，
    难道我们是伊本·杏德的子民？[①]

60. 选高地扎下米松公主的营帐，
    奥萨乃是离他们最近的营房。

61. 群盗自四面八方来此纠集，
    气势汹汹，如同鹰鹫一样。

62. 国王以“两黑”[②]率领大军，神明之道[③]由此昭彰，
    贫苦的人们聚集在他身旁。

63. 你们若自负地祈盼他们兵戎相见，
    这骄横图谋恰能引来大军把你们全歼。

64. 他们攻打你们并不稀罕，
    如同蜃楼光影，搬来大军就在转瞬间。

在哈雷斯的讲述中，台额利布人的历史充满了失败，这是灾难史上的新篇章。据记载，80名泰米姆人袭击了台额利布部落的雷扎赫人，杀死部落的一批人，用宝剑令他们身首异处，抢劫他们的骆驼和牛羊。当幸存者试图讨还被掠夺的钱财和武器时，他们什么都没带回，只带回来耻辱和羞愧。

叶尔布伊部族的艾拉格人劫掠了雷扎赫人，对他们进行大肆杀戮，男女老少都不放过。这是因为艾拉格人深知，每个人的鲜血都会白白流淌，没有人会为他们复仇，因为他们没有援军也没有支持者。

在摧毁了台额利布人的历史之后，诗人又在其废墟上建立起伯克尔人的荣耀，正是伯克尔人帮助阿慕鲁·本·杏德，就像帮助他的父王一样取得一

① 本句意为，诗人所属的伯克尔部落一开始就追随蒙齐尔国王征战，而不像台额利布部落一样，之后才被动成为阿慕鲁国王的子民。（译者注）

② “两黑”（الأسودان）指的是水与椰枣，即饮水与干粮。以此形容国王率军征讨时境况之艰苦。（译者注）

③ 此处阿拉伯语词“الله”仅指伊斯兰教创立以前阿拉伯半岛上的人们信奉的一位神祇，而非伊斯兰教创立以后此词所指的伊斯兰教“真主”。（译者注）

بأنهم ليسوا من رعاياه، فجمع صعاليك العرب، وخاملي الذكر وضرب بهم الحارث الغساني، وقتله، وسبى ابنته ميسون.

بهذه الحجج والبراهين يكشف كذب الشانئين وزيفهم، ويعرّي تاريخهم الحافل بالبهتان، والكراهية، والهزائم، والتولي يوم الزحف، وإثارة الفتن، والخروج على السلطة، وتفتيت النسيج الاجتماعي، فلا يبقي لهم في الجدل حجة، ولا عند الملك منزلة، ولا في سجلات التاريخ صفحة ناصعة.

## الفخرُ في حضرة الملك

٦٥. أيُّها الشّانئُ المبلِّغُ عنّا　　عند عمرٍو وهل لذاكَ انتهاءُ

٦٦. مَلِكٌ مُقسِطٌ وأكملُ مَن يَمـ　　ـشي ومن دونِ ما لديهِ الثّناءُ

٦٧. إرَميٌّ بمثلِه جالتِ الجِـ　　ـنُّ فآبت لِخصمِها الأجلاءُ

٦٨. مَن لنا عنده من الخيرِ آيا　　تٌ ثلاثٌ في كُلِّهنَّ القضاءُ

٦٩. آيةٌ: شارقُ الشّقيقةِ إذ جا　　ءوا جميعاً لِكُلِّ حيٍّ لِواءُ

场又一场的胜利。诗人巧妙地用话语把阿慕鲁国王拉到自己一边，让他对台额利布人感到不满。当年，阿慕鲁的父亲蒙齐尔在与加萨尼国的哈雷斯打仗时，国王向台额利布人求援，他们却置之不理，抱歉说他们不是他的子民，国王只好聚集一些流寇侠士应战，但最终打败了加萨尼的哈雷斯，不光取了他的性命，还俘虏了他的女儿米松。

这些论点和证据揭示了可恶之人的谎言和虚伪。诗人揭示了他们充满阴险、仇恨、失败的历史，也揭露了他们煽动叛乱、僭越规则和分裂社会的历史，因此，他们在争论中没有任何理由，在国王那里没有任何地位，在历史记载中也毫无光鲜可言。

## 在国王面前的矜夸

65. 你这可恶的家伙，在阿慕鲁国王面前
胆敢大放厥词，到底有完没完！？

66. 国王清明公允，堪称完人，
他的品德超越一切盛赞。

67. 他是伊尔姆的后裔[①]，在精灵中享有美誉，
甚至所有对手都钦佩他的风范！

68. 在国王看来，我们的功绩有三，
功勋彪炳，人们啧啧称赞。

69. 头一件：在舍吉格[②]以东战役中，
驰来许多部落，各色旌旗招展。

① 伊尔姆（إرمي），即伊尔姆·本·艾德（إرم بن عاد），诗人提到伊赖姆，用以说明国王出身于历史悠久的显赫家族。（译者注）

② 舍吉格（الشقيق），地名，原义为两片沙地之间的硬地。（译者注）

٧٠. حولَ قيسٍ مُستلئِمينَ بِكبشٍ    قَرَظِيٍّ كأنَّهُ عَبلاءُ

٧١. وصَتيتٍ من العَواتِكِ ما تنـ    ـهاهُ إلا مُبْيَضّةٌ رَعلاءُ

٧٢. فَجَبَهْناهُمُ بِضربٍ كما يخـ    ـرجُ من خُربَةِ المَزادِ الماءُ

٧٣. وحملناهُمُ على حزْمِ ثَهلا    نَ شِلالاً ودُمِّيَ الأنساءُ

٧٤. وفعلنا بهم كما علِمَ اللـ    ـهُ وما إنْ للحائِنينَ دِماءُ

٧٥. ثُمَّ حُجراً أعني ابنَ أُمِّ قَطامٍ    ولهُ فارسيّةٌ خضراءُ

٧٦. أسَدٌ في اللّقاءِ وَردٌ هَموسٌ    وربيعٌ إن شنّعَت غَبراءُ

٧٧. وفَككنا غِلَّ امرئِ القيسِ عنهُ    بعدما طالَ حَبسُهُ والعناءُ

70. 他们簇拥着盖斯国王，带着卡尔骓[①]绵羊，

人人披坚执锐，如雪白的岩石一般。

71. 随行的还有一群出身名门的军士，

非见骨的剑击不能使他们停驻！

72. 利刃劈开他们的头颅，鲜血飞溅，

如同革囊乍破，水浆迸出。

73. 把他们赶到赛赫兰山[②]间的巨石险路，

刺穿他们的大腿，血流如注。

74. 砍杀之烈，唯有神祇知晓，

惨遭丧命，却惜无人将仇怨来报。

75. 其二：我们抗击侯志尔·本·乌姆·盖塔姆[③]，

他率领乌压压的波斯铁骑，

青闪闪刀枪如林[④]。

76. 两军相遇时，侯志尔勇猛狡诈如狮子，

干旱灾年间，他普济众人如春霖。[⑤]

77. 我们还将王弟乌姆鲁勒·盖斯[⑥]救出缧绁，

此前，他久陷囹圄，饱受熬煎。

---

① 原文为قرظي，即“种植阿拉伯胶树之地”，一般指也门地区。（译者注）

② 赛赫兰山（ثهلان），内志高原上的山峰名。（译者注）

③ 侯志尔为铿德部落的一个首领。（译者注）

④ 原文用的修饰语为خضراء，意为青色的、绿色的。古代阿拉伯人常将全副甲胄、披坚执锐的骑兵部队称为“青色骑兵”，因其金属甲胄与武器泛着幽幽青光。（译者注）

⑤ 诗人有意称赞敌方主帅，以此衬托自身更加高尚勇毅。（译者注）

⑥ 乌姆鲁勒·盖斯（أمرو القيس）乃是蒙齐尔·本·麦义·萨马国王之子，国王阿慕鲁·本·杏德的同父兄弟，但与悬诗诗人乌姆鲁勒·盖斯不是同一个人。这个名字为古代阿拉伯人的常用名。（译者注）

٧٨. وأقْدَناهُ ربَّ غسّانَ بالمنـ ـذِرِ كَرْهاً إذ لا تُكالُ الدِّماءُ

٧٩. وفديناهُمْ بِتسعةِ أملا كٍ ندامى أسلابُهُم أغلاءُ

٨٠. ومع الجَونِ جَونِ بني الأو سِ عَنودٌ كأنَّها دَفْواءُ

٨١. ما جَزِعنا تحتَ العجاجةِ إذ وَ لَّت بأقفائها وحَرَّ الصِّلاءُ

٨٢. وولدنا عمروَ بنَ أُمِّ أُناسٍ من قريبٍ لمّا أتانا الحِباءُ

٨٣. مِثْلَما تُخرِجُ النّصيحةَ للقو مِ فلاةٌ من دونها أفلاءُ

هنا يتجه بخطابه إلى الملك عمرو بن هند، فيضفي عليه الكثير من صفات الجلال والمهابة، فهو ملك عادل، كريم، يوجب فضله الذكر والشكر، مع أنه أعلى من كل شكر، وأسمى من كل ثناء.

وبعد أن يستدرجه بهذا المديح، يذكر منزلة قبيلة بكر عنده، فهم أنصح الناس له، وأكرمهم عليه، وأقربهم منزلة لديه.

جاءه بنو شيبان في دروعهم الحصينة فكسروا شوكتهم، وقتلوا منهم من قتلوا، وتركوا من هرب غارقاً في ذله ودمائه، وغزا حجر بن أم قطام الكندي أسد الحرب وفارسها المغوار، امرأ القيس بن المنذر شقيق الملك فوقفت بكر معه وردت حجراً، وقتلت جنوده.

78. 我们还帮助蒙齐尔向迦萨尼国王讨还血债，
这血债定要用无法估量的鲜血偿还[①]！
79. 掳回九位王公贵族，
所掠财物何其价昂！
80. 还掳回奥斯部落的首领焦恩[②]之子，
大军杀气腾腾，将勇兵强。
81. 战尘郁郁，战火熊熊，我们毫无惧色，
反倒是敌人屁滚尿流，纷纷逃窜。
82. 阿慕鲁，乌姆·乌纳斯之子，是我们的姻亲，
我们收到聘礼[③]后不久，他便降生人间。
83. 亲缘深厚，犹如广阔沙原片片相连，
正因为此，我才出此谏言。

此处哈雷斯转而向阿慕鲁·本·杳德国王陈词，称赞他的伟大和威严：他是一个公正、慷慨的国王，应该被称道和感谢，尽管他高于一切感谢，高于一切赞扬。

赞美之后，诗人提到伯克尔部落的地位，对哈雷斯来说，伯克尔人是最诚心、最慷慨，也最亲近的人。

谢班人（بنو شيبان）曾披坚执锐前来侵犯伯克尔人，但被伯克尔人打得落花流水，死的死，逃的逃，落荒而逃者沉溺于羞辱和鲜血之中。号称“战争雄狮”（أسد الحرب）的侯志尔·本·乌姆·盖塔姆·铿迪及其勇猛的骑士侵犯

① 迦萨尼王国（غسان）和蒙齐尔·本·麦义·萨马国王统治的希拉王国毗邻，双方时常争斗，在此前的战役中蒙齐尔国王被杀，其子乌姆鲁勒·盖斯被俘遭囚禁。另一位悬诗诗人纳比埃·祖布亚尼在其诗作中也提到这一战役。（译者注）
② 首领焦恩（الجون）：一说为铿德王国的盖斯·本·穆阿迪·叶克里布之堂兄。（译者注）
③ 阿慕鲁·本·乌姆·乌纳斯（عمر بن أم أناس），即阿慕鲁·本·侯志尔·铿迪国王，是时任国王阿慕鲁·本·杳德的外祖父。“本·乌姆·乌纳斯”意为“乌姆·乌纳斯之子”，也就是说这位国王的母亲乌姆·乌纳斯出身于伯克尔部落。阿拉伯人嫁娶时，男方须支付给女方亲族一大笔聘礼，至今亦然。（译者注）

وهاجمت غسان المنذر بن ماء السماء فقتلته، وأسرت ابنه امرأ القيس، فهبّت بكر لنصرته، ففكت أسره، وقتلت ملك غسان. وقُتل حجر بن عمرو- آكل المرار- جدّ عمرو بن هند لأمه، فبعث المنذر بن ماء السماء والد عمرو بن هند خيلاً من بكر، فأدركتهم على مشارف اليمن، فأسرت تسعة من أشرافهم، وأحضرتهم إلى المنذر فقام بإعدامهم في الحيرة. وعندما جاء الجون - ملك من ملوك كندة - ليمنع بني عمرو بن الحجر، هزمته قبيلة بكر وأسرت ابنه الجون وسلمته المنذر بن ماء السماء. وفوق هذه الوقفات العظيمة فهم أخوال الملك عمرو بن هند، لأن عمرو بن حجر جد الملك، تزوج من بكر.

المواقف النبيلة، وصلة القرابة توجب النصح للملك، وإذا أوجبته للملك، فإن القرابة توجب لأبناء العمومة النصح الصريح الذي لا يحجبه شيء، ليكفوا عن غيهم، وأحوج الناس للنصيحة هم أكثر الناس تأففاً منها، كما يقول المثل الأندنوسي.

بهذا العرض الهادئ، والحجج الدامغة، نجح الحارث في إقناع الملك بعدالة قضيته، فرفعت له الستور السبعة، وجلس بجوار الملك، وشاركه طعامه، وجزّ له نواصي التغلبيين.

国王的兄弟乌姆鲁勒·盖斯·本·蒙齐尔，伯克尔人与后者并肩作战，赶走侯志尔，并杀死了他的士兵。

迦萨尼国派兵袭击蒙齐尔·本·麦义·萨马，并将其杀死，还俘虏了他的儿子乌姆鲁勒·盖斯，伯克尔人奋起援助，解救了人质，并杀死了迦萨尼国王。阿慕鲁·本·杏德的外祖父侯志尔·本·阿慕鲁——艾基勒·米拉尔[①]——被杀后，阿慕鲁·本·杏德的父亲蒙齐尔·本·麦义·萨马从伯克尔（部落）派了一支骑兵出征追杀，在也门附近追上了敌人，俘虏了九个名门显贵，并将他们带到蒙齐尔国王面前，国王处决了他们。当时铿德部落一个叫焦恩（الجون）的首领也对抗侯志尔，伯克尔部落再次出征击败了铿德部落，俘虏了焦恩，把他也交给蒙齐尔处置。除了这些伟大的历史时刻，伯克尔人还是国王阿慕鲁·本·杏德的舅亲，因为国王的外祖父阿慕鲁·本·侯志尔娶了伯克尔人的姑娘。

崇高的立场以及与国王的亲眷关系要求诗人哈雷斯向国王进谏，既然如此，他对台额利布部落的堂兄弟们也应直言相劝，毫不隐瞒，以便让他们弃邪归正。正如印度尼西亚谚语所云：最不听劝的人是最需要劝告的人。

通过这种冷静的陈述和令人信服的论据，哈雷斯成功地说服国王应主持公道，做出公正的判决。于是，七层帘幕被撤下，诗人被赐座君侧，一起分享美食。国王平抑了台额利布人的骄横。

---

① 阿拉伯语表述为آكل المرار，意为“吃米拉尔树的人”。当年侯志尔遭到迦萨尼国王的侵袭，他和他的追随者们只好以吃米拉尔树度日，条件十分艰苦。从此，这一家族以“艾基勒·米拉尔人”得名，意为“吃树人”。（译者注）

# 从哈雷斯的悬诗探析阿拉伯文化的审美意识

阿拉伯文明，以其悠久绵长的历史和多元融合的特质，孕育了一种深邃而独特的审美理念。这种审美理念并非单一维度的体验，而是与自然风貌、宗教信仰和道德伦理紧密交织，同时又在内涵上超越这些形式框架，构成了一种多层次、多维度的审美体系。[①]概括而言，在阿拉伯文化的审美传统中，对美的探求既追求外在形式的和谐与平衡，又重视内在精神的深邃与丰富。这一美学观念贯穿于阿拉伯文学、艺术、社会以及日常生活的方方面面，不仅体现在对自然美景的称颂，对人文价值的尊崇中，也反映在对艺术创作精益求精的追求上，从而形成了一种独特的文化标识。

作为贾希利叶时期阿拉伯文学的最高成就，《悬诗》不仅是早期阿拉伯人文化审美观念的生动体现，其本身亦构成了文学艺术美的典范，记录着诗人对自然风光和人文风貌的直率叙说，反映了阿拉伯社会的审美理想和道德追求。黑格尔在其名著《美学》一书中称赞《悬诗》的文学魅力："描述所用的语调有时大胆夸张，有时很有节制，平静柔和，所描述的是阿拉伯人还处在异教时期的原始状况，例如部落的光荣，复仇的怒火，爱情，冒险探奇的热望以及欢心愁苦之类题材……这在东方原始生活中是一种真正的诗。"[②]诗人笔下的旷野、沙漠、骏马、母驼等自然意象，既是对阿拉伯半岛独特景色的描绘，也是对自然之美的哲学思考。此外，诗中对忠诚、英勇、侠义、慷慨等美好品德的热烈颂扬，还展现了阿拉伯文化对人文精神的高度重视。这些元素共同构成了《悬诗》的审美框架，使其成为阿拉伯文化审美理想的生动映射。

在哈雷斯·本·希里宰的悬诗中，诗人通过对自然景观、道德品质以及

---

① ［埃及］多丽丝·贝伦斯-艾布赛义夫：《阿拉伯文化中的美》，俞雨森译，中西书局，2023年，"序言"，第2页。

② 转引自：薛庆国：《阿拉伯文学大花园》，湖北教育出版社，2007年，第5页。

部族风貌的描绘，展现了阿拉伯文化对美的独特理解与诠释。这首长诗不仅彰显了诗人的个人文学才华，还映射出阿拉伯文化审美理念的原始风貌，诗中的每一处意象和修辞的使用，都蕴含着对美的深邃洞察和独到见解。悬诗的艺术魅力，既源于其结构的精巧布局、辞藻的和谐铺排，更在于其内在精神的真挚流露，其中饱含对自然美、人文美和艺术美的颂歌，展现了阿拉伯诗歌的卓越审美价值。本文将通过对哈雷斯的悬诗中多种美学元素的细致剖析，揭示审美理念在文学艺术中的体现与表达，从而窥探阿拉伯文化对美的独到感知和诠释。

## 一、哈雷斯·本·希里宰与其悬诗

哈雷斯的悬诗创作缘起于一场名为“白苏斯之争”的部落战争。贾希利叶时期，部落战争频仍，纠纷不断，该时期曾发生过两场著名的部落战争，其一便是“白苏斯之争”，交战双方是瓦伊勒族的台额利布与伯克尔两个部落。这场纷争起源于台额利布部落，部落首领库赖布凭借自身权势，在本族领地内无故射杀了伯克尔部落成员白苏斯的一头母驼，白苏斯便向自己的外甥、库赖布的妻弟杰萨斯诉苦，杰萨斯听后气愤不已，冲动间寻机杀死了库赖布，库赖布的弟弟、诗人穆海勒希勒发誓要为兄长复仇，从此两个部落便结下了仇恨，开启了持续四十年的战争。[①]这场战争不仅严重影响了两个部落的关系，还将多位诗人牵涉其中。两个部落的诗人们纷纷发挥自身的卓越诗才，代表各自部落进行激烈的舌战，不遗余力地在诗中自我矜夸，相互攻讦，其中就包括两位著名的悬诗诗人：台额利布部落的阿慕鲁·本·库勒苏姆和伯克尔部落的哈雷斯·本·希里宰。

如前所述，伯克尔部落与台额利布部落因“白苏斯之争”产生了极大矛盾，经过长时间的调解，这场持续了四十年的战争终于告一段落。然而不久，两部落再起争端，并争讼于希拉国王阿慕鲁·本·杏德面前。伯克尔部落派出该部落的贵族演说家努阿曼·本·海里姆作为代表，可在正式对驳之前，努阿曼便指责国王偏袒台额利布部落，这一行为激怒了国王，导致他被逐出辩论场。见此情景，台额利布部落的诗人代表阿慕鲁·本·库勒苏姆赶

---

① حنا الفاخوری، الجامع فی تاریخ الأدب العربی: الأدب القدیم، دار الجیل: بیروت، ۱۹۸٦، ص۱۹٤-۱۹٥.

忙站起，吟诵了一首长诗，大肆赞扬自己的部落，甚至对国王表现出不敬。阿慕鲁认为，既然伯克尔部落的代表努阿曼已经被逐出，台额利布部落自然胜券在握。

就在形势对伯克尔部落极为不利的情况下，哈雷斯·本·希里宰勇敢地挺身而出。由于身患麻风病，哈雷斯只能隔着重重帘幕慷慨陈词，他吟诵了一首长诗作为回应。在诗中，他大肆赞扬伯克尔部落的成就与品德，并挖苦讽刺了对方部落，指责他们应为争端负责，同时颂扬了希拉国王阿慕鲁·本·杏德的美德，试图赢得国王的同情和支持。据传，哈雷斯·本·希里宰在吟诵这首诗时情绪激动，全身颤抖，诗歌深深打动了国王，甚至让在场的国王的母亲赞叹不已。哈雷斯的雄辩口才令国王改变了初衷，国王邀请诗人走出帘幕，并最终作出对伯克尔部落有利的判决，这首诗后来就成为著名的十首《悬诗》之一。

尽管这首悬诗创作于一场旨在驳斥对手、夸耀本族的政治性辩论，但其艺术成就与文化价值却远非政治目的所能局限。诗中不乏对阿拉伯美学特质与审美意识的展现，词句里蕴含的阿拉伯文化之美，如对自然美景的细腻描绘、对家族荣耀的推崇颂扬，以及对英雄事迹的激昂赞歌，都彰显了一种超越对驳目的的审美追求。诗歌的形式美，包括韵律的和谐、节奏的流畅，以及修辞的巧妙，与诗歌所传达的价值内涵——对道德理想和人文价值的侧面映射——共同构成了阿拉伯文化审美意识的丰富图景，展现了这种审美意识的多维面貌。

## 二、哈雷斯的悬诗中的自然美

“阿拉伯文化以非写实主义的方式运用现实中存在的元素，以反自然主义的态度将自然界的各种形式加以组合。”[①]贾希利叶时期的阿拉伯人居于沙漠地带，气候干旱，烈日如焚，雨水寡薄，以游牧生活方式为主。这一时期的诗人习惯在游牧生活中观察自然环境与客观世界，并擅长将荒漠中、旅途中遇到的各类动植物与自然现象以诗性的语言描绘出来。[②]哈雷斯的悬诗中也

① Richard Ettinghausen and Oleg Grabar, *The Art and Architecture of Islam:650-1250*, New York and London: Viking Penguin Inc.,1987, p44.

② 仲跻昆：《阿拉伯文学通史》，上卷，译林出版社，2010年，第64页。

不乏对动植物和自然景观的描写，诗人通过对沙丘、沼泽、母驼、羚羊等元素的细腻描绘和巧妙比拟，既展现了阿拉伯半岛的壮丽景色，还原了真实的游牧生活，也赋予了这些动植物和自然景观以重要的象征意义和审美价值，使其随着诗歌情感的起伏而组合变化。

### 1. 动物和植物

受制于沙漠环境，阿拉伯半岛生物稀疏，人畜消瘦，较为常见的动植物有鸵鸟、骆驼、羚羊、鸽子、枣椰、胶树、柽柳、檀木等。这些动植物在贾希利叶时期的诗歌中频繁出现，不仅生动描摹了半岛的自然景观，还成为诗歌情感与审美的载体。

如羚羊，以其轻盈和优雅的特质，象征着纯洁与高贵，常被阿拉伯诗人用来比喻美丽的女子或品德高尚的人物。哈雷斯在诗中将本族人比喻为羚羊，受到无端贬斥，被误作懦弱的绵羊，任人宰割：

我们被攻讦，被罗织构陷，被横加抑贬，
　　好像羚羊被当作绵羊宰割，昧良为奸！[①]

这种比喻不仅反映了诗人对族人遭遇的同情和愤懑，也揭示了羚羊、绵羊在阿拉伯文化中所承载的意象内涵和美学象征。

又如：鸵鸟体型修长，行动敏捷，奔跑速度快，被许多诗人借来喻指矫健的母驼。哈雷斯在其悬诗中写道：

但见他驱使母驼，健步飞跑，
　　如沙漠里心系幼崽的母鸵鸟。[②]

这句诗传神地描绘出母驼在沙漠中的迅捷与坚韧，同时表达出诗人急于赶路的焦急心态。通过这种生动的比喻，哈雷斯赋予了诗歌更丰富的情感色彩和审美价值，增强了诗歌的生动性和形象性。

① 见本书，第441页。
② 见本书，第425页。

此外，诗中还出现了鹰鹫、狮子等动物意象：

群盗自四面八方来此纠集，
　　气势汹汹，如同鹰鹫一样。
两军相遇时，侯志尔勇猛狡诈如狮子，
　　干旱灾年间，他普济众人如春霖。[①]

这里，鹰鹫被视作凶猛与蛮横的象征，狮子则被用作英勇多谋的形象喻体，这些意象的运用，不仅增强了诗歌的艺术效果，也反映了阿拉伯文化中对动物的特性的独特理解。

### 2. 地理环境和自然现象

《悬诗》的美学构成不仅局限于对动植物的生动描绘，阿拉伯半岛特有的地理环境和自然现象同样为诗歌增添了美学色彩。美学理论以“移情作用”来阐释美感的形成：“人在聚精会神中观照一个对象时，由物我两忘达到物我同一，把人的生命和情趣‘外射’或移注到对象里去，使本无生命和情趣的外物仿佛具有人的生命活动，使本来只有物理的东西也显得有人情。”[②]在哈雷斯的悬诗中，不同地理环境在移情作用下具有充沛的情感：

（我们）相会在穆希叶特，在索法哈高地，
　　在瓦法，在阿迪布谷地，也在祖·费塔格山巅。[③]

哈雷斯与恋人艾斯玛曾有着牢固的情谊，度过了一段深怜密爱的时日。此后，艾斯玛决意迁往他处，哈雷斯重拾故地，苦觅恋人芳踪，找寻旧日回忆，这种情感空虚遍布沙漠每个角落、不同地形。移情作用使得诗中提及的地点不再仅是地理上的标识，而被诗人的哀愁和怀念赋予了新的意义，具有了情感的温度和深度，构成诗歌中地理美学的一部分，让整部作品成为一个融合情感与自然的艺术空间。

---

① 见本书，第445、449页。
② 朱光潜：《谈美·谈美书简》，作家出版社，2018年，第170页。
③ 见本书，第419页。

在诗歌的核心部分，哈雷斯着力赞扬本族人的坚毅品质，他巧妙地将人比作山峦：

恰似命运降下重重忧患，
　　我们耸立如山直插云端。
悠悠岁月，重重灾祸，
　　我们依然坚挺，屹立岿然。[①]

这句诗将本族人面对外敌时的坚毅与雄峻的高山相比，意在颂扬部族的不屈不挠。在这里，山不只是自然界的一部分，更是精神力量的象征。这一比喻将山的物理属性与人的情感和道德品质相结合，创造了一种超越物质形态的美学感受，反映了阿拉伯文化中对自然与人文精神的深刻洞察。

在描述战争场景时，哈雷斯巧妙地将自然现象与部族战争的壮烈场面相结合，通过强烈的视觉和听觉形象，增强诗歌的冲击力和情感深度：

利刃劈开他们的头颅，鲜血飞溅，
　　如同革囊乍破，水浆迸出。
我们抗击侯志尔·本·乌姆·盖塔姆，
　　他率领乌压压的波斯铁骑，青闪闪刀枪如林。[②]

这两句诗形象地描绘了战争的杀伤力之大与敌军数量之众，既展示出战争的规模，也强调了本族战士面对强敌时的勇敢和坚韧。

全诗结尾，哈雷斯不忘再次向希拉国王倾诉衷心，以期获得国王的理解和支持，诗人通过比喻，将自己与国王的关系比作广阔沙漠中的连绵沙原：

亲缘深厚，犹如广阔沙原片片相连，
　　正因为此，我才出此谏言。[③]

---

① 见本书，第431、433页。
② 见本书，第449页。
③ 见本书，第451页。

作为阿拉伯半岛最常见的地貌，无边的沙海和连绵的沙丘成为诗人笔下忠诚和团结的象征。诗人通过对自然地理因素的运用，在增强了诗歌地域色彩的同时，还强化了自己对国王的忠诚和赤忱，沙漠的自然美与诗人试图表露的情感相得益彰，共同构成了悬诗中的审美图景。

### 3. 自然与人和谐共融

阿拉伯文化认为美是诸要素的组合，强调事物间的和谐美感。伊本·赫勒敦曾言："灵魂喜爱的是本身和谐的事物。"①这种美学观念既承认客体本身在构造上的和谐，还强调客体和主体双方协调融洽的关系。②在悬诗中，自然美既体现在对自然景观的描绘中，还表现于自然与人的相映成趣，和谐共融。

悬诗的开篇，哈雷斯回忆起旧人旧事，忽然望见另一位佳人杏德在遥远的山峰上燃起的火光，这一场景充满了自然与情感的交融：

你眼见真真切切，最后一面，
　　佳人杏德在高地燃起明亮火焰。
在阿吉格与舍赫绥尼之间，她把檀香木点燃，
　　恰像灯光摇曳，划破了黑暗。③

檀香木燃烧的火光与佳人摇曳的身姿相互映衬，拼凑起一幅宁静而朦胧的景象，映照出诗人对美好时光的怀念和对旧日爱人的深情，诗人寓情于景，情景交融，极大地增强了诗歌的感染力和艺术魅力。

佳人杏德用檀香木燃起火焰，檀香木既是香料，也是燃料，与战争紧密相关。在两处火焰之间踯躅的诗人，诗人转向台额利布与伯克尔两部落之间燃起的熊熊战火，他跨上母驼，直面灾祸：

但见他驱使母驼，健步飞跑，

---

① بن خلدون، مقدمة، دمشق: دار يعرب، ٢٠١٢.

② ［埃及］多丽丝·贝伦斯-艾布赛义夫：《阿拉伯文化中的美》，俞雨森译，中西书局，2023年，第50页。

③ 见本书，第419、421页。

如沙漠里心系幼崽的母驼鸟。
它听到猎人屏敛的声息，
暮色四合中，它胆战心惊。[①]

诗人巧妙地将自己的焦虑与紧张情感投射到对母驼的描述上，赋予母驼以人的神态和动作，其传神入微的比拟反映了诗人对沙漠生态和动物生存状态的敏锐洞察，展现了自然与生命的和谐相融。

可以见得，悬诗中的自然之美，不仅是对阿拉伯半岛自然景观的生动描绘，更含有对自然与人的关系以及诗人内心情感的投射，诗中的自然意象共同营造了一种别具一格的审美境界，使得诗歌超越了文字的简单组合，成为情感与自然和谐交融的艺术创作。

## 三、哈雷斯的悬诗中的人文美

除了对自然景观的刻画描摹，哈雷斯的悬诗中还有对人文价值的褒贬抑扬。受游牧传统影响，阿拉伯人性格散漫无羁，思维方式直率干脆，诗人们倾向于直抒胸臆地表达感情，直白地述说所思所想。[②]哈雷斯在其诗中不遗余力地贬损对方而矜夸本族，使道德美学在悬诗中得到生动的展现。诗中对豪侠仗义、部族荣誉等人文价值的强调，体现了阿拉伯文化中对理想人格和道德情操的追求，诸如正义、勇气和忠诚等许多道德观念，不仅被视为行为的准则，还被赋予独特的诗歌美学价值，成为诗歌艺术的重要表现对象。

### 1. 歌颂豪侠英勇

“豪侠行为”是阿拉伯诗歌吟咏的重要题材。阿拉伯人好仁义，重风俗，一向崇尚英勇与侠义精神，甚至将其视作衡量评判个人道德的最高标准。[③]纵观阿拉伯文学，“歌咏英雄义士，提倡尚武精神，颂扬进袭敌人，退

① 见本书，第425页。
② 林丰民等：《中国文学与阿拉伯文学比较研究》，昆仑出版社，2011年，第40页。
③ 纳忠、朱凯、史希同：《传承与交融：阿拉伯文化》，浙江人民出版社，1996年，第13页。

保乡邦一类的诗歌占了很高的地位。”①

哈雷斯在其悬诗中对本族人的骁勇善战极尽矜夸，称赞他们无可匹敌的勇敢与力量。诗中写道：

你们可知，一旦我们发起攻势，
　　没有一个部落和营地能够幸免。
一旦我们驱驼起程，纵横驰骋，犹如飞电，
　　顷刻间便从巴林的枣椰园到达希萨东部的海边。
……
战尘郁郁，战火熊熊，我们毫无惧色，
　　反倒是敌人屁滚尿流，纷纷逃窜。②

诗人运用比喻、夸张和对比的手法，强调本族人在战场上的英勇无畏和不可阻挡，这种豪侠英勇的形象在阿拉伯文化中备受推崇，被视作英雄主义的象征。“战尘郁郁”和“战火熊熊”形象地展现了战场的激烈和混乱，而“我们毫无惧色”则凸显了本族战士直面战争的勇敢和坚定，与此同时，诗人还不忘描述敌人应战时的恐慌和溃败，意在凸显本族人的英雄气概，传达出对对方部落的蔑视和鄙夷。

这几句诗不仅在艺术上形成了强烈的视觉和情感冲击，还在道德上强调果敢和骁勇的价值。在阿拉伯文化中，英勇的战士被视为家族和部落的骄傲，他们的事迹被吟咏传颂，激励着同族后辈效仿。这种对英勇的赞美，不仅是对战斗能力的颂扬，更是对个人品质和集体荣誉的肯定。

在悬诗中，哈雷斯通过颂扬英勇的行为，塑造了本族人鲜活的英雄形象，也传递出一种对勇敢、力量和无畏的崇高敬意，建构起阿拉伯文化中理想人格的典范，激励族人在面对困难和挑战时展现出坚定不移的斗志。

---

① ［埃及］艾哈迈德·爱敏：《阿拉伯伊斯兰文化史》，第一册，纳忠译，商务印书馆，2019年，第60页。

② 见本书，第433、451页。

### 2. 矜夸部落荣誉

贾希利叶时期的阿拉伯半岛可被视作氏族社会，部落大多以血缘关系为基础，成员之间有着十分密切的利害关系，加之游牧人尤其重视部族团结，在面对部落间的纠纷时，他们往往不论是非曲直一致对外，只求保全信义和利益，顾全部落的荣誉。[①]实际上，这是一种带有狭隘部落主义的宗派主义思想。

哈雷斯的悬诗如实还原了这一部落观念。在诗中，他通过一系列反问句，质疑了将对方部落的罪责强加于本族的做法，这种立场体现了对部落团结和荣誉的坚守：

若是铿德部落掠取了你们的牲口，
　　难道反倒要我们给你们赔偿罚金？
难道我们还得为哈尼法部落顶罪，
　　或是将盗贼流寇掠取的一一偿还？
难道阿提格人的罪孽也得算到我们头上，
　　别人背信弃义挑起战争可是与我们无关。
难道伊巴德部落的罪过也要我们来承担，
　　恰似再添重负压在驼鞍？
难道古达阿部落的过失也得让我们背负，
　　一切过错都和我们相干？
这些穆达拉布人并非出于我们部落，
　　更不要说盖斯、建戴勒和哈达人。
难道伊亚德部落的罪过也要归到我们头上，
　　就像有人对托斯姆说："你的兄弟真够反叛！"[②]

出于对本族荣誉的重视，阿拉伯古代诗歌中常常可以见到诗人对自己和本部落的矜夸和吹嘘，以及对敌对部落的贬斥和讥讽，这类诗歌不仅反映了

---

① ［埃及］艾哈迈德·爱敏：《阿拉伯伊斯兰文化史》，第一册，纳忠译，商务印书馆，2019年，第14页。
② 见本书，第439、441页。

当时社会的价值观，也体现了诗人在维护和提升本部落声誉方面的角色。如哈雷斯在诗中写道：

在国王看来，我们的功绩有三，
　　功勋彪炳，人们啧啧称赞。[①]

这句诗展示了诗人对自己和本部落的自豪，反映了当时社会对功绩和荣誉的高度重视。这种矜夸和吹嘘行为，是阿拉伯文化中对个人和集体成就的一种肯定。诗人通过诗歌这一文化载体，将这些成就传颂开来，一方面以此来增强部族的凝聚力和影响力，另一方面，对本部落功绩的颂扬也是对敌对部落的一种隐性贬斥，通过对比，凸显本部落的优越和强大。

借助诗中的矜夸与贬损，诗人在记录历史事件的同时，还塑造了一种文化记忆，延续并强化了后世对英雄和功绩的认知，其悬诗也因此成为传承和弘扬阿拉伯文化中荣誉观念的载体。

### 3. 强调忠诚与赤忱

除了崇尚英勇和豪侠精神之外，阿拉伯文化还重视并推崇忠诚与赤忱等高尚品质。在阿拉伯文化中，忠诚被视为维系氏族社会秩序的基石，而赤忱则体现了个人对家族、部落、王国的真挚情感。源于这一文化背景，阿拉伯人对那些坚守诺言、忠于信仰和职责的人给予极大的尊敬，对于那些背信弃义、失信于人的行为则深感不齿。在悬诗中，哈雷斯贬斥对方为谎话之徒，质问其对誓言的违背：

以荒谬之言粉饰，你这说谎之徒！
　　在阿慕鲁国王面前岂有你容身之处？
你们可还记得，在祖·迈加志
　　定下的信诺桩桩，誓言凿凿？
双方约定：不得背约和相互侵扰；

① 见本书，第447页。

白纸黑字的盟约，难道只凭心中好恶就能撕掉？[①]

诗人反复强调盟约的重要性和守信的必要性，对那些企图破坏盟约的行为提出了质疑。他明确指出，双方已有共识，不应违背约定，也不应相互侵犯，这体现了阿拉伯文化对契约精神的尊重。通过这些诗句，哈雷斯直率地表达了对忠诚和真诚的高度评价，这种价值观在阿拉伯文化中不断传承下来，成为指导人们行为和道德判断的重要标准。

总而言之，歌颂豪侠英勇、矜夸部落荣誉、强调忠诚与赤忱等人文价值在哈雷斯的悬诗中得到充分体现，诗人不仅借此塑造了一种氏族社会的理想人格，同时也反映了阿拉伯文化中的道德美学，即阿拉伯文化的理想人格至少应是勇敢、侠义、慷慨、忠诚和有部族荣誉感的结合体。

## 四、哈雷斯的悬诗中的艺术美

阿拉伯民族是诗歌的民族，《悬诗》作为阿拉伯文学史上的一座丰碑，可谓阿拉伯文学艺术美的典范，《悬诗》以精湛的艺术技巧和深邃的情感表达，展现了诗歌艺术的无穷魅力。在哈雷斯的悬诗中，艺术美不只体现在语言的韵律上，更体现在诗人如何巧妙地利用言词、修辞和节奏，将自然景观、人文情感与社会价值观融为一体，创造出一幅生动的文学画卷。

《悬诗》结构一般有较固定的程式，大致有起兴、描述，以及正题和高潮三部分组成。[②]哈雷斯的悬诗同样遵循这一创作程式，在起兴部分，哈雷斯述说了与旧日恋人的别离，又描述了自己的坐骑母驼，随即直奔正题，就争讼事件批驳对方诬告，接着一面赞美本部落，一面极力吹捧担当仲裁者的希拉国王，全诗言辞雄辩、修辞丰富，节奏和谐，极富艺术美感。

### 1. 言辞雄辩

如前所述，出于吟咏的目的所在，哈雷斯的悬诗带有强烈的政治色彩和辩论气势，言辞的雄辩体现在他对争讼事件的直接回应和对本部落的坚定辩

① 见本书，第431、439页。
② 孙承熙：《阿拉伯伊斯兰文化史纲》，昆仑出版社，2007年，第274页。

护。首先，诗人冷静地回应对方的污蔑和指责：

艾拉吉姆兄弟们把我们诬告，
　　他们的话语实在是胡说八道。
将我们当中的无辜者与有罪者混为一谈，
　　那些清白的人自证清白已成枉然。①

随后诗人开始条分缕析地列举本部落的英勇行为与辉煌战绩，以此凸显本部落优于对方部落：

你们可知，一旦我们发起攻势，
　　没有一个部落和营地能够幸免。②

接着，诗人反过来质问和攻讦对方部落：

你们可还记得，在祖·迈加志
　　定下的信诺桩桩，誓言凿凿？
你这可恶的家伙，在阿慕鲁国王面前
　　胆敢大放厥词，到底有完没完！？③

最后，诗人不忘吹捧和赞美希拉国王，以期得到希拉国王的支持：

国王清明公允，堪称完人，
　　他的品德超越一切盛赞。
他是伊尔姆的后裔，在精灵中享有美誉，
　　甚至所有对手都钦佩他的风范！④

① 见本书，第429页。
② 见本书，第433页。
③ 见本书，第439、447页。
④ 见本书，第447页。

诗人通过逻辑清晰的阐论，既强化了本部落的荣耀，也彰显了其雄辩的技巧，使得诗歌在传达信息的同时，展现了语言的力量和美感。

### 2. 修辞丰富

哈雷斯的悬诗中的修辞手法丰富多样，诗人巧妙地运用了比喻、拟人、排比、夸张等修辞手法，使得诗歌的意象更加鲜明，情感更加饱满。例如，诗人描写交战场面时，将敌方首领比作勇猛狡诈的狮子：

两军相遇时，侯志尔勇猛狡诈如狮子，
　　干旱灾年间，他普济众人如春霖。①

这里，诗人有意称赞敌方主帅，以此衬托本方更加高尚勇毅。在矜夸本族人作战神勇时，哈雷斯使用夸张手法：

一旦我们驱驼起程，纵横驰骋，犹如飞电，
　　顷刻间便从巴林的枣椰园到达希萨东部的海边。②

这种夸张的描述既凸显了本族战士的迅捷和勇猛，也传达了一种无所畏惧、勇往直前的精神。

总而言之，哈雷斯在悬诗中巧妙运用各类修辞技巧，极大地丰富了诗歌的表达力，提升了其文学艺术价值，对后来的诗歌创作产生了持久的影响，《悬诗》因此被视为阿拉伯古代文学修辞与抒情的艺术典范。

### 3. 节奏和谐

节奏和谐是《悬诗》艺术美的重要组成部分。美学理论认为，“人用他的感觉器官和运动器官去应付审美对象时，如果对象所表现的节奏符合生理的自然节奏，人就感到和谐和愉快，否则就感到‘拗’或‘失调’，就不愉快。”③

阿拉伯古代诗歌是格律诗，以若干数量的长短音组成一个音步，两至四

① 见本书，第449页。
② 见本书，第433页。
③ 朱光潜：《谈美·谈美书简》，作家出版社，2018年，第168页。

个音步组成半行诗，两个半行诗构成一个诗行。[①]韵律在贾希利叶时期就已经得到充分的发展，阿拉伯语言学家认为，韵律与阿拉伯人骑乘骆驼行进的节奏有关。

得益于韵律的存在，哈雷斯的悬诗体现出一种节奏感很强的音乐美感。八十三个诗行都押了发音合口符的阿拉伯字母“ءُ”的韵脚，念诵起来朗朗上口。

除韵律外，哈雷斯还精心构建了悬诗的结构和节奏，使得每一部分都紧密围绕中心主题，形成逻辑严密、连贯流畅的叙事框架。诗人对叙述节奏的精准掌控，使悬诗在激昂与平缓之间自如转换，既有矜夸族人时高潮迭起的激情，也有起兴部分细腻流畅的过渡，在听者和读者心中激起强烈的共鸣。

整体而言，通过对悬诗结构的精心设计、修辞的巧妙运用，以及意象的细腻描绘，哈雷斯将悬诗的艺术美提升到一个新的高度，使其悬诗成为阿拉伯文学艺术美的标志之一。

## 结语

作为阿拉伯文学大花园中的一朵奇葩，《悬诗》不仅生动反映了贾希利叶时期阿拉伯人的生活风貌，更彰显出阿拉伯诗歌艺术的无穷魅力和审美意识，透过其诗性的语言，我们得以窥探阿拉伯文化独特的审美观念。

哈雷斯·本·希里宰的悬诗以其丰富的自然描绘、人文价值的颂扬，以及精湛的艺术技巧，生动体现出阿拉伯文化的审美理念，其诗中的自然美、人文美与艺术美相互交织，共同构筑了一个多层次、多维度的审美体系，这种审美意识超越了物质形态，不只是对自然美的颂歌，还包含对人文精神的赞颂，对道德美学的崇高追求，展现了阿拉伯文化对和谐、平衡与内在精神的深刻追求。

① 仲跻昆：《阿拉伯文学通史》，上卷，译林出版社，2010年，第56页。

阿拉伯的响板

صناجة العرب

معلقة الأعشى القيسي

# 艾阿沙·盖斯的悬诗

درس في الإبصار

关于洞察的一课

秦烨　译

مقدمة وشرح: عدي الحربش

导言与评析：乌代·哈尔比什

秦烨　译

大艾阿沙悬诗的诗歌意象

秦烨

هو أبو بصير ميمون بن قيس البكري، ينتهي نسبه إلى قيس بن ثعلبة، التي تنتهي بدورها إلى قبيلة بكر بن وائل. يُعرف بالأعشى الكبير تمييزاً له عن شعراء آخرين عُرفوا بنفس اللقب،① وقد انتهى ضعف بصره إلى العمى آخر حياته.

يُعرف أيضاً بصنّاجة العرب، لطبيعة شعره الغنائية المُطربة، ولأنه ذكر الصنج وغيره من آلات الطرب في قصائده. هو من أكبر الشعراء الفحول ديواناً، وممن أدرك الإسلام دون أن يسلم.

نزحت قبيلته بنو قيس بن ثعلبة من الحجاز إلى حَجر اليمامة تابعين خُطى أبناء عمومتهم من بني حنيفة، وعندما طلبوا الجوار نفحهم عبيد بن ثعلبة الحنفي جزءاً من الأرض فسُميت منفوحة (الحيّ الموجود جنوب الرياض حالياً، حيث قصر الأعشى وقبره وبئره).②

طوّف شاعرنا في الآفاق، فزار نجران وحضرموت وأورشليم وحمص والعراق وفارس والحبشة كما يخبرنا شعره، ومدح ملوكاً وأعياناً كالنعمان بن المنذر ملك الحيرة، وهوذة بن علي ملك اليمامة، وقيس بن معديكرب ملك كندة.

كان شعره عظيم الأثر، يرفع أقواماً ويضع آخرين، لذا سعى الأشراف إلى إكرامه كي يذكرهم فيُعرفوا بذلك بين العرب، كما في قصة المحلَّق الكلابي الذي زوّج بناته جميعاً بعد أن شهُرَ بمديح الأعشى.

كان شاعرنا مولعاً باللهو، لا يكاد يخلو شعره من ذكر الخمر أو المرأة، يصف الخمر ومجالس شربها فيجيد، ويصف المرأة ومفاتنها فيبدع، لكنك لا تجد في شعره ما يذكره الشعراء من حرقة وحسرة، إنما هي شهوة محضة وتبتلٌ صِرف أمام الجسد الأنثوي، لذا يكثر في شعره ذكر القيان كقتيلة وجبيرة وهريرة، والأخيرة تباين الرأي في هويّتها، وهي التي استفتح المعلَّقة بذكرها.

قيل إن الأعشى عندما سُئل عنها قال: لا أعرفها، إنما هو اسمٌ أُلقي في لساني من حيث لا أدري، بينما ذكر أبو عبيدة أنّ قتيلة وجبيرة وهُريرة قيانٌ لآل عمرو بن مَرثد، ونقل المبرّد عن

① الأعشى: الرجل الذي لا يبصر ليلاً.

② أزيل قصر الأعشى في أواخر الثمانينات الهجرية وأصبح مباني سكنية.

大艾阿沙全名为艾布·巴绥尔·马蒙·本·盖斯·伯克里（أبو بصير ميمون بن قيس البكري）。他的血统可上溯至盖斯·本·赛阿莱巴（قيس بن ثعلبة），而赛阿莱巴本人出自伯克尔·本·瓦伊勒部落（قبيلة بكر بن وائل）。他被称为“大艾阿沙”（الأعشى الكبير），以此区别于被称为“艾阿沙”①的其他诗人。他的视力很弱，晚年时双目失明。

大艾阿沙的诗歌富有音乐性，响板等乐器亦出现在他的诗歌中，因此他也被称为“阿拉伯响板”（صنّاجة العرب）。他是最伟大的阿拉伯传统诗人之一，曾见证伊斯兰教的诞生，但没有皈依。

他所在的盖斯·本·赛阿莱巴部落曾追随他的堂兄弟哈尼法人从希贾兹迁居至叶玛麦。他们曾恳请那里的居民赠予其一些土地，阿比德·本·赛阿莱巴·哈乃斐满足了他们的请求，于是他们被称为“曼夫哈”②（منفوحة）（这块土地如今位于利雅得南部，那里有大艾阿沙的住所、墓地及其生前使用过的水井③）。

诗人游历四方，曾走访纳季兰（نجران）、哈达拉毛（حضرموت）、耶路撒冷（أورشليم）、霍姆斯（حمص）、伊拉克、波斯和埃塞俄比亚（الحبشة）等地。他曾写诗赞颂诸国君主，如希拉国王努阿曼·本·蒙齐尔（النعمان بن المنذر ملك الحيرة）、叶玛麦国王胡宰·本·阿里（هوذة بن علي ملك اليمامة）以及铿德国王盖斯·本·穆阿迪凯里布（قيس بن معديكرب ملك كندة）。

他的诗歌具有很大的影响力。他在诗中赞颂一些人，亦贬损一些人。贵族们竞相邀请他成为座上宾，期待被他的诗歌称颂并由此声名远扬。据传，一位名叫吉拉比（الكلابي）的理发匠，因为在大艾阿沙的诗中留名而被人知晓，他的女儿们也因此全部顺利出嫁。

我们的这位诗人酷爱享乐，他的诗中从不乏美酒和美人。他擅于描写饮酒聚会，精于刻绘妇女形象和女性迷人之美，但你在他的诗作中很难发现他

① “艾阿沙”（أعشى）意为“患夜盲症的人”。
② 即“获赠者”。（译者注）
③ 伊历八十年代末，大艾阿沙故居从此地迁出，此地变为居民区。此地即盖斯·本·赛阿莱巴部落在叶麻麦地区的被赠与的地盘。

مشائخ بني قيس بن ثعلبة أنّ هريرة كانت أمةً سوداء لحسان بن عمرو بن مرثد.①

وكما للهو ساعات، كذلك للجدّ ساعات في شعر الأعشى. هو شاعر الغزل والفخر بامتياز، يقضي أوقات الهناءة بين الزِقّ والقينة والكران والصنج ،② لكن ما إن يتهدد أحدهم شرف قبيلته حتى ينبري الأعشى مدافعاً منافحاً، فيتحول شعره الرقراق إلى صخرٍ يخدش هامة العدو.

① أسرة ثريّة عرفت بالسَراء وكرم المحتد، ذكر طرفة بن العبد أباهم عمرو بن مرثد في معلّقته.

② الزق: وعاء الخمر، القينة: الأمة المغنيّة. الكران: العود. الصنج: آلة موسيقية، تشبه آلة القانون.

像别的诗人那般表现激情或妒忌，他的诗中只有对女性身体的纯粹欲望。他在诗中还常常提及一些女奴，如喀缇莱（قتيلة）、贾碧拉（جبيرة）和胡莱拉（هريرة）。对最后这位女奴的身份，众说纷纭，而她正是大艾哈沙在悬诗开篇所提及的女性。

据说，大艾阿沙曾被问及这位胡莱拉的身份，他说道：“我并不认识什么胡莱拉，这个名字只是我虚构的”。而艾布·欧拜德（أبو عبيدة）则提出喀缇莱、贾碧拉和胡莱拉都是阿慕鲁·本·马尔赛德家族（آل عمرو بن مَرثد）的女奴。根据穆巴拉德（المبرّد）引述盖斯·本·赛阿莱巴部落长老们（مشائخ بني قيس بن ثعلبة）的表述，胡莱拉是哈桑·本·阿慕鲁·本·马尔赛德（حسان بن عمرو بن مرثد）的黑皮肤的母亲[①]。

在大艾阿沙的诗歌中，既有纵情享乐，也有使命担当。他是一位创作爱情诗和矜夸诗的卓越诗人，在觥筹交错、歌舞宴乐中度过他的欢愉时光[②]。可一旦有人威胁到部落的荣誉，他便立即挺身而出，他的诗歌也从软言绵语化为锋利石器，投向敌人。

① 哈桑·本·阿穆鲁·本·马尔赛德出身于一个富裕的贵族家庭。诗人塔拉法·本·阿卜德曾在他的悬诗中提到过哈桑的父亲阿穆鲁·本·马尔赛德。

② الزق：盛酒的容器；القينة：歌女；الكران：乌德琴（即一种类似琵琶的乐器——译者注）；الصنج：响板。

# المعلَّقة

معلَّقة الأعشى معلَّقة حرب وسلام، أو بالأحرى -إذا اتّبعنا ترتيب موضوعاتها- معلَّقة سلام وحرب، فبعد أن نشبت خصومةٌ بين أحياء قيس بن ثعلبة وشيبان،① صار لزاماً على الشاعر أن يودّع أوقات الهناءة، وأن يتركَ هريرة خلفه، وأن يمضي فيمن مضى ضمن الركب ساعياً للإصلاح بين الفريقين.

وكان سبب الخصومة أنّ رجلاً يُقال له ضبيع، من بني كهف بن سعد بن مالك بن ضُبيعة بن قيس بن ثعلبة (قبيلة الأعشى)، قتل رجلاً من شيبان يُقال له زاهر بن سيّار، يُعرف بابن الجاشرية نسبةً إلى أمه.

وكان ضُبيع خاملاً ضعيف العقل، فلما أراد أبناء الجاشرية أن يأخذوه بدم زاهر، نهاهم يزيد بن مُسهِر الشيباني -وكان أحد رؤساء شيبان- وقال: اقتلوا به سيداً من سعد بن مالك بن ضُبيعة، فلمّا بلغ ذلك بني قيس قال الأعشى المعلّقة يأمره أن يدع بني كهف وأبناء الجاشرية يسوون الخلاف دون أن يفسِدَ بينهم.②

لا يمكن النظر إلى المعلّقة وتذوّقها -كما ينبغي لها أن تُتذوق- دون ربطها بالعلّة التي تفاقمت على بصر الشاعر، بل إنَّ المعلّقة يمكن أن تُعدَّ دراسةً رائعة في مفهوم الإبصار، ولعلّه ليس من قبيل المصادفة أن يُدعى الشاعر «أبا بصير».

العشى ضعف في حدة الإبصار عندما تنخفض الإضاءة، ومن المثير أنّ الأوصاف في أول المعلَّقة غاية في الدقّة بصرياً، فهو يصف لمعان أسنان هريرة واهتزاز أردافها وتكسّر مشيتها، ثم يغشى السحاب جوّ القصيدة، وتنخفض الرؤية، فيلجأ الشاعر إلى حواسه الأخرى مستعيناً براحتيه ولسانه وأنفه، وهو شيء ساحر لو فُطِن له.

---

① ينتهي حيّا قيس بن ثعلبة وشيبان إلى جد مشترك هو صعب بن علي بن بكر بن وائل.

② البغدادي. خزانة الأدب. ج٨ ص٣٩٧.

# 悬诗

大艾阿沙的悬诗是一首描写战争与和平的悬诗，或者更准确地说，战争与和平是它最重要的主题。在盖斯·本·赛阿莱巴人和舍伊班人（شيبان）之间爆发冲突后[①]，诗人不得不告别他的享乐生活，将胡莱拉置之身后，开始着手调停双方之间的矛盾。

这场冲突的起因是凯赫夫·本·萨阿德·本·马立克·本·杜拜阿·本·盖斯·本·赛阿莱巴（大艾哈沙所属的）部落中的一个名叫杜拜厄的人杀死了一个名叫扎希尔·本·萨亚尔（زاهر بن سيّار）的舍伊班人。死者的母亲名叫贾许丽娅，因此他也被称为伊本·贾许丽娅（ابن الجاشرية）。

凶手杜拜厄是一个弱智，当贾许丽娅的儿子们计划向他复仇时，舍伊班人的一位首领叶齐德·本·穆斯希尔·舍伊巴尼（يزيد بن مُسهِر الشيباني）阻止了他们，并说道："去杀死一个萨阿德·本·马立克·本·杜拜厄（部落）的首领吧。"正如大艾阿沙在悬诗中所言，当盖斯部落的人听说此事后，便命他去平息凯赫夫部落同贾许丽娅的儿子们之间的争端。[②③]

倘若不把这首悬诗与诗人的视觉障碍联系起来，就不能恰如其分地欣赏它，这首悬诗是对视觉感官的精妙演绎，或许诗人被称为"视觉大师"也并非巧合。

夜盲症是指当光线减弱时患者的视力也会随之减弱的病症。有趣的是，悬诗开头的描述在视觉上可谓异常准确。诗人描写了胡莱拉的牙齿洁白明亮，臀部微颤，脚步轻盈缓慢。随后，乌云遮蔽了天空，诗人的视力随之下降，于是亟需借助手掌、舌头和鼻子等感官。若你能理解这一点，那将是一种奇妙的体验。

---

① 盖斯·本·赛阿莱巴人和舍伊班人有着共同的祖先，他名叫萨阿布·本·阿里·本·伯克尔·本·瓦伊勒。

② 见巴格达迪：《文学宝库》（خزانة الأدب）第八卷，第397页。

③ 凯赫夫部落，即凶手杜拜厄的家人所属的部落。（译者注）

يكتشف القارئ فيما بعد أنّ السبب الحقيقي لانفصام العلاقة ما بين الشاعر وهريرة ليس سفره، وإنّما العلّة التي ما فتئت تأخذ من بصره حتى اضطرته أن يتلمّس دارها متعثراً مصطدماً بما حوله، فكأنّ ذلك أسقطه من عين هريرة شيئاً، مما جعله ينتصر لكرامته المجروحة، ويندفع معدداً مغامراته السابقة وكيف كان يزجّي أيامه باللهو والشرب وقطع الفيافي المخوفة والقفار الطويلة دون أن يكون مستطيعاً بغيره، ثمّ كأنّه استنكر على نفسه هذا التبرير، وكيف نزل على حكم هريرة حين احتقرته لعشى بصره، فشحذ قوة خياله، وتحدّى ندماءه في دُرنا أن يشيموا السحابة التي أخذت تتكوّن تحت بصره، حتى إذا ثقلت وصار لها برق وحجم، غمرت ديار هريرة باليمامة فأجرت المياه في أوديتها.

ثم يستغل مشهد السحاب كي ينتقل برشاقة من اللهو إلى الجد، ومن السلم إلى الحرب، دون أن يفسد هذا التبدلُ المفاجئ في مزاج القصيدة تدفقَ أبياتها.

فبعد أن كان المشهد ينطوي على ندماء يتنازعون قُضُب الريحان ويشيمون السحاب، إذا بالسماء تكفهر، وإذا بالسحابة تبرق وتزمجر وتغرق ما حولها، ليندفع الأعشى مثلها مهدداً منذراً، تكاد كلماته المجلجلة تأخذ بخناق يزيد بن مُسهِر الشيباني.

读者在随后的阅读中会发现，导致诗人与胡莱拉关系破裂的真正原因并非在于他即将踏上远行的旅程，而是源自他日渐衰退的视力。随着视力的逐渐模糊，他每次造访胡莱拉时，都不得不依靠摸索前行，对此，胡莱拉流露出轻蔑之情，这让诗人开始捍卫自己的尊严，于是开始讲述他以前的种种冒险生活：他是如何欢度饮酒作乐的时光，如何穿越人迹罕至的狭长可怖的旷野。随后他仿佛厌恶了这种自我辩白，当胡莱拉鄙视他的眼疾时，他为何要听凭她的摆布？于是他展开自己的想象力，挑战他的酒友，一起追踪一朵他发现的雨云。在他的注视下，这朵雨云越积越厚，直至电闪雷鸣、大雨滂沱，雨水将胡莱拉在叶玛麦的家园淹没，并流入那里的一条条河流谷地。

他利用雨云的场景，十分自然地从纵情享乐过渡到认真履行使命，从和平景象过渡到战争阴霾，使这种看似突然的转变并未打破诗句的自然流动。

当场景变为酒友们不再推杯换盏，而是专心追踪雨云时，突然天色转暗，闪电在云边闪耀，雷声咆哮、风雨如磐，淹没周围的一切。大艾阿沙的警告如同这暴风雨一般来势汹汹，他那严厉的言辞几乎要令叶齐德·本·穆斯希尔·舍伊巴尼窒息。

# المحبوبة في الشمس

١. ودّع هريرة إنَّ الركبَ مُرتحلُ … وهل تطيقُ وداعاً أيّها الرجلُ

٢. غرّاءُ فرعاءُ مصقولٌ عوارضها … تمشي الهوينا كما يمشي الوجي الوحِلُ

٣. كأنّ مِشيتها من بيت جارتها … مرّ السحابةِ لا ريثٌ ولا عجلُ

٤. تسمعُ للحَلي وسواساً إذا انصرفت … كما استعان بريحٍ عشرقٌ زجِلُ

٥. ليست كمن يكرهُ الجيرانُ طلعتَها … ولا تراها لسرِّ الجارِ تختتِلُ

٦. يكادُ يصرعُها لولا تشدّدها … إذا تقومُ إلى جاراتِها الكسلُ ①

٧. إذا تعالجُ قرناً ساعةً فترت … واهتزّ منها ذنوبُ المتنِ والكفلُ

٨. صفرُ الوشاحِ وملءُ الدرعِ بهكنةٌ … إذا تأتّى يكادُ الخصرُ ينخزلُ

---

① تضيف بعض الروايات بيتين في هذا الموضع:

لم تمشِ ميلاً ولم تركبْ على قَتَبٍ … ولم ترَ الشمسَ إلاَ دونَها الكُللُ

تمشي الهوينا كأنّ الريحَ تُرجعُها … مشيَ اليعافيرِ في جيئاتِها الوَهَلُ

# 阳光中的情人

1. 驼队即将启程，男儿啊，请向胡莱拉辞行[①]！

　　与心上人惜别，你能否承受这缱绻的离情？

2. 她的额头洁白明净，皓齿闪亮，秀发丰盈。

　　她蹒跚而行，犹如赤脚，穿越一片柔软的泥泞。

3. 她走向邻人的门庭，犹若一朵白云，

　　不急不缓，步履从容、轻盈。

4. 当她起身，你可聆听她身上的配饰叮铃作响，

　　宛如一株风中的灌木，在摇曳中窸窣有声。

5. 邻人从不将她回避，你会发现：

　　对于她们的私事，她从未试图探听。

6. 但对邻里走访，她却意兴阑珊。

　　若非勉强自己，便会踯躅不行。[②]

7. 若同一位知己一起，欢度一小时的光阴，

　　她的臀腹都在颤栗，令她筋疲力尽。

8. 她的臀部丰满圆润，她的腰肢曼妙玲珑。

　　她的身体恐将被折断，倘若她弯下纤细的腰身。

---

① 如下文所述，原诗此处没有明确表达远行者是诗人还是胡莱拉，但从后文以及诗人的其他作品中可判断远行者是诗人，因此出于韵律方面的考虑，此处译为“辞行”，而非“道别”，亦不失诗歌原意。（译者注）

② 一些传述在此处增加了两个联句：

　　她不喜欢走路，也不愿骑着骆驼前行。

　　　　她看不到太阳，头巾就遮在她的头顶。

　　她蹒跚而行，好似顶着强劲的阵风。

　　　　她行走的样子，如同踱在沙丘上的沙羚。

يفتتح الأعشى معلقته بمشهد وداع: ركبٌ يتأهب للرحيل، وشاعرٌ يُسائِل نفسه إن كان يطيق وداع هريرة أم لا يطيقه. ولعلّ هذه الافتتاحية كافية كي تجذب انتباه القارئ إلى ما يميّز المعلَّقة عن غيرها من المعلَّقات، إذ جرت العادة أن يستفتح الشاعر بالوقوف على الأطلال، حيث زمن الحب زمن فائت، والقصيدة حنينٌ صِرف إلى الماضي، أما في معلَّقة الأعشى فالأمر مختلف: زمن الحب راهنٌ أبداً، والجزع الذي يعتريه حذَرَ الفراق لا جرّاء.

لكن هل هو الحب فعلاً، أم اللذاذة واللهو؟ ومن الراحل في الركب، هو أم هريرة؟ مهما قلّب القارئ المَطّلعَ لن يقع على إجابة، لكنه سيصادف الأعشى جالساً في إحدى حانات دُرنا[1] في منتصف المعلَّقة، مما يعني أنه ترك اليمامة، كما أنّ قصائد أخرى في ديوانه تؤيد أنه الراحل لا هريرة.[2]

إن كان لا يستطيع أن يصطحب هريرة معه في الركب، فلا أقلَّ من أن يصطحب صورتها ويمثّلها أمامه. ها هي تلوح، بيضاء الجبين واسعته، طويلة الشَّعَر فاحمته، نقيّة الأسنان لامعتها (لاحظ دقّة التصوير!) وهي عندما تتكسر في مشيتها متباطئةً متثاقلةً لكأنّها شخصٌ حافٍ يشتكي ألم القدم، وفوق ذلك يخوض في وحل، فهو ينتزع قدميه انتزاعاً.

ثمّ كأنّ هذه الصورة البارعة لم تشف ولعه بمشيتها، فأتبعها صورةً أخرى لا تقلّ براعة، حين جعلها سحابةً تمرُّ مراً، لا بطيئةً ولا سريعة، فكأنّ الهواء هو ما يحرّكها إلى الأمام لتكاسلها وفتورها.

ثمّ إنّها حين تمشي يصوّت كلّ ما عليها من قلائد وأساور، ذلك أنها مترفة تتقلب في النعمة، فكأنّ ريحاً سرت في شجيرة عشرق فحرّكت ما فيها من يابس الحبّ والأغصان فأحدثت أصواتاً وخشخشةً.

وهي فوق ذلك كله، حلوة المعشر، قليلة الفضول، لا تتنصّت على جيرانها ولا تتتبع عوراتهم، إذا قامت تقصدهم يكاد يصرعها كسلها، وإذا دخلت دارهم هشّوا لمرآها.

---

① دُرنا: قرية في سماوة العراق، عُرفت بمعاصر الخمر، تقطن فيها قبائل شيبان وعجل

② كقوله:

كانت وصاة وحاجات لنا كَففٌ     لو أنّ صحبكَ إذ ناديتهم وقفوا
على هريرةَ إذ قامت تودّعنا     وقد أتى من إطارٍ دونَها شَرَفُ

إذ يُفهم من ندائه صحبه كي يقفوا، أنه هو الراحل في الركب.

大艾阿沙以一幅告别的场景为悬诗揭开序幕：驼队即将踏上征程，而诗人则驻足沉思，疑虑自己是否能够承受与恋人离别的沉重。或许，这样的开篇足以吸引读者的目光，让人察觉到这首悬诗的与众不同之处。在其他的悬诗中，众多诗人往往选择凭吊废墟作为开篇，将那些已经消逝的爱情时光镌刻在诗篇之中，用诗歌去缅怀和追忆过去的温情。而大艾阿沙的悬诗则另辟蹊径：爱情时光始终存在于当下，他所体验的焦虑并非源于分离带来的后果，而是对即将来临的别离所怀有的警觉。

然而，这究竟是一段真挚的爱情，抑或仅仅是一场游戏与短暂的欢愉？谁是即将踏上旅程的那一位，是他，还是胡莱拉？无论读者如何在开篇的字里行间探寻答案，始终难以窥见真相。但他或许会在悬诗的中段，巧遇那位坐在杜尔纳村①酒肆的大艾阿沙，这便意味着他离开了叶玛麦。此外，他诗集中的其他诗歌也表明远行的是他，而非胡莱拉。②

尽管他不能与胡莱拉一同踏上旅程，他却可以将她的倩影深深地印在脑海之中，仿佛她始终陪伴在他的身旁。于是，她的形象在他的想象中渐渐浮现：天庭饱满而白皙，头发又黑又长，牙齿洁白而明亮（请注意这里的描绘是如此细腻！）。她行走时的步态，缓慢而略显沉重，仿佛一个赤脚行走的人，在抱怨脚底的疼痛。又或者，更像是一个在泥泞中艰难跋涉的旅者，每一次都得将深陷泥中的脚拔出。

似乎这个美妙的形象仍未能完全传达出诗人对胡莱拉步态的深深倾慕。随后，诗人又描绘出另一幅同样令人心醉神迷的画面：她行走的姿态，宛如一朵云彩缓缓飘过，不疾不徐，仿佛是气流在推动着无精打采的她慵懒地前行。

当她走路时，身上的项链和手镯都叮铃作响。她的首饰精致华丽，相互轻轻碰撞，宛如微风掠过灌木丛，吹拂它的种子与枝丫，发出沙沙的声响。

最重要的是，她天性友善甜美，内心毫无猎奇之念，从未有过窥探邻

---

① 杜尔纳：伊拉克萨玛沃镇的一个村庄，以酒坊遍地而闻名，舍伊班和伊智勒部落就居住在此地。

② 如他在诗中所说：

　　生活的艰辛令我们寻求帮助，
　　　　倘若你召唤你的伙伴他们便会停下脚步。
　　胡莱拉站在那里向我们道别，
　　　　她与我们之间已隔着一座高地。

从他召唤他的同伴停下脚步，我们可以得知他是那个要随队伍远行的人。

ثمّ يتمادى الأعشى في جرأته، فيصورها وهي تصارع صاحبَ لذتها، فإذا بعجيزتها وأعكانها تهتزّ، وإذا بأنفاسها تتقطع من الجهد. وحذار أن تنسبها إلى السُمنة والإفراط في الشحم، فهي وإن كانت مكتنزةً يغصّ درعها بعجيزتها، إلا أنَّ خصرها يجوبُ حراً وسط وشاحها، وعندما تنثني يكاد ذلك الخصر ينفصل لدقّته.

居秘密或探听他人隐私之举。若要慵懒的她到街坊四邻走动，她几乎踯躅不行；而每当她进入邻居家中，他们看到她便会感到身心愉快。

随后，大艾阿沙进行了一番大胆的描写，他写到胡莱拉与亲密的伙伴“搏斗”的场景，她的臀部和腹部战栗不停，她几乎要疲惫得停止呼吸。请不要认为她的体型过于肥胖——尽管她的臀部十分丰满，将她的衣衫填充得凹凸有致，但她的腰肢玲珑纤细。倘若她弯腰的话，她的纤纤细腰恐怕差点就要折断。

## المحبوبة في الدجن

٩. نِعمَ الضجيعُ غداةَ الدجنِ تصرعهُ    للذةِ المرء لا جافٍ ولا تَفِلُ ①

١٠. هركولةٌ فُنُقٌ دُرْمٌ مرافقُها    كأنَّ أخمصَها بالشوكِ مُنتعِلُ

١١. إذا تقومُ يضوعُ المِسكُ أصورةً    والزنبقُ الوردُ من أردانِها شَمِلُ

١٢. ما روضةٌ من رياضِ الحَزنِ مُعشبةٌ    خضراءُ جادَ عليها مُسبِلٌ هَطِلُ

١٣. يضاحكُ الشمسُ منها كوكبٌ شَرِقٌ    مُؤزَّرٌ بعميمِ النبتِ مكتهلُ

١٤. يوماً بأطيبَ منها نشرَ رائحةٍ    ولا بأحسنَ منها إذ دنا الأُصُلُ

ثمّ يحدث شيء ساحر في القصيدة، إذ يصفُ الأعشى هريرة وقد خلت في خدرها بصاحب لذتها تلاعبه في يوم غائم، فإذا بالرؤية تنخفض، وكأنّ الغيم غشّى القصيدة أيضاً.

فبعد أن كانت هريرة تتنقل إلى بيوت جاراتها تحت رائعة الشمس، إذا بالغيم يحجب النور، ثم تنكفئ إلى خدرها فتنخفض الرؤية أكثر. نعلم أنّ العشى نقص في حدّة الإبصار حين تنخفض الإضاءة، وهذا ما يحدث فعلا ليس على مستوى الشاعر فقط، بل على مستوى القصيدة أيضاً.

فبعد أن وصف الأعشى لمعان أسنانها، وكيف تهتزّ أردافها، وتتكسر مشيتها، وذلك يتطلب

---

① تضيف بعض الروايات بيتاً في هذا الموضع:

كأنَّ فاها إذا ما ذقتَ نكهتهُ    خمرٌ يخالطهُ بعد الكرى عسلُ

## 阴天里的爱人

9. 没有什么比阴暗的清晨与她侧卧一处更为甜蜜，
此中乐趣绝非粗俗者能够体味。①
10. 她臀部丰腴，手臂纤细，双脚柔软无力，
仿佛脚底触碰到荆棘。
11. 当她起身时，周身散发出麝香般的气息，
百合花的香气从她的袖口飘逸。
12. 没有哪里草甸的芳香馥郁，
比暮色初现中她的幽馨更令人心旷神怡。
13. 哪怕是一片长满青草的葱翠坡地，
滂沱的雨水将其洗礼。
14. 太阳同那些披着青衣、
摇曳多姿的明艳花儿嬉戏。

随后，诗中出现绝妙的一幕。大艾阿沙讲述在阴云密布的一天，胡莱拉在闺房中与她的爱慕者②幽会，突然光线变暗，仿佛乌云也覆盖了此时的诗篇。

胡莱拉去邻居家时还是阳光明媚，后来突然乌云漫天。当她返回闺房时，光线变得更加幽暗。我们知道，光线变暗会影响夜盲症患者的视力，这不仅真实地发生在诗人身上，并且也生动地发生在这首诗的场景中。

---

① 一些传述在此增加了一个联句：
你倘若尝过她嘴巴的滋味，
那仿佛是微醺后喝下掺了蜂蜜的美酒。

② 意指诗人本人。（译者注）

بصراً حاداً، إذا به يعزف عن استخدام عينيه ويستعين عِوضاً عنهما بحواسه الأخرى.

فحين يُقبّلها يجد لريقها طعم الخمرة المشوبة بالعسل، وحين يتلمّسها لا يجد لمرفقيها حجماً بخلاف وركيها الكبيرين، وهي لفرط كسلها تكاد لا تتحرك كأنّ شوكاً في باطن قدميها، لكنها حين تتحامل على نفسها وتقوم إذا بنوافج المسك تعبق بالمكان، وإذا برائحة الزنبق تتصاعد من كمّيها.

ثمّ تأخذه بعيداً هذه الرائحة -ولا شيء أعمل بالخيال من الرائحة- فيُشبّهها روضةً خضراء مرتفعة، تتنزل عليها الأمطار فتزيدها اخضراراً وماءً، لكأنّها تضاحك الشمس وهي تدور حولها لفرط بهجتها، أو كأنّها اتّخذت من النباتات الخضراء إزاراً تتزيّن به. أما عندما تغيب الشمس ويبوح النبتُ بضَوعه فلن تجد ما يفوق الروضة نَشراً سوى هريرة.

在前文，大艾阿沙描绘了胡莱拉洁白明亮的牙齿、臀部轻颤的生动姿态，以及她步态袅娜的独特风情，这都需要敏锐的观察。而在此刻，由于他的视力不足，因此必须依靠其他感官。

当他亲吻她的时候，他在她的唾液中发现兑了蜂蜜的酒味；当他抚摸她的时候，他发现她的肘部并非如她的臀部一般丰满。她无比慵懒，如同脚底扎到了荆棘一般一动不动。但当她勉强起身时，周身就会散发出麝香的气息，袖口也飘出百合花的香气。

这种芬芳的气味把他带向远方——再没有什么比香气更能启发人的想象力了——他把这芬芳之地比作一片长满青草的园地，在雨水的浇灌下，青草变得葱翠欲滴。花儿仿佛笑盈盈地对着太阳，欢快地随其转动，又仿佛将绿色的植物当作斗篷披在身上装饰自己。当太阳落山，这片青草甸上花草芬芳，而胡莱拉比它们更加清香宜人。

## ملهاة الحبّ

١٥. عُلّقتُها عَرَضاً وعُلّقت رجلاً غيري وعُلِّق أخرى غيرَها الرجلُ
١٦. وعُلِّقتهُ فتاةٌ ما يحاولها من أهلِها ميّتٌ يهذي بها وَهِلُ
١٧. وعُلِّقتني أخيرى ما تلائمني فاجتمع الحبُّ حُباً كلّهُ تبِلُ
١٨. فكلنا مغرمٌ يهذي بصاحبهِ ناءٍ ودانٍ ومحبولٌ ومُحتبَلُ
١٩. صدّت هريرة عنّا ما تكلمنا جهلاً بأمّ خليدٍ حبلَ من تصلُ؟
٢٠. أَأَنْ رأت رجلاً أعشى أضرَّ بهِ ريبُ المنونِ ودهرٌ مُفنِدٌ خَبِلُ
٢١. قالت هريرةُ لمّا جئتُ زائرَها ويلي عليكَ وويلي منك يا رجلُ

كتب شكسبير في بداية مشواره مسرحيتين ناجحتين عن الحبّ، الأولى مأساة بعنوان (روميو وجولييت) تدور حول عاشقين من فيرونا وتنتهي بموتهما، والأخرى ملهاة بعنوان (حلم منتصف ليلة صيف) تدور حول أربعة عشاق من أثينا ولا تنتهي إلا بعد أن تتبدل أدوار الحبّ أكثر من مرة بينهم.

كل ما احتاجه شكسبير كي يحوّل الحبَّ من تراجيديا إلى كوميديا زيادة عدد الأحباب من اثنين إلى أربعة، فإذا بعذاب الفقد يُستبدل بارتباك أطراف الحبّ، وإذا بالفراق والدموع يُستبدلان

## 爱情喜剧

15. 我无意间坠入爱河，
　　可她却爱恋一位心有所属的男子。
16. 他还令另一位女子，也害上无谓的相思，
　　而她的表兄却对她疯狂痴迷。
17. 有位女子对我芳心暗许，却不合我心意，
　　我们都在爱情中彷徨无力。
18. 每个人皆心有所属，
　　在求爱与被爱中手足无措，进退无依。
19. 胡莱拉沉默地将我回避，
　　乌姆·胡莱德啊，早已将她的诺言忘记。
20. 难道她视而不见一位患有夜盲症的男子，
　　已不堪命运的摧折与岁月的洗礼。
21. 当我探望之际，
　　胡莱拉惊言："你遭逢祸事，
　　也害我被你殃及。"

莎士比亚在其写作生涯之初就创作出两部成功的爱情戏剧。一部是悲剧《罗密欧与朱丽叶》，讲的是维罗纳城的一对恋人为爱殉情的故事；另一部是喜剧《仲夏夜之梦》，它围绕雅典城的四位恋人展开，剧中他们之间的恋爱关系曾多次发生转变。

莎士比亚将笔下的爱情从悲剧转为喜剧，只需将人物的数量从两个增加

بالفوضى والضحكات.

حقق الأعشى في بيتٍ واحد ما اجترحه شكسبير في مسرحية كاملة. ثمّ كأنّ ذلك لم يشبع حسّه الهزليّ، فأتبع بيته بيتين إضافيين كي يزيد الفوضى فوضى، والتشويش تشويشاً.

إنّ هريرة هذه التي أحبها على غير قصد، تحبُّ رجلاً آخر غيره، وهذا الآخر يحبُّ فتاةً أخرى. هل شعرت بالدوار والربكة؟ لم تر شيئاً بعد! هذا الرجل الذي تحبه هريرة تحبه فتاة أخرى، وهذه الفتاة الأخرى يحبها قريبٌ يهذي بها وهي لا تدري، وحتى الأعشى الذي بدأ هذه السلسلة غير النهائية من الحب والخَبل تحبه فتاة أخرى ليست ملائمةً له. ياله من كرنفال! يا لها من فوضى! حيث العاشق معشوق، والصائد مصيود.

إنها فعلا ملهاة عجيبة!

لكن لماذا تغيّرت هريرة فجأة؟ ما بالها لا تكلمه؟ ألم يقضِ معها حولاً كاملاً في لهو ولذة كما أخبر في قصيدةٍ أخرى.①

لماذا استبدلته برجل آخر؟ هنا يكشف الأعشى عن جرح غائر، ويبوح بسرٍ أحسن إخفاءه طيلة العشرين بيتاً.

إنّها هذه العلّة الكريهة التي ما فتئت تأخذ من بصره شيئاً فشيئاً، حتى صار لا يهتدي بدون دليل يقوده في الليل، والليل -كما هو معلومٌ بين الفتّاك- وقت تجاوز الحرّاس واقتحام الستور والأخبية.

لكأني أرى الأعشى وهو يتخبّط في طريقه بعد أن أجنّه الظلام، يحاول الوصول إلى أبيات آل عمرو بن مرثد فيخطئها، حتى إذا اقتحم على هريرة سترها، رأته وهو يتلمّس طريقه محاذراً الوقوع، فيسقط من عينها شيئاً، وتهتف قائلة: «ويلي عليك وويلي منك يا رجلُ!» وقد فهم القدماء هذا البيت بطريقة مخالفة فجعلوا لهذه الويلات معنى مُريباً، والأسوغ أنّها ويلات امرأةٍ في ورطة، لا تريد إبقاء هذا الأعمى في خدرها ولا تستطيع إخراجه دون فضيحة.

---

① يقول الأعشى:

هريرةَ ودّعها وإن لام لائمُ غَداةَ        غدٍ أم أنتَ للبينِ واجِمُ

لقد كان في حولٍ ثواءٍ ثويته        تَقَضّى لُبناتٍ ويسأمُ سائمُ

到四个。于是失去恋人的痛苦便被恋爱者的迷茫所取代，离别和眼泪也都变成混乱与欢笑。

大艾阿沙仅仅在一行诗中就表达出莎士比亚在整整一部戏剧中所表明的深意，而这仿佛并没有满足他的喜剧感，于是他在这行诗后又增加了两行诗，令这种颠倒错乱愈发变本加厉。

他无意中爱上的胡莱拉爱上了另一个男人，而这个男人又爱上了另一位姑娘。你有没有感到头晕目眩呢？但你还没有看到接下来的故事！还有位女子也爱上了胡莱拉的心上人，但她并不知晓她的一个亲戚也对自己痴迷不已。而开启这番痴狂的多角恋爱的大艾阿沙本人，也被一位并不合他心意的女子爱慕。这是何等的混乱与狂欢，求爱者被他人爱恋，狩猎者被他人猎捕。

真是一出诡异的喜剧！

但是胡莱拉为什么突然变了？为何她都不对他讲话？而他不是曾在另一首诗中提起，他俩曾甜甜蜜蜜、欢欢乐乐地相处了整整一年吗？①

她为什么让另一个男人取代他？此刻，大艾阿沙自行揭开了伤疤，讲出他在此前20行诗中悉心隐藏的秘密。

可憎的疾病正逐渐削弱他的视力，乃至到了晚上，他若不依赖向导便无法行动自如。众所周知，夜晚乃是绕过守卫、潜入香闺的绝佳时机。

仿佛看到心烦意乱的大艾阿沙正在黑暗中摸索，他试图找到阿慕鲁·本·马尔赛德家族的住所，却迷了路。当他终于潜入心上人的闺房时，胡莱拉见他一路跌跌撞撞，不免忧心忡忡，惊呼道："啊，你这个男人，你要倒霉了！我也会为此遭殃！"古人对这行诗有着不同的理解，他们对"遭殃"的阐释令人生疑。事实上，这很可能说明这个女人正处在进退两难的窘境——她既不想让这位夜盲者在自己的闺房中逗留，亦无法护送他安全离开而不招致流言蜚语。

---

① 大艾阿沙在诗中写道：

向胡莱拉道别吧，哪怕遭人训斥，
　　明日破晓的离别，令你伤心不已。
你已与她共度了一年的光景，
　　你用情至深绝不会始乱终弃。

# زمان اللهو

٢٢. إمّا ترينا حفاةً لا نِعالَ لنا إنّا كذلكَ ما نحفى وننتعِلُ

٢٣. فقد أخالسُ ربَّ البيتِ غفلتَهُ وقد يحاذرُ مني ثمّ ما يئلُ

٢٤. وقد أقودُ الصِبا يوماً فيتبعني وقد يصاحبني ذو الشِرّةِ الغَزِلُ

٢٥. وقد غدوتُ إلى الحانوتِ يتبعني شاوٍ مشلٌ شلولٌ شلشلٌ شَوِلُ

٢٦. في فتيةٍ كسيوفِ الهندِ قد علموا أن ليسَ يدفعُ عن ذي الحيلةِ الحِيَلُ

٢٧. نازعتهم قُضبَ الريحانِ متكئاً وقهوةً مُزّةً راووقها خضِلُ

٢٨. لا يستفيقون منها وهي راهنةٌ إلا بهاتِ وإن علّوا وإن نهلوا

٢٩. يسعى بها ذو زُجاجاتٍ له نُطفٌ مُقلِّصٌ أسفلَ السربالِ مُعتمِلُ

٣٠. ومستجيبٍ تخالُ الصنجَ يسمعهُ إذا ترجّعُ فيهِ القينةُ الفُضُلُ

٣١. والساحباتُ ذيولَ الخزِّ آونةً والرافلاتُ على أعجازِها العِجَلُ

## 享乐时光

22. 倘若见我赤足，也不必惊奇，
    我便是如此穿鞋一日，赤脚一日。
23. 我趁族长不备伺机行事，无论他如何警惕，
    遇上我就只能坐以待毙。
24. 年少轻狂的时日，青春与我做伴，将我追随，
    好一个风流不羁的浪子。
25. 黎明时我前往酒肆，身后跟着手脚伶俐的小厮，
    将串好的肉串娴熟地烤炙。
26. 刀光剑影般的一群人与我同席，
    他们皆知：任凭谁都难免醉生梦死。
27. 我与同饮之人，拉扯着一根香草枝，
    用满盏的美酒买醉。
28. 酒过一二巡，众人皆不胜酒力，
    却偏要不醉不归。
29. 戴着耳环的酒保，将衣衫下摆扎起，
    不停地奔走服侍。
30. 风流歌女婉转吟唱，
    你会以为：那是乌德琴对着响板低语。
31. 多少美女，拖曳着丝衣，
    抖动着水囊般的臀部。

٣٢. مـن كـلِّ ذلـك يـومٌ قـد لهـوتُ بـهِ وفي الـتـجـارِبِ طـولُ الهمِّ والغـزلُ
٣٣. وبلدةٍ مثل ظهرِ التُّرسِ موحشةٍ للجنِّ بالليلِ في حافاتِها زَجَلُ
٣٤. لا يتنمّى لهـا بالقيظِ يركبُها إلا الذين لهم فيما أتوا مَهَلُ
٣٥. جاوزتها بطليحٍ جَسرةٍ سُرُحٍ في مرفقيها إذا استعرضتها فَتَلُ

بعد أن تلقّى الأعشى طعنةً في كرامته، وبعد أن تيقّن من تغيّر هريرة عليه بسبب اعتلال بصره وضيق ذات يده، ذكّرها أنّ الدهر لا يبقى على حال واحدة، وأنّ كلَّ امرئ يتقلب بين حالي الفقر والغنى.

ثمّ اندفع يعدد فتوحاته الجنسية ومغامراته السابقة، يومَ كان مستطيعاً ببصره، مستغنياً عن غيره، لكأنّه بهذا التعداد يثأر لكرامته! كان يقتحم البيوت ويلهو بالنساء، يساعده في غيّه أصدقاء من ذوي الطيش والنزق، ويجرّ عنان الصبا حيثما شاء.

ثم إنه كان يطرق أبواب الخمّارات وقد استكمل أدوات اللهو والمنادمة، يتبعه فتى حاذق لا يتوانى عن الخدمة، يشوي اللحم، وينظمه في السفّود، وينتشله من القدر.

وقد عِيب على الأعشى هذه الشينات المتتابعة في قوله (شاوٍ مشلٌ شلولٌ شلشلٌ شولُ)، خصوصاً أنّ أربعة ألفاظ منها تجيء في معنى واحد،[1] لكنّنا لا نملك إلا أن نبتسم لهذا العربيد وهو في طريقه إلى الحانوت وقد لعبت فكرة الخمر المُرتقَبة في رأسه، لا أقلَّ من أن يلهو بالحروف والكلمات كأنها فقاقيعُ تتفجرّ في رأسه.

ثمّ يصف ندماءه، فيشبههم بالسيوف الهندية مَضاءً وصباحة وجوه، يعلمون أنّ ما قدّر الله لا بدّ كائن، وأنّ الفتى لن يجني من عناء الأقدار غير الهمّ والشقاء، لذا فلا أقلَّ من أن يأتي المرء إلى الشرب ناعمَ البال خلواً من الهموم، هذا هو شرط الجلوس إلى مائدة الأعشى، حيث لا مكان

[1] ابن قتيبة. الشعر والشعراء ج١ ص٢٥٦.

32. 这只是我的一日欢愉，愈是放纵，
　　愈是乐享其中，乐不可支。
33. 多少旷野，就像盾牌的背部，
　　夜晚精灵在它的角落里低语。
34. 从容勇士，才能穿行其中，
　　在酷热的天气里也毫不畏惧。
35. 我骑着一头母驼，它体型壮硕、行走自如，
　　将旷野穿越，风尘仆仆。

当大艾阿沙的自尊受到伤害后，当他确定自己的视力缺陷和生活窘迫导致胡莱拉变心后，他提醒她：人生的境遇不会一成不变，每个人都在贫与富之间徘徊。

随后，他将自己以往的性征服和性冒险经历一一列举出来，那时他视力尚可，无需依赖他人。他仿佛是在捍卫自己的尊严，并为其复仇！在一群胆大妄为的朋友的帮助下，他也曾闯入妇女家中，凭着年少气盛，也曾和众多女子嬉闹玩乐，横行无忌。

接着，他敲响一扇又一扇酒肆的大门，在那里尽情地饮酒作乐。他的身后跟着一个聪明伶俐的小厮尽职尽责地服侍他。小厮将烤肉串成串，烤熟后再从炉中取出来。

此时，大艾阿沙连续说出一串含有字母（الشين）的词汇（شاوٍ مشلّ شلولٌ شلشلٌ شولٌ），这并不是好的行文方式，更何况这些词汇都具有相似的含义。[①]对于这样的表达，我们也只能微笑着玩味，将其看作是他在前往酒肆的途中已有醉意，他并非在故意玩弄文字，而是这些词汇就像从他头脑中喷发出的酒沫。

随后他描述了自己的酒友，把他们比作银光闪闪的印度宝剑。这些人明白命运早已注定，年轻人总会遇到各种忧愁困苦，不如共饮几杯，排解愁

① 伊本·古泰白：《诗歌与诗人》第1卷，第256页。

للأتراح والهم.

ثمّ يدور الحديث وكاسات الشراب، وما أجمل تمثيل الأعشى حين جعل أطراف الحديث قُضبَ ريحانٍ يتنازعونها بينهم! دنّ الخمر ممتلئ أبداً، وكلما استفاقوا من سكرة صرخوا بالساقي: هاتِ كأساً أخرى، فيبادرهم وقد شمّر عن ساعد الجد، وطوى أسفل سرواله، وأخذ يسعى بينهم بأقراطه اللامعة في أذنيه.

لا يكتمل مجلس الشراب إلا بآلات الطرب والنساء. ها هنا صنج وعود يتبادلان الحوار بينهما، كلما صوّت أحدهما أجابه الآخر. وها هنا قينة تضرب بالصنج، فتنقله من طبقةٍ إلى أخرى، ومن نغمة إلى نغمة. وها هنا قيانٌ حسان، يملأن العين بهجةً، والقلب انشراحاً، يسحبن الأذيال خلفهن، ويتمايلن بأرداف تترجرج كأنّها مزادات الماء.

إنّه يوم واحد فقط من أيام لهوه، فما بالك بحياةٍ يتنازعها الهمّ والغزل!

ثمّ كيف تحتقره هريرة لاعتلال بصره، وهو لم يترك مفازةً لم يقطعها، ولا بلدةً لم يجاوزها، لكأنّ تلك البلدة في استوائها وترامي أطرافها ظهر تُرس، إذا اشتملها الليل سمع الراكب فيها أصواتاً تصدر عن الجنّ، وعندما يشتدّ قيظها يتحاماها أشجع الرجال، إلا أولئك الذين يمتازون بالقوّة ويعدّون العدّة من زادٍ وماء.

مطيّته ناقة ضخمة الهيكل، سهلة السير، مرفقاها متباعدان مما يزيدها سرعةً واندفاعاً، وهي رغم ضخامتها أهزلها السِفار، وها هو يقطع فوقها هذه البريّة الموحشة في طريقه إلى بلاد شيبان حيث يزيد بن مُسهِر الشيباني.

绪。这就是加入大艾阿沙的酒局，坐到他酒桌旁的条件——没有悲伤和忧愁的余地。

他们推杯换盏、边饮边聊。大艾阿沙别出心裁地让相聊甚欢的众人拿一根根的香草枝来行酒令！酒杯永远是满的，每当他们从酒醉中醒来，便会对酒保喊道：再来一杯。卷起袖子、挽着裤腿的酒保连忙赶过来，他们戴着亮闪闪的耳环为酒客们来回奔走。

没有乐器和美女助兴，酒局岂能尽兴？于是，响板和乌德琴在众人之间交叠奏响，仿佛在相互倾诉。一个正在击响板的女乐师，将乐器在手中不停地翻转，击出一种又一种的节奏。几位美貌的女子，眼里洋溢着喜悦，心中充满了欢喜，拖着身后的衣裙，抖动着像水囊一样的臀部。

这只是大艾阿沙享乐时光的一个缩影，这种纵情酒色的生活是何等逍遥！

胡莱拉怎么能因为大艾阿沙患有夜盲症而对他心生轻视呢？他可是穿越了数不尽的荒漠和旷野（的勇士）。这些地区荒凉而辽阔，恰似盾牌的背面。当夜幕降临，骑士就会在那里听到精灵的声音；当酷热来袭，即使最有胆量的男子汉也会退却，只有身强力健、备足干粮和水的人才能穿越那些荒漠和旷野。

大艾阿沙的坐骑是一头体型壮硕的母驼，善于长途奔走。它的肘部分开两侧，行走敏捷自如。尽管如此，旅途也令它疲惫不堪。他骑着这头母驼穿越旷野，前往舍伊班人的故乡，那里有叶齐德·本·穆斯希尔·舍伊巴尼的住所。

# في ربوع دُرنا

٣٦. يا من يرى عارضاً قد بتُّ أرمقهُ    كأنّما البرقُ في حافاتِه الشُعَلُ
٣٧. له رِدافٌ وجَوزٌ مُفأمٌ عَمِلٌ    مُنطّقٌ بسجالِ الماءِ مُتصِّلُ
٣٨. لم يلهني اللهوُ عنهُ حين أرقبُهُ    ولا اللذاذةُ في كأسٍ ولا الكسلُ
٣٩. فقلتُ للشَّربِ في دُرنى وقد ثمِلوا    شيموا وكيف يشيمُ الشاربُ الثمِلُ ①
٤٠. قالوا نُمارٌ فبطنُ الخالِ جادهما    فالعسجديةُ فالأبلاءُ فالرِّجَلُ
٤١. فالسفحُ يجري فخنزيرٌ فبرقتهُ    حتى تدافعَ منه الوَترُ فالحُبَلُ
٤٢. حتى تحمّلَ منه الماءَ تكلِفةً    روضُ القطا فكثيبُ الغِينةِ السَهِلُ
٤٣. يسقي دياراً لها قد أصبحت غَرَضاً    زوراً تجانفَ عنها القَودُ والرَّسَلُ

---

① تضيف بعض الروايات بيتاً في هذا الموضع:
برقاً يضيء على الأجزاعِ مسقطُهُ    وبالخبيّةِ منهُ عارضٌ هَطِلُ

## 在杜尔纳大院

36. 谁能看到我追踪的那片云，闪电带着火花，
    勾勒出它的边缘。
37. 它层层叠叠、若隐若现，被包裹在倾盆大雨中间，
    将密集的中心向外延展。
38. 我看见了它，便无法再移开视线，
    亦不顾杯中的消遣。
39. 我召唤醉酒的杜尔纳同伴：“快来跟我一起看！”
    而醉汉如何能睁开双眼？[①]
40. 他们说它在努马尔和巴坦哈勒[②]绵延，
    让这两地风雨如磐，并在阿斯贾迪亚、阿布莱和里贾勒流连。
41. 随后它爬上汉济尔的山坡，飘至布尔喀·汉济尔，
    再至瓦特尔和胡巴勒两地徘徊。
42. 它降下连绵的阴雨，令鲁得喀塔和卡斯布黑纳，
    遭遇洪水泛滥。

---

① 一些传述在此处增加了一个联句：
闪电照亮了降雨的河谷，
雨云在闪电中时隐时现。

② 努马尔、巴坦哈勒以及后面诗句中出现的阿斯贾迪亚、阿布莱、汉济尔、布尔喀·汉济尔、瓦特尔、胡巴勒、鲁得喀塔和卡斯布黑纳都是盖斯·本·赛阿莱巴部落所居住的叶玛麦地区的地名，其中许多位于今天的利雅得地区。（译者注）

٤٣. يسـقي ديــاراً لهـا قد أصبحت غَرَضـاً　　　زوراً تجــانـفَ عنهــا القَـودُ والـرَّسَلُ

ثمّ كأنَّ الأعشى أنكر على نفسه نزولها على حكم هريرة، وكيف أخذ يبرر ويذكر شواهدَ من ماضي نشاطه وقوّته، وكأنَّ علّة بصره عيبٌ يستحق الاعتذار، فأراد أن يريها معنى الإبصار الحقيقي.

هنا نصل إلى دُرنا، حيث جلس الأعشى للشراب وطلب من ندمائه أن يشيموا البرق أين يقع. اختلف الشرّاح والبلدانيون في تحديد موقعها، فقال بعضهم إنّها في اليمامة وفيها قبر الأعشى،① وقال آخرون إنّها في سماوة العراق قرب الحيرة،② وقال فريق ثالث إنّها أثافت التي في اليمن،③ لكنّ نظرةً فاحصة في الشعر الجاهلي، خصوصاً الأشعار التي قيلت يوم ذي طلوح④ كفيلة بحسم موقعها وتحديده في سماوة العراق، حيث كانت قبائل شيبان وعجل، وحيث تزدهر معاصر الخمور، ولمّا كان الأعشى في طريقه إلى شيبان كي ينظر في مقتل زاهر بن سيّار، لا بدّ أنّه توقف فيها وشرب في أحد حوانيتها الشهيرة.

لكن هل يمكن لجالسٍ في العراق أن يشيمَ برقاً تمطرُ سحابته في أودية اليمامة؟ ثم يزيد من صعوبة المهمّة أنَّ الشائم أعشى لا يبصر جيداً، وأنَّ ندماءه الذين يطلبهم المساعدة سكارى.

إنّها نقطة أراد الأعشى أن نتوقف عندها حين أكّد حالة السُكر: شيموا وكيف يشيم الشاربُ الثملُ؟ إننا أمام نوع جديد من الإبصار، لا يوهنه مرض ولا تعوقه مسافة، وإياك أن تُخدع بحيلة الأعشى حين أراك الأماكن التي أمطرتها السحابة على لسان ندمائه، فهو الذي أنطقهم، وهو الذي صنعهم من مادة خياله، وهو الذي تمثّل السحابة وهي تكبر وتبرق ويتداخل بعضها في بعض حتى لكأنّها محمّلةٌ بدلاء ماءٍ لا حصر لها.

① قال بذلك الهمداني وتابعه ياقوت وابن بليهد وابن جنيدل.
② قال بذلك الأصمعي وحمد الجاسر وتؤيده أشعار الجاهليين كعميرة بن طارق ومالك بن نويرة.
③ نقله الهمداني عن الرئيس الكباري في صفة جزيرة العرب. وكان للأعشى معصرة خمر في أثافت ذكرها في شعره.
④ يوم من أيام العرب في الجاهلية، كان لبني يربوع على قبائل شيبان وعجل. راجع: النقائض ج١ ص٥٣.

## 43. 它将房屋浇灌，用大雨滂沱 将马匹和骆驼驱赶。

随后，大艾阿沙似乎并不想陷入胡莱拉对自己的评判之中，他如何要为自己辩白，如何要提起自己昔日的意气风发，仿佛他的视力是一个需要致歉的缺陷。于是他试图向她展示视觉敏锐的真正含义。

于是，我们来到杜尔纳——大艾阿沙当年喝酒的地方，他正在那里要求他的酒友追踪“闪电”的去向。诗歌阐释者和当地人（البلدانيون）在确定杜尔纳的地理位置上存在分歧。他们中有些人认为它位于叶玛麦，而大艾阿沙就葬于那里；[①]还有些人认为它位于希拉附近的伊拉克的萨玛沃（سماوة العراق）；[②]第三种看法认为它就是也门的艾萨菲特（أثافت）。[③]但若我们仔细查阅贾希利叶时期的诗歌，特别是关于祖·塔鲁哈战争[④]（يوم ذي طلوح）的诗歌，便会发现该战争发生在伊拉克的萨玛沃，而舍伊班和伊智勒部落（عجل）就居住在那里，并且那里有很多酒坊。大艾阿沙在前往舍伊班探查扎希尔·本·萨亚尔（زاهر بن سيّار）之死的途中，必定会在那里停留，并在当地一家有名的酒肆里喝酒。

然而，一个坐在伊拉克喝酒的人是否有可能追踪到一道闪电，而释放闪电的雨云却在叶玛麦的山谷降下暴雨呢？更何况，大艾阿沙这位追踪者的视力并不好，而他求助的酒友们也都喝得酩酊大醉了。

大艾阿沙在此希望我们能停下脚步，确认他的酒友是否都已喝醉：他召唤他们一起来追踪闪电，但醉汉又能看见什么呢？我们正在进行一种不同寻常的远眺，它既不会被夜盲症所影响，也不会被距离所阻碍。大艾阿沙就这样哄骗了读者，他让读者眺望他酒友口中的那些地点，其实那全是他在信口开河。他在想象中创造出它们——他设计了那朵云，然后让它不断向外

---

① 持此说法的有哈姆扎尼以及他的追随者亚古特、伊本·布莱哈德和伊本·祝奈岱勒。

② 持此说法的有艾斯玛伊和哈姆德·贾斯尔。此外，贾希利叶时期的两位诗人库麦拉·本·塔里格和马立克·本·努瓦拉的诗歌也支持这一观点。

③ 这是哈姆扎尼转述拉伊斯·卡巴里对阿拉伯半岛的描述中出现的观点。大艾阿沙也曾在他的诗歌中提及艾萨菲特当地的一个陪酒女子。

④ 贾希利叶时期发生在阿拉伯人之间的一场战争，由叶尔布阿人对战舍伊班和伊智勒部落。参见《对驳诗》第1卷第53页。

ثم تمطر السحابة فيتابع الأعشى حركتها، ويتتبع السيول وهي تجري في مناطق تقع ضمن مدينة الرياض الحديثة، من غربها إلى شرقها، ومن جنوبها إلى شمالها، فيرى واديي نُمار ولبن يتدفقان في وادي حنيفة الكبير، ويرى ما أصبح أحياءً سكنيّة كالسلي والبطحاء والمغرّزات تفيض بالماء والسيول إلى أن تصل خشم العان شرقاً، وأخيراً ينتهي السيل شمالاً في نفود بنبان.

ما نزل المطر مرةً في الرياض إلا وتخيّلتُ الأعشى جالساً في دُرنا، فتجري على لساني تلك الأسماء الرائعة التي سمّاها منذ أكثر من ألف سنة: نُمار، بطن الخال، العسجدية، الأبلاء، برقة خنزير، الحُبَل، روض القطا، كثيب الغِينة.

إنّها تعويذة سحريّة –هذا الشعر!- تنتقل عبر الأزمنة والأمكنة لتزرع في نفوس حافظيها حبَّ الديار والوطن.

هل تعوزك البصيرة يا أبا بصير؟ إطلاقاً!

延展，并释放出闪电，而这层层叠叠、无边无际的雨云马上就要带来倾盆大雨。

不久降雨来临，大艾阿沙追踪着雨云和洪流的踪迹。洪水在今天的利雅得各地流淌，从西至东、由南向北。他看到大哈尼法山谷（وادي حنيفة الكبير）的努马尔（نُمار）和拉班谷地（لبن）洪水奔流，他看到现在已是居民区的萨利（السلي）、巴图哈（البطحاء）和穆加拉宰特（المغرّزات）大水泛滥，接着洪流向东涌入哈什姆·安（خشم العان），最终在北方注入努福德·巴纳班（نفود بنبان）。

这都是我的想象，利雅得其实滴雨未下。我想象着大艾阿沙正坐在杜尔纳，那些一千多年前美妙的地名从我的舌尖涌出：努马尔、巴坦·哈勒（بطن الخال）、阿斯贾迪亚（العسجدية）、阿布莱（الأبلاء）、布尔喀·汉济尔（برقة خنزير）、胡巴勒（الحُبَل）、鲁得·喀塔（روض القطا）、卡斯布黑纳（كثيب الغِينة）。

这真是一首富有魔力的诗歌！它能够穿越时空，在读者心中播种对祖国和家园的热爱。

你缺乏洞察力吗，艾布·巴绥尔（أبو بصير）[1]？绝非如此啊！

① 即大艾阿沙。（译者注）

## الوعل والصخرة

٤٤. أبلِغْ يزيدَ بني شيبانَ مألُكةً　　أبا ثُبيتٍ أما تنفكُّ تأتكِلُ

٤٥. ألستَ منتهياً عن نحتِ أثلتِنا　　ولستَ ضائرَها ما أطّت الإبِلُ

٤٦. تُغري بنا رهطَ مسعودٍ وإخوتهِ　　عند اللقاءِ فتُردِي ثمّ تعتزلُ

٤٧. كناطحٍ صخرةً يوماً ليفلقَها　　فلم يضِرها وأوهى قرنَهُ الوَعِلُ[1]

٤٨. لأعرفنّكَ إن جدّت عداوتُنا　　والتُمِسَ النصرُ منكم عوضُ تحتمِلُ

٤٩. تُلزمُ أرماحَ ذي الجدّينِ سَورتَنا　　عند اللقاءِ فتُرديهم وتعتزِلُ

٥٠. لا تقعُدنَّ وقد أكّلتها حَطَباً　　تعوذُ من شرِّها يوماً وتبتهِلُ[2]

٥١. سائِلْ بني أسدٍ عنّا فقد علِموا　　أن سوفَ يأتيكَ من أنبائِنا شَكَلُ

---

[1] تضيف بعض الروايات بيتاً في هذا الموضع:
لأعرِفنّك إن جدَّ النفيرُ بنا　　وشُبّت الحربُ بالطوّافِ واحتملوا

[2] تضيف بعض الروايات بيتاً في هذا الموضع:
حتّى تصيبُكَ منها فرطُ سابقةٍ　　أنتَ المهابُ وأنتَ الخائفُ الوَجِلُ

## 羱羊与岩石

44. 我要写信告诫舍伊班人叶齐德：好个艾布·苏拜特，
休要煽动仇恨！
45. 别再抨击我们的出身，这可不容他人诋毁，
只要负重的骆驼尚在呻吟。
46. 你怂恿麦斯欧德的亲戚兄弟，
与我们为敌，双方交锋时你便会独自回避。
47. 你就像那只用头顶撞磐岩的羱羊，
岩石安然无恙，羊角却被击碎。①
48. 我深知你的诡计，一旦战火点燃，
你定不会从旁支持。
49. 你令祖·贾戴因人②拿起武器，将我们的怒火激起，
你远走他乡而他们难逃一死。
50. 既已挑起争端，就别坐视不管，
总有一天你也会惹火上身、摇尾乞怜。③
51. 去问问阿萨德人，他们早已领教过我们的威严，
我们的事迹将不断传至你耳边。

---

① 一些传述在此处增加了一个联句：
让我来告诉你：若我们奋起迎战，
当战火四起，他们将要承受打击。
② 即盖斯·本·麦斯欧德·赛伊德·舍伊班部落。（译者注）
③ 一些传述在此处增加了一个联句：
往昔的情景会让你心惊胆战，
你充满恐惧，惴惴不安。

٥٢. واســـأل قُشيــراً وعبــدَ اللهِ كلَّــهــمُ واســـأل ربيــعةَ عنّــا كيــف نفتعِلُ

٥٣. إنّــا نقــاتلُهــم حــتّى نقــتّلــهم عنــد اللقــاءِ وإن جــاروا وإن جهِــلوا

٥٤. قــد كان في أهــل كهــفٍ إن همُ قعــدوا والجــاشريّــةِ مــن يسعى وينــتضــلُ

إذا كان ما مضى الشطر المخصص للسلم، فها نحن نستقبل شطر الحرب، ولقد أحسن الأعشى حين استغّل مشهد السحابة للانتقال من الحال الأولى إلى الثانية، فلا شيء أشبه بالبرق والرعد والسيل الجارف من هذه التهديدات التي تبعتها، وهذه القوافي التي بدأت تهدر وتجلجل.

لا يمهّد الأعشى لما يريد من نذير ووعيد، بل يندفع فيه اندفاعاً، فيلقي برسالته إلى يزيد بن مُسهِر الشيباني، هذا الساعي بالفتنة بين فرعي القبيلة، ويتعمّد أن يصغّر كنيته إمعاناً في امتهانه وتحقيره، ثمّ يسأله: إلى متى وأنت تتحكّكُ غيظاً، وتلتهب حقداً، وتسعى بالشرّ ضدنا؟

لكأنّك وَكّلتَ نفسك باجتثاث أصلنا واقتلاع أثلتنا، لكن هيهات، لن تُوفّق ما دامت هناك إبلٌ تحنّ وتصدر رغاءً. إنَّ مَثَلك وأنت تحاول ضرّنا كمَثَل وعلٍ رأى صخرة فغاظته، فهجم يريد أن يفلقها، فما كان إلا أن أوهن قرنه وأضرّ بنفسِه.

ثم يستأنف تهديده فيقول: أكاد أراك حين تتجدد العداوة ويطلب بنو شيبان منك نصرتهم، ستشدّ رحلك وتنأى بأهلك وتظل أبد الدهر في احتمالٍ وترحال.

إن كنتَ تجهل بأسنا فاسأل قبائل أسد وقشير وعبد الله، لا بدّ أن تنتهي إليك أخبارنا دفعةً بعد دفعة، كيف أثخنّا فيهم، وكيف إذا قاتلنا قوماً لا نتركهم حتى نأتي عليهم قتلاً وتشريداً.

ثمّ أيّها الشقيّ، ما شأنك بأهل القاتل والقتيل إن قرروا القعود عن الثأر أو القيام به، وفيهم من يُغْني في المجالس ويكفي عند القتال والنضال؟

52. 问问古筛尔人、阿卜杜拉人
以及拉比阿人，我们究竟如何作战。
53. 无论对手何等凶残，当战役来临，
他们皆是我们手下的亡魂。
54. 在备战中的凯赫夫人和贾许丽娅家族中，
定会有人前来调解斡旋。

我们此前都在欣赏和平安宁的篇章，接下来我们将看到硝烟弥漫的诗行。大艾阿沙运用精巧的构思，通过雨云的描写，将诗歌从一片祥和推向战火硝烟。再也没有什么能比电闪雷鸣、山洪暴发更能渲染紧随其后的狂啸怒吼般的威胁了。

大艾阿沙没有为他的警告作任何铺垫，而是开门见山，将话锋直指叶齐德·本·穆斯希尔·舍伊巴尼—— 这位挑起同一部落的两族之间争端的始作俑者。他有意贬低他的名号[①]并以此表达轻蔑之意，随后发出诘问："你究竟要挑起矛盾、煽动仇恨、攻讦我们到何时？"

你似乎企图将我们连根铲除，但是，绝不可能！只要骆驼还能发出呻吟，你的诡计就无法得逞。像你这种意图危害我们的人，就像一只对着磐石发怒、并想将其顶碎的羱羊，最终只会弄伤自己的角。

随后，大艾阿沙继续威胁他，说道："我仿佛看到：当冲突升级，舍伊班人将恳请你对他们提供支持，而你则会立即收拾好行囊、远走他乡，并终生忍气吞声、东躲西藏。"

如果你不知道我们的厉害，就去问问阿萨德（أسد）、古筛尔（قشير）和阿卜杜拉（عبد الله）等部落，我们的消息必将不断传至你耳旁，告诉你我们究竟如何在战场上拼杀。若我们与他人作战，必定要杀死他们或令他们流离失所。

啊，你这臭小子，你同杀人者与被杀者有何关系？他们结不结仇、复不复仇又关你何事？他们之中自会有人从中调停斡旋。

① 叶齐德的名号本来是"艾布·萨比特"，诗人故意使用指小名词"苏拜特"代替"萨比特"，以示轻蔑。（译者注）

# فرسان فُطيمة

٥٥. إنّي لَعَمرُ الذي خطّت مناسمُها تخدي وسيق إليهِ الباقِرُ الغُيُلُ

٥٦. لئن قتلتم عميداً لم يكن صَدداً لنقتلنْ مثلَهُ منكم فنمتثلُ

٥٧. لئن مُنيتَ بنا عن غِبِّ معركةٍ لم تُلفِنا من دماءِ القومِ ننتفِلُ

٥٨. هل تنتهونَ؟ ولن ينهى ذوي شططٍ كالطعنِ يذهبُ فيهِ الزيتُ والفُتُلُ

٥٩. حتّى يظلَّ عميدُ القومِ متكئاً يدفعُ بالراحِ عنهُ نسوةٌ عُجُلُ

٦٠. أصابهُ هندوانيٌّ فأقصدهُ أو ذابلٌ من رماحِ الخطِّ مُعتدِلُ

٦١. كلّا زعمتم بأنّا لا نقاتلكم إنّا لأمثالكم يا قومَنا قُتُلُ

٦٢. نحنُ الفوارسُ يومَ العينِ ضاحيةً جنبي فُطيمةَ لا مِيلٌ ولا عُزُلُ

٦٣. قالوا الركوبَ فقلنا تلك عادتُنا أو تنزلون فإنّا معشرٌ نُزُلُ

## 福蒂玛的骑士

55. 骆驼听谁的号令，公牛被牵去谁那里，
    我便以他的生命立誓。
56. 你们若要杀害一位无辜的首领，
    我们也会夺走你们中与他地位等同之人的性命。
57. 当你们在战斗中遭受重创，
    便会明白：我们一定会让你们血债血偿。
58. 你们不会就此罢手，无知者一旦挑起战事，
    便不会善罢甘休。
59. 最终你们的首领倒下身去，
    而在他身边守卫的尽是，
    在战火中丧夫丧子的妇女。
60. 笔直的哈提矛或一把利剑，
    刺进他的身躯，使他一命归西。
61. 你声称我们不会反击，但我们同你们一样，
    天生就会杀敌。
62. 我们是艾因之战的骑士，
    正午时分，手握兵器，在福蒂玛身侧，
    英勇无惧。
63. 你们道：我们骑马作战，我们道：我们也是如此，
    若你们想要下马，我们也下马对敌。

٦٤. قد نخضِبُ العَيْرَ من مكنونِ فائلِهِ وقد يشيطُ على أرماحِنا البطلُ

ثمّ يحلف الأعشى بربّ البيت الحرام، وما يُساق إليه من ذبائح وقرابين، لئن تابعت بنوشيبان يزيد بن مُسهر في حضّه لهم كي يقتلوا بزاهرٍ رجلاً آخر من الأعيان، لن يهدأ لقيس بن ثعلبة بالٌ حتى ينتصفوا منهم ويقتلوا به سيداً كفؤاً، ولئن اندلعت الحرب لن ينتهوا حتى يسفكوا دم شيبان كلّه، ولا شيء يردع الجاهلَ المجانب للصواب مثل الطعنة تنفذ عميقاً في جسده، حتى إذا جاء المداوي يفحصها غاب الفتيل فيها لعمقها، ونضب الزيت قبل الفراغ من معاينتها.

لا تقتصر بصيرة الأعشى -بشقّيها البصريّ والتخييلي - على اختراق المسافة فقط، وإنّما الزمان أيضاً، تقدماً وتقهقراً، فهو قادرٌ على تمثيل المستقبل أمام سامعيه، يخبرهم كيف ستؤول الأمور إن لم يأخذوا بنصحه، حتّى لكأنّها تتكشّف أمامهم، وهو قادرٌ على عرض الماضي وتمثيله لهم حتى لكأنهم يعيشونه ثانية.

هذا ما يحصل عندما يصوّر الأعشى ليزيد بن مُسهِر ما يمكن حدوثه إن لم ينتهِ واستمرّ يطالب بقتل أعيان قيس، عندها سيسقط أبطال شيبان ذات اليمين وذات الشمال، وستملأ جثثهم أرض المعركة، وسيجتمع النساء حول زعيم شيبان يحاولن الذبّ عنه بأيديهن، ما فيهنّ إلا ثاكلٌ فقدت زوجاً أو ابناً أو أخاً أو أباً، لم يبق من بعولتهنّ سوى هذا الكهل الجريح، وهو مُلقًى على الأرض أثخنته السيوف وأسقطته الرماح ووطأته الخيل.

مهما بحثت في المعلّقات وشعر المعارك لن تجد صورةً أكثر إلحاحاً وحرارةً وإفزاعاً من هذه الصورة، لكأنّك تراها فوق شاشة.

ثمّ يرجع الأعشى ببصيرته القهقرى، فيمثّل ليزيد مشهداً من الماضي، عندما نشب خلافٌ مشابهٌ بين أبناء العمّ في عين مُحلَم، وكان من خبر ذلك أنّ امرأةً من قيس بن ثعلبة تُدعى فُطيمة تعرّضت للظلم في بني سيّار، وقد اختُلف في طبيعة ذلك الظلم: قيل إنّ سيّاريةً حلقت ظفائرها، وقيل إنّ شيبانياً ارتهن ابنيها بعد أن قمر[1] زوجها على بستان، فما هو إلا أن اشتملت على ابنيها بثوبها، ونادت تستنجد قومها، فلما جاؤوا دفعوا عنها وعن ابنيها حتى ولّت فرسان سيّار منهزمة.[2]

---

[1] غلبه في القمار.

[2] البغدادي. خزانة الأدب. ج٨ ص٣٩٧.

64. 我们刺中敌人战马的大腿根部，

用长矛挑起敌人，令他一命呜呼。

随后，大艾阿沙以圣寺之主（ربّ البيت الحرام）的生命起誓，倘若舍伊班人听从叶齐德·本·穆斯希尔的挑唆，杀死盖斯·本·赛阿莱巴人的一位首领为扎希尔（زاهر）报仇，他们决不会善罢甘休，定将展开报复并杀死舍伊班人的一位首领。如果战争爆发，他们的双手将会沾满舍伊班人的鲜血。对那些无知且凶残者，只能一刀刺入他的身体。到那时，即便有医者施救，伤者也会因伤势过重而难逃一死。

大艾阿沙是何等富有远见！他的眼界不仅不受空间的束缚，还能在时间的维度上进退自如。他能够在他的听众面前宣示未来，并告诫他们：如果不接受他的建议，事态将会如何发展，仿佛这一切正发生在他们的眼前。此外，大艾阿沙还能将他们带回到过去，使昨日的种种历历在目。

大艾阿沙向叶齐德·本·穆斯希尔描述即将发生的战斗场景。倘若他执意要杀死盖斯人的一位首领，舍伊班的战士将会血洒战场、尸横遍野。最终只有一群妇女围绕在首领身边守卫他，而她们的丈夫、儿子、兄弟、父亲皆已阵亡。她们的主心骨只剩这位受伤的老人，而他正被利剑刺伤、被长矛挑死，倒在地上被战马践踏。

在其他悬诗和描写战争的诗歌中，绝不会找出比这更紧迫、更激烈、更恐怖的一幕，它就像在荧幕上上演的一出戏。

随后，大艾阿沙展示了他的记忆力，向叶齐德谈起曾在艾因·麦赫莱姆（عين مُحلَم）发生的一起与此次冲突类似的堂兄弟之间的纠纷。据说一位来自盖斯·本·赛阿莱巴的名叫福蒂玛（فُطيمة）的女人，在萨亚尔人（بني سيّار）那里遭受了虐待。对这一虐待的性质说法不一，有人说一个萨亚尔女人剪掉了她的发辫；也有人说，她的丈夫在赌博中输给了一个舍伊班人，[①]而那个人要抓走她的两个儿子作为抵押，她只能用自己的衣服裹住两个儿子，随后呼唤她的族人施以援手。族人们赶来保护了她们母子，打败了萨亚尔的骑士。[②]

大艾阿沙不仅提到这场战斗，而且将它的场景呈现在叶齐德面前，做出

① 在赌博中战胜了他。（这里作者试图用另一种表达方式解释原文此处句子的含义——译者注）

② 见巴格达迪：《文学宝库》（خزانة الأدب）第八卷，第397页。

لا يذكر الأعشى هذا اليوم فقط، بل يمثّله أمام يزيد، وينتقي ألفاظاً لها قدرة عجيبة على التصوير، حتى لكأنّك ترى الأبطال عن يمين وشمال فُطيمة.

ثم يختم ببيتين مُجلجلين، أضافا إلى المعلّقة طابعها الملحميّ: نحن فوارس فُطيمة، تجدنا عند اللقاء مُتلببين① مستعدين، لا جبناء خوّارون ولا يعوزنا السلاح، وأياً كانت طريقة القتال التي تختارون نحن أهلها: إن كان طعاناً بالرماح طاعنّاكم على أفراسنا، وإن كان نزالاً بالسيوف ترجّلنا وجالدناكم، وليس أبصر بمواضع الطعن منّا، نطعن حمار الوحش فننفذ إلى عرق الفخذ مباشرة، ويهجم علينا البطل فنرفعه جثةً فوق أرماحنا.

وهكذا، لم تنتهِ المعلّقة إلا بعد أن استعرض الأعشى -أمام هريرة وسامعيه- قدراته العجيبة على شيم السحاب ورؤية البعيد وإبصار الماضي واستشراف المستقبل، وهذه – لعَمري- البصيرة في أغنى صورها.

① مُتلببين: متحزّمين للقتال.

无比生动的描述，仿佛令人亲眼见到了为福蒂玛而战的勇士们。

最后，他以两行雄辩的诗句结束了整首悬诗，更为其增添了史诗的特征：我们是福蒂玛的骑士，对战之时我们充分准备①、英勇无惧，无论你们选择何种作战方式，我们都将从容应战：如果你们使用长矛，我们就在马上与你们拼杀；如果是用刀剑作战，我们就下马同你们搏斗。我们出其不意，刺伤了敌方战马，直接刺穿它的大腿根部。敌人向我们进攻，我们就用长矛将他一击致命，并将他的尸体挑在空中。

就这样，大艾阿沙在整首悬诗中向胡莱拉和其他听众展示了他在追踪雨云、眺望远方、回首过往和预测未来等方面的神奇能力。凭我的生命起誓，这首诗歌富有无与伦比的洞察力。

① مُتلببين，意为“准备好迎接战斗”。

# 大艾阿沙悬诗的诗歌意象

大艾阿沙的悬诗包含三个重要主题，分别是爱情、饮酒与战争。诗人在这些主题内部，基于丰富的想象力、强烈的情感和沙漠部落社会的文化底蕴，塑造了一系列鲜活生动而意蕴丰富的意象，它们共同构筑了诗歌艺术表现力的核心。本文旨在阐明和分析悬诗三大主题中丰富多元的意象元素，以揭示这首诗在形式与思想上的特色与魅力。

## 一、爱情主题中的意象

在这首悬诗的爱情主题中，主要有三个突出的意象，即“驼队启程”“阳光恋人”和“爱情喜剧”，诗人大艾阿沙巧妙地运用这些生动形象的意象展现了自己与爱人之间的悲欢离合，揭示了人类情感所具有的独特的复杂性。

### 1.“驼队启程”意象

在古代阿拉伯游牧民族的诗歌中，爱情与离别常被描绘为彼此相连、难以分割的二重奏。部落的迁徙生活常令处在热恋中的诗人不得不与爱人分离，并由此创造出一系列动人的意象。在前伊斯兰时期的阿拉伯诗歌中，诗人常以乌姆鲁勒·盖斯所开创的“凭吊爱人旧居”作为诗的开篇，形式类似于中国古典诗歌中的起兴。然而，在大艾阿沙的悬诗开篇却出现了全新的离别意象——“驼队启程”。大艾阿沙没有像其他诗人那样描写在风沙中寂静矗立的旧居废墟，而是描绘充满动态特征的驼队即将远行的景象。诗人的情感通过驼队出发前与恋人的告别淋漓尽致地表现出来。诗人道：“驼队即将启程，男儿啊，请向胡莱拉辞行！与心上人惜别，你能否承受这缱绻的离情？”[1]随着即将发生的离别，诗人与恋人胡莱拉面临的可能不是短暂的分离，而是恐难再见的苦楚。他寥寥数笔便写出其中的冷暖，引发读者深深的共情。不同于凭吊废墟的静态描写和回忆内容，大艾阿沙的分别意象呈现出一种强烈的在场，既近距离地反映出游牧部落的迁徙习俗，也将离别的情感表达得更加生动而真实。

由于部落的迁徙是游牧民族生活的常态，阿拉伯游牧诗人所描绘的分别源自无法抗拒的生存方式和自然条件，同时也是情感世界对现实生活压力的无奈回应。对于诗人而言，这种离别不仅反映了对恋人的依依不舍，更突出地表现了游牧生活状态下爱情的无常和艰辛。在中国古典诗歌中，离别的意象常常用“折柳”“劝酒”等相对含蓄的方式来表达，阿拉伯诗人直抒胸臆的表达方式，初读时可能因其意象的直观而令中国读者难以感受到其中的意境，然而细细品味之后，读者便能体味“茫茫旷野”的苍茫辽阔与“一队旅人”的浪迹萍踪形成的强烈反差所带来的失落感和沧桑感。“承受”一词的使用充分表现了人在自然力量和生存压力面前的渺小，反问的语气令诗人的情感更加真切而动人。总之，凭借“驼队启程”这一新颖的开篇意象，大艾阿沙的悬诗反映出游牧民族生活中的真实场景，同时也表达了诗人不忍与恋人分离的凄苦心情。

### 2.“阳光恋人”意象

在前伊斯兰时期，爱情是诗歌的重要主题之一，与中国传统诗歌中书写爱情的委婉风格不同，阿拉伯诗人对爱情的表达更加直观且热情。他们关注自身的感官感受，擅长描写女性的身体和性爱的场面，并由此表现生命的原始活力。大艾阿沙诗歌里的女性形象丰富了我们对前伊斯兰时期阿拉伯部落社会的理解。他对女性形象的描绘，表现出对生命神秘力量的崇拜，以富有表现力的太阳意象揭示出当时的阿拉伯文人对女性的神圣想象。在世界各地的古代诗歌中，太阳常被视为带有神圣力量的独特存在。当这一象征应用于女性时，她们便被赋予了光辉、热情和生命活力，乃至于具有统领万物的神力。通过将“太阳”和女性联系在一起，诗歌揭示出在当时社会环境下民众的性别认知和生命哲学。

---

① 见本书，第479页。

首先，太阳意象是女性力量和美感的象征。大艾阿沙描写在阳光下走来的胡莱拉“额头洁白明净”“皓齿闪亮”“秀发丰盈”，胡莱拉在此被描述为光芒四射、温婉明媚的存在，她所带来的明亮动人的美感，象征着生命中的光明与希望，这些描写反映了诗人对女性力量与魅力的赞美与歌颂。

其次，太阳意象旨在强调女性在爱情中的重要地位。在爱情领域，女性如同灿烂的太阳一般，带来欢愉与激情。诗人笔下的胡莱拉在爱情中呈现出太阳般的热情与活力。通过大胆的性描写，诗人展示出前伊斯兰社会中女性对待性的坦率、诚挚而自由的态度。这种如太阳一般的果敢与热情具有强大的感染力，与此同时，也令女性角色上升到爱情中的主体地位。诗人将恋人对走访邻居的意兴阑珊与同情人幽会时的热烈激情构成了鲜明的对比。由此，我们可以发现，大艾阿沙的诗歌不仅是在赞美和崇拜女性，更是在歌颂生命，在他的女性角色身上我们看到了光明、热情和力量等对生命力的最佳诠释。

此外，太阳意象最能真切地表达诗人的情感需求。在诗人心目中，他的情人能令他在昏暗的光线下生出沐浴在阳光下的感受。他将爱人散发的幽香与阳光下的芳草地相比，认为这种深入灵魂的情感并非只是肉体的欢愉，更是“绝非粗俗者能够体味”的乐趣。胡莱拉对于诗人而言是一种犹如太阳一般的存在，她的陪伴为患有夜盲症的诗人带来了充实的精神体验，她的爱意令诗人感到阳光般的温暖。

胡莱拉对诗人而言是充满神圣感的，即使是真实的阳光也无法与之媲美，或许他自己没有清醒地意识到，自己对她不仅是迷恋，还有深深的依赖，直到这种依赖令他在后来痛失所爱时化为刺骨的冰冷和无尽的懊恼。学者叶海亚·马鲁夫曾描述过这种复杂的情感，他讲道：“前伊斯兰时代的诗歌中常常描写由于女性的离开导致家园荒芜的景象，他们把女性与太阳联系在一起，因为太阳是被崇拜的，因此它（她）的离开也就导致了家园的衰败。……前伊斯兰时代的阿拉伯人将太阳描绘成一个美丽、裸体的女人形象，太阳与女性联系的象征意义由此变得显而易见，即前伊斯兰时代使用太阳描绘理想女性的表达中蕴含着神圣的元素。”①

---

① يحى معروف، عاطى بيات، جمالية التغزل بالرموز الأنثوية في الشعر الجاهلي، فصلية النقد والأدب المقارن (بحوث في اللغة العربية وآدابها)، العدد ٢، ٢٠١٢.（译文由本文作者译出）

### 3. “爱情喜剧”意象

大艾阿沙在“爱情喜剧”一节中使用反讽的手法凸显爱情中的多角关系。在这首诗中，大艾阿沙笔下的各个角色对爱情都充满渴望，但最终却都无法得到回应。这种所谓的“爱情喜剧”实则是一出显而易见的悲剧——人类最容易困在盘根错节的情感中，成为无法挣脱的囚徒。大艾阿沙巧妙地运用反讽的艺术手法，寓悲于喜，以此揭示爱情故事中的困境和矛盾。从表面上看，诗人所描写的仅仅是在爱情中求而不得的悲剧，但我们从更深的角度进行分析，可以发现，诗人借情感错位的荒诞性书写，描绘了一众角色在激情与理智、憧憬与绝望中挣扎，表现了人类的渴求与失望、理想与现实之间的冲突。不仅是在爱情方面，在生活的诸多领域皆是如此，他用戏谑的口吻表达深沉的思考，令读者感受到在人类的各种欲望中，求之不得才是常态。大艾阿沙的“爱情喜剧”如同一件棱镜般的艺术品，尽管造型简洁，却折射出人性的多面与复杂、生活的无常与心酸，呈现出略显衰颓的荒诞之美。

## 二、饮酒主题的意象

诗人在描写爱情的失意后，进入纵情享乐的饮酒主题。前伊斯兰时期的阿拉伯人以慷慨、豪爽为美德，他们时常以美酒款待友人以表达自己的热情和慷慨，并以饮酒的豪爽、酒量大彰显自身的男子气概。大艾阿沙在饮酒主题中主要表现了“醉生梦死”“云朵和闪电”“洪水泛滥”三个意象。

### 1. “醉生梦死”意象

在这首诗中，诗人饱含深情地描绘了他和酒友相约饮酒、不醉不归的景象。生动的笔触令读者仿佛走入一幅具有鲜明生活气息的画卷。诗人写道：“刀光剑影般的一群人与我同席，他们皆知：任凭谁都难免醉生梦死。”[①]诗人以此暗示他们的酒局仿佛是一场厮杀的修罗场，同饮之人个个是杀气逼人的战士，定要在战场上拼个你死我活。这场酒宴表现出诗人纵情饮酒之豪情的同时，还展示出部落社会中，阿拉伯人追求享乐的生活状态。

---

① 见本书，第493页。

一般而言，意象可以包含四种主要类别：一是心理意象，指的是过去的感知和经历在大脑中的再现，这是基于感官感知出现在大脑中的特定形象；二是意念意象，指的是诗人为实现某一构思目标创作的前瞻性、想象性的艺术形象；三是抽象意象，指的是一种涉及抽象思想或哲学观念的艺术形象；四是通用意象，即除了上述三种意象之外，文艺作品中所有艺术形象的总称。“醉生梦死”在诗歌中首次出现，属于诗人对当前形势的未来发展的预判，因此可视作诗人创造的“意念意象”，而它又具有抽象的精神领域的象征，因而同时也可以归为第三类意象，即“抽象意象”。

作为“意念意象”，“醉生梦死”统领全节的基调，诗人随后描绘的“众人传递香草枝”“来回穿行的酒保”“婉转吟唱的歌女”等都是由这一意象衍生出的一幅幅具体画面，这些具体画面作为通用意象，也印证了作者对“醉生梦死”预判的准确，因此这一意象为该节的主要意象。

此外，作为“抽象意象”，在“醉生梦死”之中，“醉”意味着片刻的遗忘和释放生活中的压力。诗人选择放纵自我，在饮酒作乐中寻找忘我之乐。这里的“生”，既是生存，亦是生活，象征着诗人在这酒色之中寻找人生的真谛。然而，酒宴上的众人都深知一场“难免一死”的“战斗”无法逃避，但他们还是义无反顾地走向了“死亡”的未来，展现出人性的坚韧与豪情。

在本节的末尾，大艾阿沙在这种充满豪情的氛围之中，走上了穿越旷野之路。这部分既通过“豪勇”的情感状态承接上文的饮酒部分，又将读者从诗人的青春回忆引入现实。诗人骑着一头风尘仆仆的母驼，前往他的目的地，即在随后的战争主题中意欲挑起战争的氏族的聚居地。诗人受邀前往此地调解争端、避免战争爆发。众所周知，旷野是一片荒芜之地，在阿拉伯文学家的笔下时常象征着人生的困境，在如“盾牌的背部”一般荒凉的旷野之上，物质上的贫瘠和精神上的无助给人带来的威胁是不言而喻的，而诗人却能独自一人勇敢面对、穿行其中。这里诗人一语双关，既表明他有能力穿越现实中的旷野之地，也象征着他有强烈的意志去战胜人生中的各种困境和挑战，无论怎么理解，皆展现出他在逆境中前行的顽强意志和非凡勇气。

### 2.“云朵与闪电”意象

“云朵”和“闪电”是饮酒主题的第二个主要意象。醉酒后的诗人通过自己的想象设计出这一意象。他在微醺的恍惚中仿佛看到一片云朵并对其进行追踪，那是一朵即将降雨的积雨云。阿拉伯人自古崇尚自然，在茫茫无际的大漠中，在浩瀚无垠的星空下，诗人与自然的互动成为一种与生活经验密不可分的写作灵感的来源。他们偏爱并擅长利用自然界的景色来创造诗的意象。这些意象将诗与生活相互结合，承载着他们对生命的洞察与感悟，体现出他们内心丰富而细腻的情感体验。其中，“云朵”是阿拉伯诗人最常用的一种自然意象。在空旷的沙漠环境下，游牧部落的人们十分喜爱观察天空，浩瀚的天空以及飘浮其间的“云朵”是十分吸引他们的自然景观。他们有时描写晴空万里中的朵朵白云，有时也刻画带着闪电的雨云。鉴于沙漠地区天气酷热，与“白云”相比，阿拉伯人普遍更为钟爱“雨云”，渴望它能降下解暑且滋养草木的甘霖。

大艾阿沙在这节诗中将“闪电”和“云朵”融为一体，生动地描绘了带着闪电的雨云意象。诗人在饮酒时仰望天空，无意中观察到这朵雨云，便被它深深吸引，他目不转睛地盯着快速飘动的云朵，连手中的酒盏都置于一旁。不仅如此，他还召唤自己的伙伴一同观看，然而他们却都因为醉酒无法回应。诗人随后展开自己的想象，描写这朵雨云在多地徘徊。他巧妙地调动了视觉元素，写明雨云的状态，只见“闪电带着火花，勾勒出它的边缘”，“层层叠叠、若隐若现”地“被包裹在倾盆大雨中间，将密集的中心向外延展”。读到此处，读者仿佛感受到氤氲的水汽扑面而来，哗哗的雨声直入耳畔。这些描写触动读者的视觉和听觉感官，令读者如身临其境般看到这朵存在于诗人脑海中的神奇雨云，预感到即将到来的“山洪泛滥”。

### 3.“山洪泛滥”意象

当山洪泛滥的画面开启，诗人描绘出一幅众人醉酒和山洪泛滥交织的画面。他以深沉的笔触清晰地呈现出“众人皆醉我独醒”的状态和山洪到来时的感官震撼，展现出一种超越时空的艺术魅力。诗意的语言描绘出狂风暴雨和洪水席卷而来的壮观景象，将读者引入动态的场景之中，仿佛亲身经历了这场自然力量的洗礼。

洪水作为一种自然现象，在东西方文化中，都有着独特的象征意义。在西方文化中，洪水通常被视为神对人的惩罚和审判的手段，象征着神的愤怒和力量。例如在《圣经》中的挪亚方舟的故事里。在东方文化中，尤其是在中国的古代神话中，洪水与人类的原罪无关，更多地体现了人定胜天的理念。例如在《山海经》中大禹治水的故事，大禹带领百姓疏通江河、兴修水利，最终成功地消除了水患，给世人带来了平安与祥和。不论东西方文化，洪水都象征着对生存环境的破坏，它是危险的、不吉的。而大艾阿沙则巧妙地用洪水的这些特征影射即将描写的战争主题。诗人描写洪水在阿拉伯半岛各地出现，它“将房屋浇灌”“将马匹和骆驼驱赶”。对于沙漠中生活的游牧民族而言，房屋和牲畜就是他们赖以生存的生活之资，作者仿佛在此暗示战争的爆发就如同洪水一般，会将家园的一切毁灭，没有任何人能逃避战争魔爪的侵袭。

由此可见，“山洪泛滥”意象不仅是诗中的细节描绘，更是一条联结过去和展望未来的时空隧道。诗人以涌动的情感、象征的寓意和动态的画面，构建了一个貌似真实、实则虚幻的意象世界。这就是诗歌的魅力，它令读者深刻地感受到随之而来的战争威胁，并产生了与作者在反战立场上的深刻共鸣。

## 三、战争主题的意象

在诗的第二个主题——饮酒主题中，诗人描写自己独自一人穿越旷野、前往涉事氏族聚居地，而为随后的战争主题埋下伏笔。这起争端的起因为前伊斯兰时期阿拉伯氏族之间的血亲复仇习俗。当一个氏族中的人被其他氏族的人所杀，那么遇害者所在的氏族就会举族向凶手所在的氏族复仇。这种血亲复仇在中国读者眼中可能有些新奇，因此氏族之间的血亲复仇甚至引发战争对中国读者而言，需要一定的知识背景才能理解与共情。基于此，笔者简要介绍一下这一习俗产生的社会原因。血亲复仇习俗实际上是“基于血亲关系的宗派主义”高于个人意志的产物。游牧民族在茫茫大漠之中生活，个体离开氏族的保护便失去了基本的生存之资，因此，部落作为一个其成员彼此依存的集体，逐渐发展出一种“基于血缘关系”的部落内部的“宗派主义”。这种“宗派主义”将本氏族的利益视为至高无上，因而对其他氏族表现出强烈的分隔性，甚至将他们视为“外人”和“敌人”，“外人”和“敌人”在阿拉伯语中也成为“同义词”。[①]一旦有氏族中的人被外族人杀死，死

① 肖凌：《阿拉伯固有文化研究》，社会科学文献出版社，2017年，第40–42页。

者所在的氏族就会举族进行复仇，这一现象被称为“血亲复仇”。这种血亲复仇有时则会演变为比单纯的复仇更为激烈的战争。正因如此，在前伊斯兰时代的阿拉伯诗歌中，战争的主题对宗派主义的体现是异常充分的。这种宗派主义既体现在部落之间，也体现在同一部落的各氏族之间。在大艾阿沙的悬诗中，一触即发的战争即将发生在同部落的两族人之间。诗人的使命正是从中调解，以避免战争的爆发。叶齐德不满足于血亲复仇，试图挑起战争，大艾阿沙对这种嗜血好战的挑唆者进行了无情的讽刺与斥责。与爱情和饮酒主题相似，在战争主题中诗人也使用了丰富的意象展现出对挑起争端者的蔑视和对战争破坏性后果的警示。

### 1. “羱羊与岩石”意象

在大艾阿沙的诗作中，“羱羊与岩石”的意象充满讽刺意味，形象地揭示出挑起争端者的荒谬与自欺欺人。诗歌作为一种意蕴隽永的文学形式，其独特的艺术魅力在于它能够通过精准的意象传递情感。“羱羊与岩石”的讽刺，正像一把言语的尖刀狠狠地扎进了敌人的心脏，向读者展示话语的力量。诗人以羱羊的形象揭示出挑唆者的愚蠢与鲁莽，而用岩石喻示己方的刚毅不屈，它的坚硬则暗喻正义力量的巍然、稳固。羊角的破碎，是羱羊的鲁莽行为导致的自作自受的悲惨结局，而岩石则以自己的坚韧顽强，反衬出对手的软弱无力。诗人将如画的意象与辛辣的讽刺相结合，揭示双方力量的悬殊，嘲弄有些人好大喜功、外强中干的致命弱点。诗人以此清晰地揭示部落中好战分子的虚伪、愚蠢、自以为是的龌龊面孔，并预言他们一旦看到战争的惨烈场面，便会放弃主战立场，为保命而背叛同伴。

在阿拉伯传统诗歌创作中，讽刺是一种常用的艺术手法。诗人通过讽刺攻讦敌方氏族，并对不合理的部落社会现象进行批判和揭露。讽刺的运用展示出阿拉伯诗人直爽、快意恩仇的一面，对他们而言，直抒胸臆的攻击是一种极为高效的表达方式。通过鞭辟入里的讽刺，诗人放大了部落社会内部的荒谬现象与人性的普遍弱点，在提升作品表现力的同时，也能激发读者对历史与人性的相关问题进行反思。

### 2. “福蒂玛的骑士”意象

这首诗中的“福蒂玛的骑士”意象鲜明、独特且富有感染力，它准确地描绘出阿拉伯部落社会中战争的重要性及其矛盾性。

在这个意象中，作者以生动强烈的视觉画面展现了战争在阿拉伯人的生活状态和社会结构中的重要性。诗人写道："我们是艾因之战的骑士，正午时分，手握兵器，在福蒂玛身侧，英勇无惧。"[①]诗人的讲述呈现出一幅如同令人身临其境的画面，读者仿佛能够看到在正午炙热的阳光下，手握兵器的英勇骑士从容应战的场景。他们手持长矛、身穿战甲、策马如飞，带给敌人强烈的威慑和压迫感。在战场上，他们是冲锋陷阵的豪勇青年；在族人中，他们是维系部落秩序和荣誉的重要力量。从诗人的描写中我们可以看到，这种力量不仅基于武力，更在于他们对自己的战斗力和参战的正义性充满信心。诗人认为，战争并不仅是肉体的搏斗和厮杀，更是精神力量的较量。他们在战场上为维护尊严、荣誉、公正，为捍卫部族安宁而战，因此定会比那些欺压妇孺（福蒂玛及其孩子）的敌人更加坚毅勇敢，更能克敌制胜。

与此同时，诗人也不忘揭示战争在给部族带来荣誉的光环背后，也隐藏着对人类生命和家园的巨大破坏。他写道："最终你们的首领倒下身去，而在他身边守卫的尽是，在战火中丧夫丧子的妇女。"[②]尽管诗人描写敌方首领阵亡的首要目的是为了恫吓战争的挑唆者，达到不战而屈人之兵的效果，但不可否认的是，他试图通过战争的残酷性对敌人展开心理攻势，通过人类所共有的珍惜生命、关爱家人的特点影响敌人，引导他们放弃发动战争的念头，因此具有倡导理性解决争端、争取和平共处的反战思想。在这首悬诗的战争主题中，诗人不仅展现了己方骑士英勇无畏、从容应战的英姿，还揭示出战争带来的牺牲、痛苦和破坏，深刻地表现出战争的矛盾性。

总的来说，大艾阿沙的这首悬诗通过饱满、生动且富有意蕴的意象，成功地表现了诗人对爱情、饮酒及战争主题的理解与洞察。诗人巧妙地运用视觉、听觉等丰富的感官描绘，令诗歌的意象更具层次性和立体感。与此同时，诗人通过比喻、讽刺等艺术手法，使整个作品的艺术表现力得到提升，更能激起读者的想象和共鸣。可以说，这首悬诗不仅为我们提供了诗人对战争、爱情、享乐等主题的反思，也令我们从中感受到诗人独特的艺术风格和人文关怀。

---

① 见本书，第509页。

② 同上。

شاعر العدالة

正义诗人

معلقة النابغة الذبياني

# 纳比埃·祖卜雅尼的悬诗

مرافعة متّهم

被告的辩护

张洁颖　译

مقدمة وشرح: صالح الزهراني

导言与评析：萨利赫·宰赫拉尼

张洁颖　译

纳比埃·祖卜雅尼悬诗解读

张洁颖

«النّابغة الذُّبيانـي» لقبٌ أُطلق على الشاعر زياد بن معاوية بن ضباب الذّبيانـي بسبب نبوغه في شعره. ينتمي النابغة إلى قبيلة ذُبيان① التي امتدت منازلها ما بين اليمامة (نجد حالياً) إلى جبال أجأ وسلمى (حائل حالياً)، مروراً بوادي القُرى بالمدينة المنورة.

لا يوجد في كتب التاريخ ما يقدّم صورةً واضحةً عن نشأة النابغة. سوى أنّـه كان يتنقّل بين قصور المناذرة والغساسنة② مادحاً ملوكها، النعمان بن المنذر والحارث بن عمرو، طالباً للمال، وسفيراً للنوايا الحسنة، يُنشِد للسلام، ويمجّد الحكمة، ويدعو إلى نبذ ثقافة العنف.

شهد النابغة بداية حرب داحس والغبراء، الحرب الكبرى التي جرت في الجاهلية بين قبيلتي عبس وذبيان، بسبب رهانٍ على سباقٍ بين جوادين. وقد قدم خيرة شباب غطفان حطباً لحرب خاسرة امتدت أربعين عاماً بين عبس وذبيان. ويبدو أن النابغة لم يشهد نهاية هذه الحرب، لأنه ليس في شعره ما يدلّ على ذلك، فقد انتهت الحرب وفق ما يذكر المؤرخون سنة ٦٠٨م، بينما كانت وفاته تقريباً في ٦٠٥م.

قال النابغة الشعر بعدما أصبح كبيراً في السن (وهذا من أسباب تلقيبه بالنابغة، ومع ذلك كان من أشعر الشعراء كما تقول كتب النقد الأدبي الكلاسيكية.

الناقد ابن سلام الجمحي③ الذي قسم الشعراء الجاهليين في كتابه «طبقات فحول الشعراء» عشر طبقات بحسب جودة أشعارهم، وتنوع أغراضهم الشعرية وكثرة قصائدهم. عدّ النابغة الذبياني من شعراء الطبقة الأولى.

جمع شعر النابغة بين عمق التصوّر وبساطة التصوير، وقوة الصياغة، وسيولة النغم، والاحتفاء بالقيم النبيلة، الأمر الذي جعل لشعره سيرورة بين الناس، وأكسبه منزلةً عاليةً عند الشعراء جعلتهم يحرصون على الالتقاء به في سوق عكاظ④ ليعرضوا عليه أشعارهم. لكن هذه المنزلة العالية أثارت عليه الوشاة والحُسّاد وألّبت عليه الذين لا يبدعون ويسوؤهم أن يبدع الآخرون.

① قبيلة ذبيان هي بطنٌ من بطون غطفان، القبيلة القيسيّة المُضرية العدنانيّة.

② مملكة المناذرة كانت في العراق ومملكة الغساسنة كانت في الشام.

③ (توفي ٢٣٢ هـ / ٨٤٥ م).

④ سوق تجاري ثقافي كان يقام قبل الإسلام في منطقة عكاظ (الطائف حالياً) في شهر ذي القعدة، وكان من أهم فعالياته تنافس الشعراء على إلقاء القصائد الجميلة. أعيد إحياء السوق قبل سنوات، وأصبح يقام فيه مهرجان ثقافي صيفي سنوي تستلهم فيه المعلّقات وتوزع فيه جوائز على الشعراء والفنانين.

## 纳比埃·祖卜雅尼的悬诗

纳比埃·祖卜雅尼原名齐叶德·本·穆阿威叶·本·达巴卜·祖卜雅尼，由于他诗艺精湛而得此称号。[①]纳比埃出身祖卜延部落[②]，该部落的地盘从叶玛麦（今沙特纳季德地区）经过麦地那的古拉谷地，一直延伸至阿嘉和苏勒玛山脉（今沙特哈伊勒省）。

史书中并无对纳比埃早期生活的详细介绍，仅提及他在莱赫米国王努阿曼·本·蒙齐尔（النعمان بن المنذر）和迦萨尼国王哈雷斯·本·阿慕鲁（الحارث بن عمرو）两人的宫廷间奔走[③]，为他们歌功颂德以求得赏赐。纳比埃还是两国之间传递善意的使者。他歌颂和平，赞美智慧，呼吁化干戈为玉帛。

贾希利叶时期，由于一场打赌的赛马活动，阿卜斯和祖卜延两部落间爆发了大战，这次战争的名字“达希斯与艾卜拉之战”（حرب داحس والغبراء）（即赛马之战）就是这两匹马的名字。这两个部落本是同源，都是盖特凡（غطفان）大部落的重要分支，却陷入了这场持续了四十年的赛马之战。纳比埃似乎并没有见证此次战争的结束，因为他的作品中没有诗句表明他也见证了战争的终结。根据历史学家的研究，赛马之战终结于608年，纳比埃则逝世于约605年。

纳比埃成年后才开始作诗，这也是他被誉为“纳比埃”的一个原因。[④]古典文学批评著作将他称为最优秀的诗人（أشعر الشعراء）之一。

批评家伊本·萨拉姆·朱姆希[⑤]在《杰出诗人品级》一书中将贾希利叶时期的诗人分为十个等级，划分标准为诗歌创作水平、题材多样性和诗作数量。纳比埃·祖卜雅尼位列一等。

纳比埃的诗歌具有深刻的想象力、描写简洁明晰、语言铿锵有力、语调流畅，诠释了高尚的品格，因此，他的诗歌广为流传，备受其他诗人推崇。

---

① “纳比埃”一词原意为“出类拔萃的人”，诗人因其在诗歌上的成就而得此称号。（译者注）

② 祖卜延部落是盖特凡部落的分支，后者属于盖斯–姆德里–阿德南部落。

③ 莱赫米王国位于今伊拉克，迦萨尼国位于今沙姆地区。

④ 在《阿拉伯人之舌》字典中，“纳比埃”一词有“此前没有文学经历和背景，但写出的诗歌出类拔萃”之意。（لسان العرب: نَبَغَ الرجلُ ينبَغ ينبُغ نبْغا: لم يكن في إرثه الشِّعرُ ثم قال وأجادَ）（译者注）

⑤ 伊斯兰历232年（公元845年）逝世。

في النقد الأدبي العربي القديم، كان يُقال: «أشعرُ الشعراء النابغةُ إذا رهب». ومعنى ذلك أن شعر النابغة في لحظات الخوف والرهبة كان من أروع الشعر.

شعر النابغة حافلٌ بالمخاوف الإنسانيّة، فهو شاعرٌ حمل هموم قبيلته في مجتمع متنابذ، فرض على الشاعر الحكيم أن يعي توازنات الصراع، ويسخّر شعره للدفاع عن نفسه في وجه التُهم التي اتُهم بها، ولمناصرة قبيلته التي كانت ضحيةً من ضحايا ذلك الصراع.

ومعلَّقةُ النابغة التي بين أيدينا هنا شهادةٌ على ذلك العصر؛ فقد قالها مدافعاً عن نفسه بعد أن وضع بعض خصومه من بني قُريع شعراً خادشاً للحياء في المتجردة زوجة النعمان بن المنذر ونسبوه إليه.

تتكون المعلَّقة من تسعةٍ وأربعين بيتاً، وهي من البحر الشعري المعروف ببحر البسيط. بدأها الشاعر بالوقوف على أطلال الصاحبة كعادة الشاعر الجاهلي في مدائحه، ثمّ وصف الناقة، واعتذر في ختامها إلى النُّعمان من وشاية الوشاة التي باعدتْ بينه وبين بلاط الملك.

诗人们曾在欧卡兹集市（سوق عكاظ）[①]求见纳比埃，请他评价自己的诗歌。但是纳比埃这种崇高的地位也招致谗言和妒忌，一些自身技艺不精却嫉妒他人成就的人开始蓄意挑拨是非。

阿拉伯古代文学批评界有这么一句话："当纳比埃害怕时，他就是诗人之最。"意思是纳比埃在害怕与恐惧时写下的诗句最为出彩。

纳比埃的诗歌充满人性的恐惧，在斗争与冲突的时代，这位睿智的诗人审时度势，为自己的部落之忧而忧；他以诗歌为武器，当自己被诋毁时便自我捍卫，当部落在冲突中有难时便予以援助。

如今这首纳比埃的悬诗是时代的见证。古莱阿部落（بني قُريع）里几个与纳比埃结仇的仇家曾写了一首关于国王努阿曼·本·蒙齐尔的妻子穆苔杰丽黛（المتجردة）的诗歌，其中一些露骨描写有辱风化，他们谎称这首诗为纳比埃所作，因此他写下这首悬诗为自己辩护。

纳比埃的悬诗共49行，采用阿拉伯诗歌格律中的简律（بحر البسيط）。诗歌开头沿用了贾希利叶时期诗人常用的方式，即从驻足故人旧居遗址开始，继而描写骆驼，在诗歌末尾向努阿曼国王致歉，他解释是中伤者的谗言导致了诗人与国王的罅隙。

① 贾希利叶时期每年伊历十一月在欧卡兹地区（今哈伊勒）举办的贸易与文化集市，诗歌比赛是其中最为盛大的活动，著名的《悬诗》即出自这一赛事。几年前在沙特曾有过重启欧卡兹集市的活动，其间举办了夏日文化庆典，并给胜出的诗人和艺术家颁奖。

# اللوحة الأولى
## منازل الأحبّة جغرافيا الخراب

١. يا دارَ ميّةَ بالعلياءِ فالسّنَدِ　　أقوت، وطال عليها سالفُ الأمدِ

٢. وقفتُ فيها أُصيلاناً أُسائلُها　　عيّتْ جواباً، وما بالرّبعِ من أحدِ

٣. إلا الأواريَّ لأياً ما أبيّنُها　　والنّؤيُ كالحوضِ بالمظلُومةِ الجَلَدِ

٤. ردّت عليه أقاصيهِ ولبّدَهُ　　ضربُ الوليدةِ بالمِسحاةِ في الثّأدِ

٥. خلّتْ سبيلَ أتيٍّ كان يحبِسُهُ　　ورفّعتهُ إلى السّجفينِ فالنّضَدِ

## 第一幕

### 爱人之所废墟之地

1. 那山丘和高地上玛娅的家啊，
   它走过荏苒时光荒凉又空荡。
2. 我在傍晚时分伫立询问废墟，
   冷清无人的旧营地缄默不语。
3. 辨认良久残余痕迹方才清晰，
   唯剩下往日的拴马桩和水渠。
   排水沟渠曾沿毡房外围环绕，
   而今已成为硬土上的一道槽。
4. 从前有婢女执锄把水渠修葺，
   整补边缘再压实润湿的地面。
5. 彼时水渠曾被堵塞满是淤积，
   是那位婢女将它疏浚和清理。
   疏通的开阔水道朝毡房延展，
   几乎要触到家具和两扇门帘。

٦. أمسَت خلاءً وأمسى أهلُها احتملوا    أخنى عليها الذي أخنى على لُبَدِ

الدّارة هي بيت العُشّاق المفتوح في رحابة الصحراء؛ فعند نزول المطر تتوافد القبائل على مورد الماء، وعلى تلك الضفاف تنشأ علاقات عاطفيّة بين أبناء وبنات تلك القبائل، فيلتقي العاشق والمعشوق تحت ضوء القمر، يتبادلان أحاديث الغرام، وسيَر المحبّين، ويقوم الشاعر بسرد تلك الحكايات الجميلة، فتكون أغنية من أغاني الصحراء المتداولة التي لا يجد أقرب الناس ممن عاشها حرجاً من تردادها.

لكن ليالي الأنس لا تدوم، فييبس النبت، ويقل الماء تحت شمس الصحراء الحارقة، وساعتها ترحل الصاحبة مع القبيلة بحثاً عن الماء والعشب، فيأتي العاشق قبيل غروب الشمس باحثاً عن بقايا الذكريات، وعطر المكان، فلا يجد سوى آثار الحبيبة الرّاحلة، فيسأل الديار التي ارتفعت مكاناً ومكانة، في الجغرافيا وفي القلب، عن ميّة، الحبيبة الراحلة. ولكن الديار لا تجيب، فهي في صمتٍ مطبق، وكأنها تشاركه الشعور بفاجعة الرحيل، وتقاسمه لوعة الفراق.

مرابط الخيل، وحواجز الماء التي وضعت حول الخيام والأخبية هي كلّ ما تبقى من آثار ميّة. والنابغة حين جاء ذكر الماء في مطلع القصيدة، أغرق في الحديث عن تفاصيله، فالماء سر الحياة، وهو سبب حضور ميّة ورحيلها المفاجئ، وبقايا آثاره هي البقية الباقية من ذكراها الجميلة، فلم يبق من آثارها سوى تلك المصدّات الترابية التي وضعتها حول بيت الشعر كي لا تغمره المياه.

الماء هو إكسير الحياة الذي أحبّته، وخافت منه في آنٍ واحد. وحين يضيق المكان بالعاشق، ويسيطر الموت على منازل الأحبة يبدأ الشاعر بالتفكير في الهرب من الفاجعة، والبحث عن الحياة الجديدة، فيفك أغلال الزمان والمكان بالناقة التي يخترق بها آفاق الصحراء في محاولة يائسة للبحث عن لؤلؤة المستحيل التي غادرت المكان فسلبت منه كل مقومات الحياة، وفرضت على عاشقها الرحيل بحثاً عنها.

## 6. 人去房空的结局似鲁巴德鹰①，
## 旧地故居终抵不过岁月无情。

“场院”（الدارة）是广袤沙漠中恋人的住所。雨季到来时，部落纷纷临水源而居。水边也是浪漫情感生长的地方，恋人们月下相会，漫步水畔，传递爱的呓语。这些美丽的故事被诗人讲述，成为流传在沙漠之中的歌谣。经历过这种爱情故事的人自然会情不自禁地要将它反复吟唱。

然而温柔的夜晚总不能长久，花叶终将枯萎，炎炎烈日下的水流逐渐干涸。彼时，那位叫玛娅的女孩也将跟随自己的部落迁徙，寻找另一个水草丰茂之处。她的恋人在落日时分赶来，在她旧居的气味中找寻残存的记忆，然而剩下的只有人去房空的荒凉。旧居位于沙漠中的高地，这个地理位置上的高地在恋人心中也占据了情感的高地。他面对曾经的场院询问玛娅的去向，场院却不作回答，仿佛在沉寂的静默中同他一起感受恋人离去之忧伤、分别之苦痛。

玛娅往日家园残留的只有帐篷附近的拴马桩和水槽。纳比埃在诗歌开头详细刻画了水这一意象：水蕴含着生命的奥秘，水是玛娅定居此地的起因，也是她突然离去的理由。残存的水即是遗留的关于玛娅的记忆，她已远去无踪，只剩下毛毡房外她为了防水而用土筑的沟壕。

水是玛娅所喜爱的生命之源，但同时也令她感到畏惧。她离去后，旧居被死亡笼罩，显得如此逼仄，令诗人想要逃离这伤痛，去寻找新生命。他打破时间和地点的桎梏，骑着骆驼闯入无边的沙漠，像寻找一颗不存在的珍珠那般徒劳地寻找玛娅。他的生活因玛娅的离去而崩塌，因此不得不踏上寻觅她的旅程。

---

① 鲁巴德是古代国王鲁格曼·本·阿德荞的一只鹰的名字。传说这位国王有勇有谋，智慧无比，他曾祈求神赐予他永生，最后神给了他七只鹰的寿命，每当一只鹰死去，另一只便会续上，到第七只鹰死去之时，就是鲁格曼寿命终结之日。鲁格曼精心照料这些鹰，并因此而长寿。最终，当只剩下最后一只鹰时，鲁格曼将它命名为“鲁巴德”，因为该词的动词形式（لَبَدَ）意为“停留、居住、依附”，寓意为希望最后这只鹰能永远停留人间，永不离世。这个故事也是阿拉伯谚语“永恒比鲁巴德更长久”（طال الأبدُ على لُبَدِ）的由来，即人和动物都不是永恒的，时间终将抹去一切。（译者注）

## اللوحة الثانية
## الناقة ومعركة الحياة الناقة – البطل التراجيدي

٧. فعدِّ عمّا ترى إذ لا ارتجاعَ له ... وانمِ القُتُودَ على عَيرانَةٍ أُجُدِ

٨. مقذوفةٍ بدخيسِ النّحضِ بازِلُها ... له صريفٌ صريفُ القَعوِ بالمسدِ

حين وقف النابغة على جغرافيا الخراب بعد رحيل صاحبته ميّة، لم يجد بُدّاً من كسر العزلة بركوب ناقته. والشاعر العربي لا يكاد يرحل إلا على ناقة، يتفنّن في وصف قوتها، وشدّة احتمالها، ويشبهها بكائنات كثيرة منها: الثور والحمار الوحشي، والصقر والقطاة، والظليم (ذكر النعام)، ويدخلها في صراعٍ دامٍ.

في الغالب، تنتصر الناقة في هذا الصراع حين تكون القصيدة مديحاً، وتفقد حياتها حين تكون القصيدة رثاءً، وفق ما أدركه الناقد المعروف الجاحظ، وصدّقه استقراء النصوص.

هنا يحدّث النابغة نفسه بوجوب نسيان الماضي الأليم؛ لأنه مضى وانقضى، والتفكير في المستقبل، والبحث عن وسيلة للخروج من عالم يحيط به الموت من كل مكان، فلا سبيل له إلى تحقيق ذلك إلا بركوب الناقة، التي تشبه في نشاطها الحمار والثور الوحشيين. الحمار الذي يرد عرضاً من خلال تشبيه الناقة به (عيرانة) والثور الذي يخوض معركة دامية مع الصياد وكلابه الضارية.

## معركة الثور والكلاب

٩. كأنَّ رحلي وقد زال النّهارُ بنا ... يومَ الجليلِ على مُستأنِسٍ وحَدِ

## 第二幕

## 骆驼与生命之战骆驼——悲剧英雄

7. 别再为不复返的人徘徊流连，
　　且将鞍具抬起架在骆驼背脊，
　　这母驼好似野驴般敏捷强健。
8. 驼身膘肥体壮牙齿咯嘣作响，
　　仿佛绳子拉动转轮嘎吱嘹亮。

当纳比埃站在恋人玛娅遗弃的旧居前，他别无选择，只能骑上骆驼，打破这孤寂。几乎所有的阿拉伯诗人都是骑着母骆驼去旅行，他们工于描写母驼的力量和坚韧，将其比作许多其它动物，如公牛、野驴、老鹰、鸠鸽、公鸵鸟等，并描述母驼在血战中厮杀的场景。

阿拉伯古代著名批评家贾希兹认为，在赞颂诗中，母驼通常都会在冲突中获胜；若是悼亡诗，母驼则会殒命沙场。他的这一看法已被研究证实。

纳比埃在这里自言自语，告诉自己必须忘却过去的痛楚，因为时光一去不返，应该向前看，设法逃离这被死亡从四面八方包围的世界，而骑上他的母驼便是实现这一点的唯一方式，母驼犹如野驴般矫健有力，又好似一头强悍的公牛，与猎人及其凶残的猎狗激烈血战。

## 公牛与猎狗之战

9. 我们在正午经过一片稗草地，①
　　驼鞍就像放在机警野牛背上。

① 稗草：可作饲养牛羊马等动物的食料。（译者注）

١٠. من وحشِ وجرةَ موشيٍّ أكارِعُه   طاوي المصيرِ كسيفِ الصيقلِ الفَرِدِ

١١. أسرَتْ عليه من الجوزاءِ ساريةٌ   تُزجي الشمالَ عليه جامدَ البَرَدِ

١٢. فارتاعَ من صوتِ كَلاّبٍ فباتَ لهُ   طوعَ الشوامتِ من خوفٍ ومن صَرَدِ

١٣. فبثّهُنَّ عليهِ واستمرَّ به   صُمْعَ الكعوبِ بريئاتٍ من الحَرَدِ

١٤. وكان ضُمرانُ منه حيثُ يُوزِعُه   طعنَ المُعارِكِ عند المُحجَرِ النَّجُدِ

١٥. شكَّ الفريصةَ بالمِدرى فأنْفَذَها   طعنَ المُبيطِرِ إذ يَشفي من العضَدِ

١٦. كأنّه خارجاً من جنبِ صفحتِه   سفّودُ شَرْبٍ نسوهُ عند مُفتأدِ

١٧. فظلَّ يعجُمُ أعلى الرّوقِ مُنقبضاً   في حالكِ اللونِ صَدْقٍ غيرِ ذي أوَدِ

١٨. لمّا رأى واشِقٌ إقعاصَ صاحِبِه   ولا سبيلَ إلى عقلٍ ولا قَوَدِ

١٩. قالت له النّفسُ: إنّي لا أرى طمعاً   وإنّ مولاكَ لم يسلَمْ ولم يَصِدِ

شبّه النابغة ناقته بثورٍ وحشي وحيد من وحوش منطقة وجْرَة المعروفة بقوتها وجمالها وشدّة توحشها. الثور أبيض اللون ذو قوائم فيها نقطٌ وخطوط سوداء اللون. يلوح ناصع البياض كأنه

10. 野牛来自杳无人烟的瓦吉拉，
　　蹄黑腹瘦如同白刃闪烁银光。
11. 夜晚的暴雨云从双子座驰来，
　　北风狂啸裹挟着坚硬冰雹。
12. 猎人唤猎犬的声音令野牛胆战，
　　严寒与恐惧包围下彻夜未眠。
13. 猎人放犬攻击时它发狠扬蹄，
　　腿部肌肉强健蹄尖锋利无比。
14. 一只猎犬攻势猛烈陡然来袭，
　　好似战士驰骋沙场强劲刺敌。
15. 它扬起犄角将猎犬肩部刺穿，
　　如同兽医起刀利落割下溃烂。
16. 犄角扎进猎犬体侧刺透而出，
　　仿佛遗忘篝火旁的烤肉铁签。
17. 猎犬剧痛蜷缩仍紧咬犄角尖，
　　那犄角黑亮坚硬笔直无折弯。
18. 另一只猎犬见证了同伴之死，
　　方明白血镬不得偿复仇无望。
19. 它自言道：大势已去无力回天，
　　我的朋友①支撑不住没能脱险。

纳比埃将自己的母驼比作一头来自美丽壮阔的荒野瓦吉拉（وجْرَة）的野牛。它毛色雪白，四肢有点状和条状的黑色花纹；它白得发亮，好似一把闪

① 指死去的那只猎犬。（译者注）

السيف اللامع، ضامر البطن من شدّة الجوع.

يدنو الليل بهمومه، فينهال عليه المطر في ليلة شديدة البرد، فيلجأُ إلى الثور إلى شجرة يستظل بها من المطر، وفي العادة تكون شجرة الأرطى، ويقضي ليله خائفاً متوجساً، يعاني من الخوف والبرد الشديد والمطر المنهمر.

في الصباح الباكر يأتي صيّاد فيخيف هذا الثور الوحشيَ بكلابه، وهنا يجتمع له الخوف من المطر والبرد الشديد في الليل، والخوف من العدو في الصباح، وكأن الخوف يحيط به في كل زمانٍ ومكان، كما أحاط الخوف بالنابغة بسبب صاحبته ميّة ووشايات الوشاة التي لا تتوقف.

يدفع النابغة ناقته في الصحراء بحثاً عن أملٍ جديد، لحياة سعيدة. ولكن الشاعر وناقته وجدا ما هربا منه ماثلاً أمامهما، «فهل يأبقُ الإنسانُ من مُلْكِ ربِّـهِ ... فيهرب من أرضٍ لهُ وسماءِ»، كما قال أبو العلاء المعرّي.

أطلق الصيادُ كِـلابه على الثور فبدأت المعركة، فاعتمد الثور على قوائم صلبه، وبدأ يرفس بها الكلاب، والصياد يحثّ الكلاب على اللحاق به.

هنا يقترب منه أحد الكلاب (ضمران)، فينهال الثور عليه بقرونٍ سوداء مستقيمة حادة، لا عوج فيها، فيغرس قرنه في كتف الكلب، وينفذ طعنته فيه كما ينفذ الطبيب البيطري مشرطه في جسد البعير لاستئصال ورمه من جهة كتفه.

هنا يعلق الكلب في قرن الثور، وينطوي على نفسه من شدة الألم، ويظلّ يعضّ أعلى القرن محاولاً الإفلات منه، ولكنه لا ينجح، فيبدو وكأنه اللحمة المشويّة على حديدة شواء تركها أصحابها في موضع الشواء.

بعد تجاوز العقبات التي مرت بالنابغة وناقته، ينجح الشاعر في الخروج من دائرة العزلة، وجغرافيا الخراب، ومعركة الموت التي خاضها الثور منفرداً مع جمع من الكلاب الضارية؛ ليصل بناقته إلى الغاية التي ليس بعدها غاية، الممدوح المتفضل على الناس النعمان بن المنذر.

فهل سينتهي الخوف، ويشعر بالأمان في ظل البلاط؟

着银光的利剑，由于饥饿而肚皮干瘪。

寒夜降临，瓢泼大雨向他砸来，他带着牛来到沙拐枣树[①]下避雨，在恐惧和寒冷中伴着倾盆雨水担惊受怕地度过了一晚。

大清早，猎人带着猎犬到来，此时的牛刚在夜里经历了对严寒和冷雨的恐惧，又在清晨受到猎犬的惊吓，好像这恐惧无时无处不在。而纳比埃也同样被恐惧包围，他既怕与恋人分别，也怕那不休不止的谗言和离间。

纳比埃骑着他的母驼在沙漠中找寻新的希望和幸福生活，却发现他所恐惧的偏偏就出现在他的眼前，正如诗人阿布·阿拉·麦阿里所言：

凡人怎能摆脱命运安排，

　　岂可逃离天地束缚主宰。

那猎人放出猎犬撕咬诗人的牛，开启了一场大战。牛用自己坚硬的蹄子猛踢猎狗，猎狗也在猎人的喝令下对牛穷追不舍。

其中一只猎狗靠近了牛，牛猛一冲刺，将笔直漆黑又锋利的犄角刺入了狗的肩部，这穿刺之利落，好像兽医用他锋利的手术刀割除了骆驼前腿的脓肿。

这只猎狗就这样被悬挂在牛的犄角上，疼得身子都蜷缩了起来，但它还在撕咬着牛角，徒劳地挣扎，试图从上面挣脱。此时的猎狗看上去就像一块穿在铁签上的烤肉，被丢在那里无人问津。

诗人最终走出了这荒芜和废墟，孤身与一群凶残的猎犬厮杀的野牛在血战中获胜。诗人和母驼最终得以脱险，到达旅途的终点，见到了本诗的歌颂对象——被众人景仰的努阿曼·本·蒙齐尔国王。

那么恐惧会不会消散，身处宫廷的诗人能否最终感到心安?

① 沙拐枣树（Calligonum），一种沙漠灌木，枝条茂密且曲折。（译者注）

## اللوحة الثالثة
# مرافعة متهم في بلاط ملك النعمان بن المنذر

٢٠. فتلك تُبلِغُني النُّعمانَ إنّ لهُ ... فضلاً على الناس في الأدنى وفي البَعَدِ

٢١. ولا أرى فاعلاً في الناس يُشبهه ... ولا أُحاشي من الأقوام من أحدِ

٢٢. إلا سليمانَ إذ قال الإلهُ له ... قم في البريّةِ فاحدُدْها عن الفَنَدِ

٢٣. وخيّسِ الجنَّ إنّي قد أذِنتُ لهم ... يبنونَ تدمُرَ بالصُّفّاحِ والعَمَدِ

٢٤. فمن أطاعكَ فانفعهُ بطاعته ... كما أطاعك وادلُلْهُ على الرّشَدِ

٢٥. ومن عصاكَ فعاقِبْهُ مُعاقبَةً ... تَنهى الظَّلومَ ولا تقعُد على ضَمَدِ

٢٦. إلا لمِثلِكَ أو من أنتَ سابقُهُ ... سبقَ الجوادِ إذا استولى على الأمدِ

٢٧. أعطى لفارهةٍ حُلوٍ توابعُها ... من المواهب لا تُعطى على نكدِ

## 第三幕
## 被控告者在国王努阿曼·本·蒙齐尔宫廷的辩解

20. 这只母驼载我到努阿曼面前，
　　他的福德恩善泽被苍生近远。
21. 我未见过任何人可与他媲美，
　　在这世间众生之中无一例外。
22. 除了苏莱曼，主曾经对他讲：
　　统领世人吧，谨防他们误入迷途。
23. 驯服精灵吧，我已应允了他们，
　　以巨石和岩柱建造台德穆尔[1]。
24. 听命于你者，适度奖励他的顺服，
　　将他指引并带领他走上正路。
25. 忤逆冒犯者，予以惩罚以儆效尤，
　　但是切忌心存怨恨挟冤记仇。
26. 唯一例外是能与你匹敌之人，
　　像赛马冠军与亚军不分伯仲。
27. 我从未见过有谁比他更慷慨，
　　良种骆驼诚心无悔频频赐赠。

① 台德穆尔古国，又名帕尔米拉，遗址位于叙利亚首都大马士革北部。（译者注）

٢٨. الـواهـبَ الـمـائة الـمِعكاءَ زيّـنَـهـا　　سـعـدانُ تُـوضِـحَ في أوبـارِها الـلِّبَـدِ

٢٩. والأُدْمُ قـد خـيّـسَـت فُـتْـلاً مَـرافِـقُـها　　مـشـدودةٍ بـرحـالِ الـحِـيـرةِ الـجُـدُدِ

٣٠. والـراكـضـاتِ ذيـولَ الـرَّيْـطِ فـانَـقَـهـا　　بـردُ الـهـواجـرِ كـالـغِـزلانِ بـالـجَـرَدِ

٣١. والـخـيـلَ تـمـزعُ غـرْباً في أعـنّـتِـهـا　　كـالـطـير تـنـجو من الـشُّـؤبـوبِ ذي الـبـرَدِ

بعد أن كسر النابغة دائرة العزلة، وتجاوز ضيق الزمان والمكان بناقته التي ظهرت في قوتها وكأنها الثور الوحشي الأبيض الذي يبرق كالسيف، ويخوض منفرداً معركة الحياة، وينتصر على الصياد وكلابه، الذين أرادوا أن يقيموا وجودهم على رفاته، بلغ بتلك الناقة غايته، ووصل إلى مأمنه، النعمان بن المنذر.

لكنّ الخوف ظلّ ملازماً له، فهو يهرب من خوف إلى خوف، خاف من فراق الصاحبة، فركب ناقته القوية التي تشبه في قوتها الثور الوحشي، وخلال الرحلة يظهر الخوف في معركة الثور مع الصياد وكلابه التي ينتصر فيها الثور منفرداً على جماعة الأعداء.

وهنا يصل أخيراً إلى النعمان، وهو الملجأ والملاذ، ولكنّ الخوف يترصده، فكأن معركة الثور المنفرد مع الصياد وكلابه هي معركة النابغة مع الوشاة وأحقادهم الدفينة، ووشاياتهم الخاسرة. ولكن كما انتصر الثور سينتصر النابغة على الوشايات والأكاذيب.

لقد وشى به رجال من بني قريع إلى النعمان بن المنذر، ودسّوا عليه شعراً فاحشاً في المتجرّدة زوجة النعمان، لا يليق بالنابغة، ولا بزوجة ملك من ملوك العرب، [وفي ذلك أقوال كثيرة عند رواة الشعر وأخبار الشعراء].

28. 百匹骆驼健硕无比鬃毛浓密，
图堤哈的萨阿丹草①将其养育。
29. 骆驼纯白如雪四肢修长匀称，
已配上希拉城造的崭新鞍具。
30. 年轻婢女身着长袍轻踩裙摆，
酷暑凉荫里摇曳生姿好自在。
她们婀娜摇摆美貌一览无遗，
像开阔土地上的羚羊无遮蔽。
31. 骏马良驹带着缰绳奋力疾驰，
如同飞鸟在冰雹暴雨中惊起。

纳比埃和他的母驼一起脱离了困境，冲破了时间和空间的挤压。他的骆驼健硕有力，如同一只雪白的野公牛，如利剑般耀眼。它孤身奋战，为生存而搏斗，打败了想要将它撕成碎片的猎人和猎犬。诗人最终和骆驼一起安全抵达了目的地，到了国王努阿曼·本·蒙齐尔那里。

然而，恐惧依然追随着他。纳比埃从一种恐惧中逃脱，又进入了另一种恐惧。曾经，他害怕与恋人分别，所以骑上那如同野牛般健硕的母驼。在旅途中，他的恐惧又源于野牛要独自与猎人及其一群猎犬鏖战，所幸公牛以一胜多，最终得以胜利杀敌。

如今，诗人终于见到国王努阿曼。这里本该是令他感到安全的庇护处，但恐惧却一刻不离：野牛独自与猎人及其猎犬的那场激战仿佛变成了纳比埃与那些中伤者的战斗——与他们暗藏的恶意和谗言诽谤的战斗。正如野牛取得战争的胜利那样，纳比埃也终将战胜谗言和谎话。

一些古莱阿部落的人在国王努阿曼面前诽谤纳比埃。他们作了一首关于国王的妻子穆苔杰丽黛的露骨诗歌，并谎称此诗为纳比埃所写。这首诗与纳比埃以及任何一个王后的身份都不匹配。（关于这件事，在有关诗人和诗歌

① 萨阿丹（سعدان）草，国王养的骆驼吃的一种草，使骆驼长得健壮。

لذلك بدأ النابغة مدحه بالارتفاع بالنعمان عن النقائص، ورفعه إلى درجة من الكمال البشري لا يبلغها إلا الأنبياء، وإنما فعل ذلك، ليستلّ غضبه، ويأمن عقوبته، فمن كان بهذه المنزلة، لن ينحطّ في سلوكه، فيدين متهماً بريئاً.

إن منزلة النعمان بن المنذر التي بلغها، كما يصوّرها النابغة هنا، لم يبلغها أحدٌ إلا سليمان بن داوود عليه السلام، الذي أرسله الله ليرسي قواعد العدل، فآتاه مُلكاً لا ينبغي لأحد من بعده، وسخرّ له ملوك الجنّ، يبنون له مدينة تدمر، بالحجارة العريضة، وأعمدة الرخام، وأمره أن ينفع من أطاعه، ويضرّ من عصاه ضرراً، يرتدع به من تسوّل له نفسه بالظلم والعدوان.

هذا الملك العادل، ملكٌ كريم، يعطي عطاء من لا يخشى الفقر، بنفسٍ راضية. إنه يهب خيار الإبل البيض بالمئات، محملة بالرزق الوفير، ومصحوبة بالجواري اللائي يتبخترن في ملابسهنّ البيضاء، كأنهنّ في جمالهنّ الغزلان التي تظهر في أرضٍ منبسطة، لا يحول بينهنّ وبين الناظر إليهنّ حائل، والخيل التي تعدو مسرعة تحت وابل المطر المصحوب بالبرد.

لقد أغدق النعمان على النابغة المال، حتى قيل: إن النابغة كانت أوانيه من الذهب والفضة، وهذا النعيم الذي عاشه في كنف الملوك، أغاظ الحسّاد وألّبهم عليه، فتجنّوا عليه ورموه بما رموه من التهم.

## زرقاء اليمامة

٣٢. احكم كحكمِ فتـاةِ الحيّ إذ نظرت　　إلى حمـامِ شـراعٍ واردِ الثّمَـدِ

٣٣. يحُفُّه جـانبا نِيقٍ ويتبعُـهُ　　مثلَ الزُّجاجةِ لم تُكْحَل من الرّمدِ

的记载中能找到许多说法。）

因此，纳比埃作诗来歌颂努阿曼国王，讴歌他的完美无瑕，将他抬到只有先知才具有的完人高度。只有这样，才能令国王平息愤怒，收回他的惩罚，因为地位如此崇高的人绝不会做出不符合自己身份的举动，不能冤枉清白之人。

在纳比埃的诗句中，努阿曼国王的地位无人能及，唯一的例外是先知苏莱曼。上帝派苏莱曼来人间建立正义的秩序，赋予他无可匹敌的权力，并令精灵听命于他，用巨石和大理石柱为他建造台德穆尔城。上帝还令苏莱曼赏赐服从者，惩罚反抗者，以儆效尤，告诫那些自以为可以为所欲为、欺侮和伤害他人的人。

这位正义的国王，也是一名慷慨的君主。他真心实意地赠予，不计得失。他赠出几百头白驼，驼背上载着丰厚的赏赐品，还跟着一群婢女，她们身着白袍，步伐姿态充满骄矜，这些美丽的婢女好似一群羚羊行走在没长植物的平坦大地上，因为没有任何遮挡，她们的美清晰可见。国王还赏赐了马群，这些马儿在冰雹冷雨中飞奔疾驰。

纳比埃得到了努阿曼国王的重金赏赐，据说他的碗、盘都是金子和银子做的。纳比埃从国王那里得到的恩赐和奖赏令人眼红和愤懑，所以这些人开始对付纳比埃，恶意诽谤和中伤他。

## 扎尔嘎·叶玛麦

32. 你应像那位女子①般明察洞悉，
    她看见寻水鸽群向池塘飞去。
33. 双眼追随着鸽子在山间穿行，
    未着妆墨的眼睛清澈似琉璃。

① 这位女子名叫“扎尔嘎·叶玛麦”（زرقاء اليمامة），“扎尔嘎”在阿拉伯语里是“蓝色”的意思，扎尔嘎·叶玛麦就是来自叶玛麦这个地方的一位蓝眼睛的女子，传说她有千里眼，能未卜先知。扎尔嘎所在部落的敌人为了躲避她的视线，用树枝伪装自己，准备偷袭。但扎尔嘎还是看见了他们，她告诉自己的族人说，她看见树木在朝着自己部落的方向移动，大家不相信，反而嘲笑她。最后敌人偷袭成功，杀害了部落所有人，也杀掉了扎尔嘎。他们将扎尔嘎的双眼挖出，发现里面全是黑色的锑粉，这种锑粉就是过去阿拉伯人从锑石里提炼出来的黑粉，用来当成眼线涂抹。阿拉伯谚语“比扎尔嘎更有洞察力”（أبصر من الزرقاء）就是源于扎尔嘎·叶玛麦的故事。（译者注）

٣٤. قــالت: ألا لـيـتَما هذا الحمـامُ لنا    إلى حـمـامـتـنـا ونـصـفُـه فَـقَـدِ
٣٥. فـحسّبـوه فـألـفـوه كما حسَبَـت    تـسعــاً وتسعين لم تَنقُص ولم تَـزدِ
٣٦. فـكـمّـلـت مـــائـةً فـيـهـا حـمـامـتُـهـا    وأسرعت حِسبـةً في ذلـك الـعـدَدِ

مع ثقة النابغة بعدالة النعمان، فإنه يكرر الطلب له أن يحكم فيه حكماً عادلاً، وأن يكون بعيد النظر، وهنا يستحضر قصة زرقاء اليمامة التي كانت نموذجاً في الفراسة وبعُد النظر، فيذكر قصة الحمام (رمز السلام) الذي مرّ بها، وكان لها قطاة (والعرب تسمي القطاة حمامة في الشعر الجاهلي) فقالت: ليت لي مثل هذا الحمام، ونصفه، إلى حمامتي، فيكون معي مائة حمامة، فشاء الله أن يقع هذا القطا في شَرَك صياد، فيعدّه فيجده ستاً وستين قطاة.

إن استحضار زرقاء اليمامة لا يتوقف عند قصتها مع الحمام، فقد كانت تحذر قومها من العدو، فقد جمعت بين قوة البصر والبصيرة، وهو ما يريد النابغةُ أن يُذكّرَ به النعمانَ، فهو يحذره من العدو المتربص، وهم بنو قريع، الذين وشوا به إلى النعمان، ووضعوا الشعر الفاحش على لسانه.

## الوشاية

٣٧. فـلا لعـمـرُ الـذي مسّحتُ كعبَتَـه    وما هُـريـقَ على الأنصـابِ من جسَدِ
٣٨. والمـؤمن الـعـائـذاتِ الطيـرِ يمسحُها    رُكبـانُ مكـةَ بين الغَـيلِ والسـعَـدِ

34. 她说：天上这些鸽群的数目再加半，
和我自己的鸽子刚好凑一起。
35. 他们将数量计算，正如她所言，
一共九十九只鸽子准确无比。
36. 再加上她的鸽子恰好是一百，
这位女子计算数目如此之快。

虽然纳比埃相信努阿曼国王是公正的，但他依然不断请求国王一定要有远见卓识，作出公正的裁决。纳比埃在这里提到扎尔嘎·叶玛麦的故事。扎尔嘎这个人物代表着远见和敏锐的洞察力。纳比埃提到扎尔嘎与鸽子的故事（鸽子是和平的象征）：一群鸽子从扎尔嘎头顶飞过，她自己也有一只鸠（在贾希利叶诗歌中，阿拉伯人将鸠都称作鸽子），她便说道："如果给我天上的这些鸽子，再加上它的一半，那么算上我自己的一只鸽子，我一共就有一百只鸽子了。"碰巧她的那只鸠鸟落入了猎人的陷阱，猎人一数，正好是六十六只。

纳比埃提到扎尔嘎·叶玛麦，不只是想引出她与鸽子的故事，她还曾向自己的族人报告敌人来袭。这位女子不仅在视力上眼观千里，在思想上也高瞻远瞩。这也是纳比埃想要暗示努阿曼国王的。他提醒国王，有来自古莱阿部落的敌人在暗中潜伏，他们在国王面前进谗言，还作露骨的诗歌诬陷纳比埃。

## 诽谤

37. 不！我曾经抚摩他的天房克尔白，
我以他的生命为名立下誓言，
以溅洒神坛的祭品之血起誓。
38. 以那鸟儿的守护者之名起誓，
它们朝着圣地飞来寻求庇护，

٣٩. مـا قلتُ من سيءٍ ممـا أُتيتُ بـه　　إذاً فـلا رفعـت سـوطي إليّ يـدي
٤٠. إلا مقـالةَ أقـوامٍ شَقيتُ بهـا　　كـانت مقـالتُهم قـرعاً عـلى الـكبِدِ
٤١. أُنبئتُ أنّ أبـا قابـوسَ أوعـدني　　ولا قـرارَ عـلى زأرٍ مـن الأسـدِ
٤٢. مَهـلاً فـداءً لك الأقـوامُ كُلُّهُمُ　　ومـا أُثـمِّرُ من مـالٍ ولا ولـدِ
٤٣. لا تـقـذِفَنّي بـرُكـنٍ لا كِفـاءَ لـه　　وإن تـأثّـفَـكَ الأعـداءُ بـالـرّفَـدِ
٤٤. فمـا الفُـراتُ إذا هـبَّ الريـاحُ لـه　　تـرمي غـوارِبَه العِبْرَيـنِ بـالـزّبَـدِ
٤٥. يمُـدُّهُ كُـلُّ وادٍ مُتـرَعٍ لَجِـبٍ　　فيـه رُكـامٌ من اليـنبـوتِ والخَضَـدِ
٤٦. يظلُّ من خـوفِه المـلّاحُ مُعتصِماً　　بالخيـزُرانـةِ بعـد الأيـنِ والنَّجَـدِ
٤٧. يـومـاً بأجـودَ منه سيبَ نـافلـةٍ　　ولا يـحـولُ عـطاءُ اليـومِ دونَ غـدِ
٤٨. هـذا الثنـاءُ فإن تسـمعْ بـه حسَـناً　　فلـم أُعـرِّضْ . أبيتَ اللعنَ . بـالـصّفَـدِ

在盖伊尔和萨阿德[1]的密林间，
麦加的旅人不曾将鸟儿惊扰。
39. 那些恶毒言语绝非出自我口，
此话若假，双手永远无法扬鞭。
40. 他们的谗言佞语令我受折磨，
他们的诽谤中伤刺穿我心肝。
41. 惊闻得阿布·卡布斯迁怒于我，
仿佛雄狮嘶吼令人心惊胆战。
42. 且慢！愿所有族人都将生命献予你，
亦奉上我的钱财和子孙后代。
43. 请君息怒！你的气魄威力天下无人可敌，
是我的仇家进谗言沆瀣一气。
44. 狂风卷浪翻腾着幼发拉底河，
波涛拍打河岸激起澎湃白沫。
45. 山谷滔天之水奔涌飞流而来，
咆哮直下一路席卷枯枝落叶。
46. 水手胆寒心怯牢牢抓住船舵，
他已精疲力竭饱受恐惧折磨。
47. 君主赏赐礼豪比河流还澎湃，
今日之馈赠不妨碍明日慷慨。
48. 这首赞歌你若听来清耳悦心，
我也绝非为求犒劳赏赐而作。

① 盖伊尔和萨阿德：位于沙特阿拉伯麦加和米纳之间的两个地方。亦有说法认为是茂密的树木或者水源。

٤٩. هـــا إنّ ذي عِــذرَةٌ إلا تــكُـن نفـعَـتْ     فإنّ صــاحــبَـــها مُـشـاركُ الـنّـكَـدِ

بعد أن وقف مادحاً النعمان، ومسبغاً عليه الكثير من صفات النبل والفروسية، وطالباً منه العدالة، والحذر من كيد الأعداء، يختم النابغة القصيدة مقسماً بالله، وبما أُريق على الأنصاب من نُسك، وبمن أمَّن الطير في مكة من الخوف، أنّ ما بلغ النعمان عنه كذب وبهتان، ويدعو على نفسه إن كان كاذباً بشلل يده.

وهنا يظهر الأثر النفسي الذي أحدثته هذه الفرية عليه، ويعترف بخوفه مما وصل إليه من أنباء عن وعيد النعمان له، ويكرر طلبه للنعمان ألَّا يبتليه بنفسه، وألَّا يستمع إلى الوشاة الذين التفوا حوله.

ويعود إلى عالم النعمان الوارف بالمروءة والكرم، فيعقد بينه وبين نهر الفرات مشابهة يظهر فيها النعمان أكثر جوداً من هذا النهر العظيم، الذي تتلاطم أمواجه، فيظهر الزبد على ضفتيه من مدّ أمواجه، والأودية تمدّه بالماء، فيظلّ قائد السفينة فيه خائفاً يترقب، معتصماً بمِقْوَدِ السفينة، يبحث عن النجاة في هذا اليمّ العاصف.

ويؤكد النابغة أن هذه القصيدة المادحة ليست تكسُّبَ مادحٍ يريد المقابل المادي، ولكنها مرافعة مظلوم، يأمل أن يكون قد نجح في مرافعته، فأقنعت حججه النعمان، وألَّا يكون محامياً فاشلاً لقضية عادلة.

النابغة مفتونٌ بالبياض الذي يحيط بالكائنات منذ أن ركب ناقته؛ فالثور أبيض كالسيف اللامع، والإبل بيضاء في قمة الحيوية والنشاط، والجواري يتبخترن في ملاحفهنّ البيضاء، والخيل تعدو تحت المطر وحبات البرد البيضاء، والحمام أبيض، والفرات يقذف بالزبد الأبيض، وكأن النابغة من وراء هذا البياض يرفع راية السلام، أو كأنه يعبّر عن نقاء سريرته، وبياض سيرته، ووضوح براءته ويريد من النعمان أن يتبين هذا الوضوح من وراء كلمات اللغة.

في رحلة النابغة في هذا العالم الذي يلفه الخوف، لا تكشف القصيدة عن نهايتها، فهي نهاية مفتوحة. إنها رحلة الإنسان في هذه الحياة خلف أمانيه، مصحوباً بالخوف والأمل، وفي هذا التدافع تكمن لذة الحياة، فلا الإنسان بلغ مأمنه، ولا أراح نفسه من عناء الرحيل.

بهذه الشاعرية الرائعة نجح النابغة في تحويل الموقف الخاص بينه وبين النعمان إلى موقف

——愿你弃绝诅咒①

49. 这场道歉若是枉然徒劳无功，
则是诗人流年不利运蹇时低。

纳比埃歌颂努阿曼国王，极尽赞美之词，描述国王的慷慨、尊贵和英勇，请他做出公正裁决，并警惕小人的阴谋。在诗歌结尾处，纳比埃以神之名、以血洒神坛的祭品之名、以庇佑麦加鸟儿的神祇之名对天发誓说，国王听到的关于纳比埃的传言都是谎话和诽谤。他还赌咒道，若是自己说谎，双手立刻瘫痪。

这些谗言给纳比埃带来的心理影响也在诗句中体现出来。他披露当自己从人们口中得知努阿曼国王的威胁时，他内心感到恐惧，因此再三恳求国王别对他发威动怒，不要听信周围小人的谗言。

纳比埃称赞努阿曼国王的慷慨大方和豪侠之气，将他与幼发拉底河相比拟。这条雄伟的河流，波浪滔天，在两岸激起泡沫，山谷的溪流汇聚至幼发拉底河，带来更多的水流。此景令舵手心惊胆战，他掌着舵盘，在这翻腾的巨流中小心翼翼地航行。而在纳比埃的笔下，努阿曼国王比幼发拉底河还要更加慷慨豪爽。

纳比埃强调说，这首赞颂诗并非为了求得物质回报而作，而是一位被告的辩解。他希望能够辩解成功，希望自己的陈述能够说服国王，否则，他就成了一名败诉的律师，无法保护蒙冤的被告。

纳比埃从骑上母驼的那一刻起，就陶醉在天地间的那抹白色里，白色的公牛好似白光闪烁的利剑，白骆驼充满蓬勃的活力，婢女们身着白袍，步姿摇曳，马儿在裹挟着白色冰雹的雨水中飞驰，白色的鸽子在空中飞翔，幼发拉底河掀起白色的泡沫，纳比埃仿佛要用这些白色竖起一面象征和平的旗帜，又好像在映射着自己纯洁的灵魂、无瑕的人生和清白的言行，他希望努阿曼国王能辨认出这言语背后蕴藏的洁白无瑕。

纳比埃这段被恐惧包围的旅程结局如何，我们不得而知，但诗给出了开

① 古时问候和祝福国王的话语，赞扬国王的伟大和高尚品格，因为伟人不会做出任何导致自己遭人抨击和诅咒的事情。（译者注）

إنساني عام، يتكرر كل يوم بين الصديق وصديقه بسبب وشايات الحساد، ولأننا نجد في هذا الشعر ما نشعر به من مكابدات فإنه يظل حيّاً في القلوب وعلى الألسنة لغةً لا تموت.

放式的结尾。这是一个人在世间同时兼有希望与恐惧的旅程，而生活的妙处就蕴藏在这冲突之中，人永远无法到达安全的港湾，无法摆脱旅途的困顿。

通过这首绝妙的诗，纳比埃将自己与努阿曼国王的私人经历转化成人类的共同体验，因嫉妒者挑拨离间而疏远的朋友之间每天都在上演着类似的场景。正因为我们在本诗中品尝到了困苦与艰难，这首诗才能永远活在人们的心里，被永世传唱。

# 纳比埃·祖卜雅尼悬诗解读

由于早期阿拉伯文学的口头性质，其源头难以考证，流传至今最古老的阿拉伯诗歌已经具有非常成熟的结构模式和完善的格律规则。贾希利叶时期流行的长诗（قصيدة）通常分为三部分：1.起兴（نسيب）：诗人站在旧居废墟前回忆过去与恋人的美好时光，哀叹流泪；2.旅行：诗人骑着骆驼在沙漠中前进，与荒野中的危险搏斗；3. 主旨：这一部分进入诗歌真正的主题，通常有赞颂、矜夸、讽刺、悼亡等类型。这三个部分看似主题各异，实则相互关联，融合进诗歌的整体故事情节里，形成贾希利叶时期长诗的基本构架。

纳比埃·祖卜雅尼的悬诗就是一首标准的“三段式”古典长诗：诗人从告别被风沙掩埋的破败旧居开始，一路远游，在沙漠中与野兽厮杀，最终得以从危险中脱身，从荒野回归社会，来到国王面前。从移动性（mobility）的角度来看，纳比埃此次跨越广阔地理空间的游历也伴随着他社会地位的变化。和单纯的运动或位移相比，移动在“社会、文化和政治的综合背景下”产生，移动是承载意义的运动，被赋予更加丰富的象征意义和内涵，“被解读为移动的人几乎总是在一定的社会规范、行为守则、信仰系统和意识形态范围内进行活动。”[①]移动性不只涉及人的移动，还囊括物体、信息、文化、身份、阶层等一系列移动概念之间的复杂关系。关注纳比埃在这首悬诗中从起点至终点的路线及过程，“探讨这条线上的内容，揭开它所承载的意义或权力关系”[②]，将有助于我们结合贾希利叶时期的社会和历史语境来理解古代长诗的结构与内容。

纳比埃擅长创作诗歌，技艺精湛，深得莱赫米国王努阿曼·本·蒙齐尔的欢心，时常被国王赏赐。据说纳比埃的仇人嫉妒他的名声和地位，想要写

① ［英］彼得·阿迪：《移动性》，戴特奇译，北京师范大学出版社，2020年，第35–36页。
② 张杰：《移动性》，《外国文学》2021（5），第118–130页。

诗陷害纳比埃。他们写了一首诗并谎称该诗是纳比埃所作，诗中有几句关于国王的妻子穆苔杰丽黛的露骨描写，这令国王勃然大怒。为了避免被处死，纳比埃从莱赫米王国逃到了迦萨尼王国，但他依然渴望回到努阿曼身边，于是写下这首诗向努阿曼国王表达自己的歉意，祈求原谅。

## 一、缅怀废墟（1–6行）

诗歌开头以呼唤虚词引出往日恋人玛娅的旧居，奠定了悲凉的情感基调。纳比埃伫立废墟前询问玛娅的近况，他的问题被湮没在旧日毡房的废墟残迹里，无人回应：

那山丘和高地上玛娅的家啊，
　　它走过荏苒时光荒凉又空荡。
我在傍晚时分伫立询问废墟，
　　冷清无人的旧营地缄默不语。[①]

贾希利叶时期的阿拉伯游牧民族“长期在沙漠、旷野上过着逐水草而居”[②]的生活，季节性的、周而复始的迁徙让人们接触到洁净的水源和用以放牧的茂盛草场，给各部落提供了聚集和交流的契机，成就了一段段浪漫的情缘。可一旦资源耗尽，部落就要搬迁到另一处有水源的地方，所以许多爱情故事都难以长久，随着部落的离开而中止。频繁的相遇和告别、旅途中的风险和不确定性、目的地的丰美水草和优渥生活，这些因素共同构建了游牧民族对身份和归属的感知。抵达目的地的圆满与朝向安栖和稳定生活的移动过程共同在这种周期性的重复中获得意义，并通过诗人和传诗者的吟唱流传。诗歌中回荡着对永恒的向往，对稳固的追求。

诗歌的第一部分诠释出“社会空间中‘地方’”的“饱富情感、意义丰沛”[③]。从乌姆鲁勒·盖斯吟出“止步吧，让我们哭泣，以纪念情人和故居！

① 见本书，第529页。
② 仲跻昆：《阿拉伯文学通史》（上卷），译林出版社，2010年，第48页。
③ 刘英：《流动性研究:文学空间研究的新方向》，《外国文学研究》2020（2）：第26–38页。

在德胡勒和豪迈勒之间沙石渐少之地”[①]开始，这种方式被许多古代诗人沿用，旧居废墟成为引发诗人们回忆往昔的“触发器”。他们返回旧日恋人曾经居住但现已空无一人的住所，让伴随着废墟一同被时光湮灭的情感经历在诗歌的流传中获得永生，也在读者/听众心中唤起因离别而伤感失落的情感。游牧生活里的住所其实就是帐篷或毡房，当部落赶着骆驼迁走，遗留的废墟甚至不是放眼望去即可辨认的残垣断壁，而仅仅是扎帐篷的地基和一些微弱痕迹，因此当纳比埃试图通过身体返回旧地的移动来唤醒精神上对过去美好时光的记忆时，他要辨认许久才能找到这片废墟：

辨认良久残余痕迹方才清晰，
　　唯剩下往日的拴马桩和水渠。
排水沟渠曾沿毡房外围环绕，
　　而今已成为硬土上的一道槽。[②]

“地方标记（路标、树木、交通工具、天气状况）与记忆的共存是一种理解人与地方，尤其是与我们所爱的人（和地方）之间生动联系的方式。”[③]在纳比埃的这首悬诗里，这些标记以扎帐篷留下的痕迹、拴马桩、排水沟渠等形式存在，它们不只是对场景的观察和细描，而是通过与人、与地方的关联抵挡无情的岁月，寄放和依托情感。这也是为什么一代代诗人都要重返旧地凭吊废墟，不断重复使用这些表示地方标志的词汇。在物质和情感都难以长存的流离生活中，这些地方标记在风沙和暴雨的考验中幸存，成为游牧民族集体潜意识中对稳定和安栖的向往和表达。

从另一个角度看，纳比埃与玛娅曾经的美好时光也可视为他在努阿曼国王的庇护下度过的优渥安稳的生活。如今他遭人所害，往日的恬逸就如同玛娅的旧居一般，只留下一些微弱的难以辨认的痕迹。纳比埃在诗歌第一部分的最后一句感叹道：

---

① 见本书，第17页。

② 见本书，第529页。

③ Lynne Pearce, Mobility, *Memory and the Lifecourse in Twentieth-Century Literature and Culture*. London: Palgrave, 2019.p.36.（译文由本文作者译出）

人去房空的结局似鲁巴德鹰，
　　旧地故居终抵不过岁月无情。①

鲁巴德鹰是古代传说里一种长寿的鸟，然而不管鲁巴德的寿命再如何长久，也抵挡不过岁月不停息的流逝。时间终将抹去一切，把曾经围绕毡房的排水沟渠变成一条干涸的坚硬土槽，让玛娅往日的家园在时光荏苒中走向荒芜。纳比埃无力与时光的无情抗衡，他只能眼睁睁地看着曾经的安定生活、财富、社会地位都随着努阿曼国王的态度转变离他而去，如今人去房空，凄凉的现状好似沙丘里被岁月掩埋的废墟。然而正如这一段细致描写的景物所暗示的那样，纳比埃对往日的欢乐场景依然难以忘怀，他在不断往返重复的游牧生活中重游故地（不论是真实的地理移动还是文本中具有象征意义的虚构情节），使记忆在诗歌中固定和永存。恋旧的情感在这种重复中得到加强的同时，诗人对安栖和稳固的渴望也更加强烈。旅行是游牧民族生活中不可分割的一部分，与这种移动性相联结的体验、感觉和情绪反映出诗歌的价值观，诗人们哀叹游牧生活中事物的转瞬即逝，追求归属感，渴望人与人之间恒久的情感关系。在这场身体或诗歌的旅程中，纳比埃终将告别废墟，踏入下一个阶段，朝着他所追求的真正稳固的中心前进。

## 二、荒野搏斗（7–19行）

当纳比埃被优渥的生活抛弃后，他别无选择，只能将自己放逐。他似乎不想让自己重温旧梦，总是沉浸在伤感的回忆中，倒不如洒脱一些，骑上骆驼向大漠深处走去：

别再为不复返的人徘徊流连，
　　且将鞍具抬起架在骆驼背脊。②

这一句与前文截然不同的坚定语气标志着这首悬诗新一部分的开始。命令式动词“عَدِّ”的意思是“离开、远离、放弃”，纳比埃想要翻开人生新的

① 见本书，第531页。
② 见本书，第533页。

一页，试图用这一命令式动词说服自己，别再为已经离去的人和物伤感，且将行囊架在驼背上，潇洒离去。但结合下文来看，纳比埃在荒野中遭遇的种种危机和险境都是到达旅途终点之前的铺垫。他只有在这场厮杀血战中获胜，才能够到达努阿曼国王的宫廷，向他倾诉衷肠，以实现回归社会生活的最终目的。因此，诗人虽然以命令的语气呼吁自己放弃以往的一切，别再为已经离开的人流连，但他的命令更像是迫于无奈的被动选择，而不是真正想要与过往一刀两断。

诗歌第二部分详细描绘了纳比埃骑着骆驼在野外遭遇危机的场景，他不仅要忍受狂风暴雨的袭击，还要面临猎犬的围攻。古代诗歌批评把长诗中描写沙漠之旅的这一部分称为“过渡”（تخلص），即从凭吊废墟向诗歌真正主旨的转移，阿巴斯朝文人伊本·塔巴塔巴在论述这一概念时说：“我们承受了所有这些苦难，是为了到达某处。”[①]他对“过渡”概念的定义也给沙漠旅程定下危险的基调。虽然对于整个游牧民族来讲，移动性意味着权力，他们可以打破地缘的束缚实现权力的巩固和扩张，但对单独的个体而言，移动显然沾染上一些消极含义。个体在荒野中移动暗示着他脱离秩序的状态，处于不受保护的危险地带，是社会的边缘人物，他在旅途中的行为也不再受到制度的约束。

正因为移动会导致巨大的风险，诗人在历经磨难后才能抵达终点，也就更凸显出他的决心和毅力。而诗人的这些刚毅品质又往往通过他们的坐骑来展现，他们习惯将自己的骆驼比作野牛或野羚羊，给这种庞大温顺的动物增添了机敏、刚健、速度和爆发力。纳比埃也是如此，他将自己的母驼比作一只来自美丽壮阔的荒野瓦吉拉的野牛，事无巨细地描述自己在旅途中遭遇的恶劣天气和种种危险。这只野牛面对猎犬的攻击时毫不畏缩，扬起强健的蹄子和锋利的犄角，瞬间将猎犬的身体刺穿。凭借自身的无畏和坚韧，野牛圆满完成了沙漠之旅。对于移动的人来说，“旅行方式不只是尽可能快地从A处到B处的手段。每种方式都提供了不同的经验、表现和启示。”[②]所以在抵达真正的终点之前，诗人们总是不厌其烦地描述坐骑的品种和外形，刻画它与

---

① Julie Scott Meisami, *Structure and Meaning in Medieval Arabic and Persian Poetry: Orient Pearls*. London: Routledge Curzon, 2003. p.76. (译文由本文作者译出)

② John Urry, “The new mobilities paradigm.” *Environment and Planning*, 2006(38): 207-226. (译文由本文作者译出)

猛兽搏击血战的场景，将自己的经历与感知投射到骆驼、马匹等坐骑身上。

诗人到达目的地，来到自己想要拜见的人面前固然重要，但途中克服艰险后的成长和蜕变对诗歌的接受者来说更为珍贵。我们不能忘记早期诗歌的口头性质，它的活力在于演述。“口头诗人正是在演述的过程中进行创作，也就是说，他即兴创作，而且他必须非常快速地创作，才能留住就站在他面前的观众。”[①]在诗歌的创作表演以及观众的接受过程同时进行的情况下，诗人自然要竭尽所能地渲染场景，带动观众的情绪。母驼（或者用来比喻母驼的野牛）成为纳比埃的化身，带动观众同他一起经历这场血雨腥风。只有在这场厮杀中存活下来的坐骑才能带着主人穿越荒野，回到努阿曼国王的身边，也只有在经历过这场身体之旅和精神之旅的双重磨难之后，诗人才会成长和蜕变，才能有机会得到国王的谅解和重新认可。

对纳比埃来说，荒野代表着不稳定，那里危机四伏，天气随时可能发生骤变，他最终追求的是进入以努阿曼国王为中心的稳固秩序当中。只有在这一秩序里，纳比埃的文学能力才会被认可，能够让他以诗歌换取物质奖赏和社会地位的提升。

学者苏珊·斯泰克维奇认为，阿拉伯古代诗歌结构中的“起兴、旅行、赞颂/矜夸”这三个部分与人类学“过渡礼仪”里的“分隔、阈限、聚合”有契合之处，即个体从社会结构中脱离，进入充满危险的荒野（阈限过渡状态，既不属于这方，也不属于那方的中间状态），克服艰难险阻后最终实现个体的成长和救赎，回归代表着道德和规范的部落生活。因此，诗人在进入诗歌“真正”的主旨之前，总是先缅怀废墟，然后经历沙漠冒险，这并不意味着古代长诗是散漫无主题的，而是每部分各司其职，为诗人想要传递的信息做铺垫，揭露诗人心理状况的变化。

## 三、致歉颂歌（20–49行）

纳比埃凭借他的才干与作诗的能力赢得努阿曼国王的欣赏，两人之间建立起深厚的友谊。据说纳比埃曾过着荣华富贵的生活，他的诗歌不仅为他

---

① James T. Monroe, “Oral Composition in Pre-Islamic Poetry.” *Journal of Arabic Literature*, 1972(3): 1-53. (译文由本文作者译出)

赢得了马匹和骆驼等各种珍贵赏赐，更重要的是，他能够凭借文学才能得到努阿曼国王提供的安全庇护，这在战乱不断的部落生活中尤其宝贵。如今这一切眼看就要烟消云散，纳比埃当然要设法挽救。纳比埃在这首悬诗中穿越沙漠的旅程就像是一场自我救赎之旅，不只是表达个人情感和经验，而是承载了更加深远的社会意义和政治思想。因为诗人在地理上实现横向移动的同时，也以诗歌为媒介实现了社会学意义上的纵向移动，完成了社会身份和阶级的变化，在努阿曼国王的宫廷里重新找到了自己的定位。

纳比埃在这首悬诗的第二部分度过惊惧一夜之后，终于迎来第三部分的祥和氛围。诗歌的语气再次出现明显转折，从上文缅怀废墟的苍凉无奈到沙漠之旅的刚毅勇敢，转变为此处带着敬畏的喜悦。这是因为母驼载着纳比埃来到努阿曼国王面前，他的恩德和慷慨如灿烂的阳光般驱散了所有阴霾：

这只母驼载我到努阿曼面前，
　　他的福德恩善泽被苍生近远。
我未见过任何人可与他媲美，
　　在这世间众生之中无一例外。[①]

纳比埃曾寻求迦萨尼国王哈雷斯·本·阿慕尔的庇护，也同样为他歌功颂德以求赏赐。但历经了艰难险阻之后，纳比埃作出自己最终的选择，他还是来到衷心敬仰的莱赫米国王努阿曼面前。当纳比埃想要通过赞颂国王来祈求他赦免自己的罪过，并重新实现阶级晋升时，他必须肯定努阿曼国王作为唯一政治领袖的权威以及他慷慨正义的美好品德，具有这样品质的君主绝对不会轻易听信谗言，冤枉好人。在接下来的诗句中，纳比埃详细描述了努阿曼国王慷慨赏赐给他的丰厚礼物，读者可以通过这些诗句想象纳比埃曾经的奢华生活的场景：上百匹毛发洁白如雪的良种骆驼，驼背上架着在希拉城里打造的上等鞍具，驼队后跟着一群年轻貌美的婢女，她们身姿摇曳，长袍随着婀娜的步伐摇摆。

除了慷慨大方之外，君主还应该聪慧睿智、明察秋毫。纳比埃提到扎尔

① 见本书，第539页。

嘎的故事来暗喻努阿曼国王应该像扎尔嘎那样明察真相：

你应像那位女子般明察洞悉，
　　她看见寻水鸽群向池塘飞去。
双眼追随着鸽子在山间穿行，
　　未着妆墨的眼睛清澈似琉璃。①

扎尔嘎是传说中一位视力能抵达千里之外的奇女子，她成为阿拉伯文化中具有洞察力的人物的象征。纳比埃在诗中讲述了扎尔嘎数鸽子的故事，她只往天上看了一看，便立马说出天空中飞过的鸽子的准确数量。纳比埃想要借此故事请求努阿曼国王查明真相，洗清他的冤屈。在关于扎尔嘎流传最广的故事中，她看见了躲在远处用树枝伪装的敌人，她立马向自己的族人报告这一情况，但其他人没有她这么好的视力，都看不见躲起来的敌人，以致扎尔嘎和她的部落族人都被敌人杀害。扎尔嘎的遭遇和此时的纳比埃十分相似，纳比埃看清了敌人设法陷害他的诡计，但国王却没有看清，相信了奸人的谗言。

经过缅怀废墟和沙漠之战，纳比埃又以扎尔嘎的故事委婉提醒国王，为他接下来的直抒胸臆做好了充分的铺垫，读者的情绪也随着这首诗的展开而逐渐积累。纳比埃在结束扎尔嘎的故事后终于能够表达他真正想要对国王说的话，他直言：

那些恶毒言语绝非出自我口，
　　此话若假，双手永远无法扬鞭。
他们的谗言佞语令我受折磨，
　　他们的诽谤中伤刺穿我心肝。②

纳比埃立下誓言，表明自己对努阿曼国王一片忠心，甚至不惜赌咒说，如果自己所言虚假，就让双手从此残废，无法再挥动鞭子。

① 见本书，第543页。
② 见本书，第547页。

随后，纳比埃的这首悬诗进入赞颂努阿曼国王的部分，他将国王的气魄和威严与翻腾呼啸的幼发拉底河相比。水在阿拉伯文学中一直以来都是丰沛、富饶和生命的隐喻，雨水是上天无私的恩赐，能够带来水源，给游牧民族提供茂盛的草场，因此慷慨的人也时常被比作雨水、河流、大海。而纳比埃则像那紧紧抓住船舵的水手一般，被河中掀起的滔天巨浪所震慑：

请君息怒！你的气魄威力天下无人可敌，
　　是我的仇家进谗言沆瀣一气。
狂风卷浪翻腾着幼发拉底河，
　　波涛拍打河岸激起澎湃白沫。
山谷滔天之水奔涌飞流而来，
　　咆哮直下一路席卷枯枝落叶。
水手胆寒心怯牢牢抓住船舵，
　　他已精疲力竭饱受恐惧折磨。[①]

努阿曼国王的宫廷象征着安定与庇护，与荒野流浪的生活方式相对。国王能够保护其子民免遭来自异族或野兽的侵害，在他统领的疆土上生活使得安稳与人际关系的延续成为可能。当纳比埃往日的生活秩序遭到瓦解，象征着过往美好生活的旧居遗迹也消失殆尽，他需要寻找一个稳固的秩序来保护自己。因此纳比埃游走在迦萨尼和莱赫米两个国家之间，寻求君主的庇护，期待自己的文学才华能得到赏识。他的这首悬诗集道歉和赞颂为一体，表达了对努阿曼国王忠心不二的认同，以诗性的语言反映出当时社会所认可和崇尚的慷慨豪情等品质，这也是诗人对一位理想统治者的构想。如此一来，这首赞颂诗才能在展现美学价值的同时也发挥实际的政治功能，帮助诗人实现社会地位的移动。

## 结语

通过这首结构精妙、语言雅致、情绪浓烈的诗歌，纳比埃最终得到了努

① 见本书，第547页。

尔曼国王的谅解，结束了四处奔波游历的生活，获得了安稳与庇护，更重要的是，他还为自己赢得了物质奖赏和社会地位的提升。类似的诗歌和轶事在阿拉伯文学史上比比皆是，不论其真实性有多少，它们所代表的寓意和价值观毫无疑问是被大众认可的。古代诗歌和关于诗歌、诗人的历史轶事经过历代的传述、收集、整理和校对，流传至今的版本形成了“历史的文本性”与“文本的历史性”的相互渗透。诗歌中的情节不一定是史实，但诗人以诗歌为手段在社会关系中实现纵向升级的故事至今为人津津乐道，这更凸显出这些诗歌本身的魅力，正是这种魅力令人相信诗歌的“真”，相信它能够发挥实际的社会功能。“文学所指涉的是外部世界，所吸纳的是社会价值体系，所承载的是多重文化符号”[①]，在纳比埃的这首悬诗中，我们能够感受到诗人在动荡和流浪生活中对秩序与恒久安定的追求。

纳比埃在充满移动性的游牧生活中重游故地，歌颂着对国王庇护下的安栖和稳固生活的渴求。在纳比埃的这首悬诗中，道歉与赞颂的主题并行。他记录了自己被放逐后的艰难成长历程，在经历了身体旅行的考验和精神之旅的挣扎后，才得以到达努阿曼国王面前。同时纳比埃也浓墨重彩地刻画了国王本人的崇高与慷慨，进一步巩固了国王的权威和中心地位。凭借这首诗歌的美学价值和社会、文化、思想内涵，纳比埃横向的地理移动也引发纵向的社会学意义上地位和阶层的移动，通过诗歌及轶事所呈现的文学与历史的交织，生动体现了移动这一行为如何在具身实践中链接情感，承担价值。

① 赵一凡、张中载、李德恩主编：《西方文论关键词》，外语教学与研究出版社，2006年，第674页。

格里延的死士

قتيل الغرين

معلّقة عَبِيْدُ بنُ الأَبْرَصِ

# 阿比德·本·艾卜赖斯的悬诗

تَأَمُلَاتٌ فِيْ الحياة

**人生感怀**

黄嘉程　译

مقدمة وشرح: صالح الزهراني

**导演与评析：萨利赫·扎赫拉尼**

黄嘉程　译

**阿比德·本·艾卜赖斯的人生哲思与诗歌之美**

黄嘉程

هو عَبيد بن الأبرص بن عوف بن جُشَم الأسدي، كُنيته أبو زياد، وأمُّه أُمامة، ولا يُعرف تاريخ ولادته. ينتسب عَبيد إلى قبيلة بني أسد، القبيلة العربية المـُضريّة العدنانية التي سكنت منطقة نجد، وامتدت منازلها من غرب القصيم إلى شرق جبلي أجا وسلمى بحائل.

تذكر كتب التاريخ أنّ عبيداً كان فقيراً محتاجاً، ومع ذلك فقد كان فارساً شجاعاً، وسيّداً من سادات قومه. كان من ندماء الملك حُجْر بن الحارث والد الشاعر امرئ القيس، لكنَّ شيئاً من النفور والجفاء حصل بينهما بعد أن نقل بعضهم إلى الملك كلاماً مسيئاً واتهم عَبيداً بقوله، فتوعّده الملك، ولكنّ الأمور عادت بعد ذلك إلى ما كانت عليه من المودّة والصفاء.

كان الملك حُجر يفرض الضرائب على بني أسد، فامتنعت القبيلة عن أدائها، وقتلت جامعي الضرائب، فسار إليهم بجيشه، وقتل رجال القبيلة وأسر سادتها، وقام بتهجيرهم إلى تِهامة.

ولأنّ شاعرنا عبيد بن الأبرص كان من أولئك الأسرى، فقد استعطف الملك بقصيدة جميلة، فرقّ قلبه وطالب بني أسد بالعودة من المنفى إلى ديارهم. بعد ذلك لم يمض وقتٌ طويل حتى ثاروا عليه فقتلوه.

ثم طلبه أن ينشد شيئاً من شعره وقال: «أنشدنـي فربّما أعجبني شعرك»؛ والمعنى أن المنذر ربما يستحسن ما سيسمع من شعر عبيد فيلغي فكرة قتله. ولكن ماذا قال عبيد؟ قال: «حال الجريض دون القريض» ـ أي أن الموت يمنع عنه قول الشعر. قال المنذر: أنشدني «أقفر من أهله ملحوبُ»، وهذا هو الشطر الأول في معلقته، فأنشده عَبيد قصيدة أخرى من قصائده تبدأ ببيت مشابه: «أقفر من أهله عبيدُ»، وكأنّ عبيداً يرفض أن ينشد الشعر تحت التهديد.

# 诗人介绍

阿比德·本·艾卜赖斯·本·奥夫·本·朱沙姆·阿萨迪（عَبيد بن الأبرص بن عوف بن جُشَم الأسدي），又名艾布·齐亚德（أبو زياد），母亲为伍麦玛（أُمامة），出生年月未知。阿比德来自阿萨德部落（قبيلة بني أسد），该部落是定居于内志地区（منطقة نجد）阿德南人（العدنانية）的后裔，部落的居所大致位于盖西姆（القصيم）以西至哈伊勒（حائل）的阿嘉山（أجا）和苏勒玛山（سلمى）两山以东。①

根据史书记载，阿比德生前穷困潦倒，但他是一名勇敢的骑士，也是本部落中的一位领主。他曾是诗人乌姆鲁勒·盖斯的父亲侯志尔·本·哈雷斯（حُجْر بن الحارث）国王的酒友之一，但是因为有人挑拨离间，阿比德因言获罪，被国王威胁，因此两人间产生怨恨和隔阂，不过最终两人冰释前嫌，重修旧好。

当时侯志尔国王对阿萨德部落强行课税，但遭到部落强烈反对，并且杀死征税官，于是国王派兵征讨，杀死部落的男性，俘虏部落的头领们，并将他们放逐到帖哈麦（تِهامة）地区。

诗人阿比德·本·艾卜赖斯也在被俘之列，他创作了一首优美的诗请求侯志尔国王的原谅，国王心意动摇，便让阿萨德人从流放地回到自己的家园。此后不久，部落起义，并杀死了他（侯志尔国王）。

侯志尔国王要求诗人吟诵自己的诗："为我吟诗吧！也许你的诗会打动我。"意思是，也许蒙齐尔听到莱比德的诗后会很欣赏，会放弃杀他的念头。但是阿比德说了什么呢？他说："死亡至，诗歌止。"②意思就是死亡阻

---

① 以上地点均位于今沙特阿拉伯北部地区，古代这一地区有河谷、绿洲及依附于水源而生的商道。阿萨德部落曾掌管这些商道的通行权，并通过贸易积累大量财富。（译者注）

② 这里运用两个فعيل形式的被动态词语，在韵律上传递出忧愤、被胁迫的情感，جريض一词在《阿拉伯人之舌》中意为"死亡"，相关的名词جرضٌ意思是"噎在嗓子里的唾沫"。这句话的原本意思是"一个人被勒住脖子，快死亡的时候因为唾沫卡在嗓子里无法发出声音，哪怕是一个音节"。（译者注）

هنا قال له المنذر: اختر الطريقة التي تريد أن تموت بها، فطلب عبيد أن يُسقى من الخمر حتى يثمل ويذهب عقله ثم يشق عرقه الأكحل، الذي كانت العرب تسميه «نهر الحياة».

ففعل به المنذر ذلك، ولطّخ بدمه الغَرِيَّيْن.

فيما يتعلق بشعر عبيد بن الأبرص، مع أنّ الذي وصل إلينا من شعره قليل، إلّا أن الناقد ابن سلام الجُمحي وضعه في الطبقة الرابعة من الشعراء الجاهليين.

ومع ذلك فقد وصف شعره بأنه مضطربٌ، وأنه لا يُعرف من شعره إلا المعلّقة. أمّا أبو زيد القرشي صاحب كتاب «جمهرة أشعار العرب» فلم يدرجه ضمن أصحاب المعلقات، وإنما جعل قصيدته من «المجمهرات» التي هي أقلّ درجة من المعلقات.

هذه المعلَّقة وضعت عبيداً في منزلة الشعراء الفحول، أي كبار الشعراء، وهو أمرٌ لم يُعجب الجاحظ، الناقد والأديب المشهور جداً في التراث العربي، وغيره من النقاد الذين رأوا بأن شعر عبيد أقل قيمةً مما يقال عنه.

وبشكلٍ عام، فقد كان رواة الشعر، الذين ينقلون الشعر نقلاً شفهياً من جيلٍ إلى جيلٍ قبل مجيء عصر التدوين الكتابي، ينسبون إلى عبيد، كغيره من شعراء الجاهلية، الكثير من الشعر الغثّ الذي لا قيمة له.

وحتى المعلَّقة لم تسلم من النقد، خاصةً فيما يتعلق بوزنها الموسيقي؛ فقال بعض النقاد القدماء إنها قصيدة مليئة بعيوب الوزن، بل ذهب البعض إلى أن بعض أبياتها تخرج عن الأوزان المعروفة تماماً، وهذا الخروج دفع البعض الآخر إلى القول بإن معلَّقة عبيد من عجائب الدنيا في اختلاف الوزن، ورأى أن إلحاقها بالخطب أولى.

أما في النقد الحديث، فهناك نظرة إيجابية إلى الوزن الموسيقي لهذه القصيدة. فقد رأى البعض أن القصيدة بهذا الاختلاف في وزنها يصح أن تُعدَّ أساساً للتجديد في الشعر العربي الحديث الذي يمكن أن تتعدد فيه الأوزان في القصيدة الواحدة؛ بينما يُرجّح البعض أن المعلَّقة كانت كلها موزونة عندما سمعتها العرب، وأن ما نُسب إليها من خلل كان بسبب الرواة، وقد قيل «ويلٌ للشعر من

止他吟诗。蒙齐尔说道：“给我吟唱《马尔胡布（ملحوبُ）人已逝》吧！”这是其《悬诗》第一个联句的上半句，于是阿比德为其吟诵起另一首诗相近的诗句：“阿比德人已逝！”他这一举动似乎就是拒绝在威胁之下吟诗。

蒙齐尔见状，对他说：“选一种死法吧！”阿比德要求被美酒灌醉，直到烂醉如泥、神智全无，然后一刀斩断他的大动脉——阿拉伯人把它叫作“生命之河”。

蒙齐尔照办了，并把他的血涂满那两座精美的建筑[①]。

阿比德·本·艾布赖斯的诗歌，尽管留存下来的很少，但评论家伊本·萨拉姆·朱姆希[②]依然将其评定为贾希利叶诗人中的第四等。

尽管如此，朱姆希却形容他的诗歌不够沉稳，只有他的悬诗为人所知。至于《阿拉伯人诗歌大全》一书的作者艾布·宰德·古莱希（أبو زيد القرشي），则并没有将其列入悬诗诗人的行列，而是将其长诗列入次于悬诗等级的“诗歌汇总”（المجمهرات）之中。

这首悬诗让阿比德居于杰出诗人，亦即大诗人之列，对此有诸多评论家并不认同，其中就包括在阿拉伯文学史上地位显赫的评论家兼文学家贾希兹（الجاحظ），很多评论家认为阿比德的诗歌并不像所说的那样有价值。

诗歌的传述人在书写体系成型的时代到来之前，通过一代代人口耳相传记录诗作，如同对待贾希利叶时期其他诗人的诗作一样，他们把一些没有价值的诗作也归给了阿比德。

纵使是阿比德的悬诗，也不能免于批评，特别是在音律方面，一些古代评论家说这首长诗在音律上充满错误，甚至他们中有人认为该诗的诗句完全不符合常见的韵律。与此同时，这种出格的做法让其他一些评论家认为阿比德的悬诗正因为在音律上不循规蹈矩而堪称世间一绝，应该放在一流的地位。

现代评论对这首长诗的韵律持有比较正面的看法。有些人认为这首长诗在韵律上的与众不同可以被看作是阿拉伯现代诗歌在韵律上进行革新并走向

---

① 指蒙齐尔国王为两位好友修建的精美墓碑。

② 伊本·萨拉姆·朱姆希（ابن سلام الجمحي）（726—846），被誉为“文学的伊玛目（领袖）”，著名阿拉伯语法学家、语言学家、文学家和诗人。他的著作包括《杰出诗人品级》（طبقات فحول الشعراء الجاهليين والإسلاميين），他将贾希利叶时期和伊斯兰初创期的阿拉伯诗人分为十个等级，每一等级四位诗人，并且在书中按照“麦加”“麦地那”“犹太”等门类进行补充，一共194位诗人。（译者注）

راوية السوء.»

تتكوّن المعلَّقة من ثلاثة مقاطع رئيسة: الوقوف على الطلل، وتأملاتٌ في الحياة، والناقة والفرس. وسيعتمد هذا الشرح للمعلَّقة على رواية أحمد بن علي المعروف بابن السّمين، وشرح الخطيب التبريزي لهذه الرواية.

一诗多韵模式的基础。与此同时，另一些人更倾向于认为这首悬诗在阿拉伯人听来都是押韵的，而该悬诗的缺陷是传述人造成的，正如人们说："错误的传述糟蹋了诗作。"

该诗主要由三部分组成：驻足于废墟、思考人生、赞美母驼和骏马。对于该诗的评析基于艾哈迈德·本·阿里（أحمد بن علي）[①]的传述，他以"伊本·萨敏"[②]的绰号为人所熟知。哈提卜·大不里士（الخطيب التبريزي）[③]曾基于该版本的传述进行阐释。

① 艾哈迈德·本·阿里（？—549），出生于巴格达，其父亲绰号为"巴格达的胖子"（السمين البغدادي），是一名商人。尽管他的名字频繁出现在著名诗人和文学家的著作中，生平却不为人知，只有相关传闻。（译者注）

② 阿拉伯语意为"胖子的儿子"。（译者注）

③ 哈提卜·大不里士，全名阿布·扎克里亚·叶海亚·本·阿里·本·穆罕默德·什巴尼·大不里士（1030—1108），"哈提卜·大不里士"为他的绰号，意思是"大不里士的演说家"，著有《艾布·泰马姆激情诗集注》《十悬诗注》等，值得注意的是，他是赞成共有十首悬诗的一派，不过在著作标题中选用的是"格绥达"，意为"长诗"。（译者注）

## اللوحة الأولى كتاب الموت

# منازل الأحبة

١. أقفَرَ مِن أهلِه مَلحُوبُ — فالقُطبيّاتُ فالذَّنُوبُ

٢. فَراكِسٌ فَثُعالِباتٌ — فذاتُ فِرْقَينِ فالقَليبُ

٣. فَعَرْدةٌ فقفا حِبَرٍ — ليسَ بها مِنهُمْ عَريبُ

٤. وبُدِّلَت مِنتهُمُ وُحُوشاً — وغّيّرَت حالها الخُطوبُ

٥. أرضٌ توارَثَها شَعُوبٌ — وكُلُّ من حَلَّها مَحرُوبُ

٦. إمّا قتيلٌ وإمّا هالِكٌ — والشّيبُ شَينٌ لِمن يَشيبُ

٧. عيناكَ دَمعُهُما سَروبُ — كأنَّ شأنَيهِما شَعِيبُ

٨. واهِيةٌ أو مَعينٌ مُمعِنٌ — مِن هضْبَةٍ دُونَها لُهُوبُ

## 第一幕　死亡之书

### 心爱之所

1. 马尔胡布人已逝，
　　古特比亚特、扎努布亦消失。
2. 拉基斯、苏阿利巴特已无存，
　　扎特·菲尔盖尼、卡利布都如此。
3. 阿尔达、嘎法·希伯里山①无处觅，
　　处处荒芜，了无人迹。
4. 人迹皆被野兽替，
　　灾厄接踵容颜易。
5. 此地旧人换新客，
　　烧杀劫掠未消匿。
6. 战死沙场乃常事，
　　鬓发如霜反不齿。
7. 泪水涔涔哀戚戚，
　　水囊破口流不止。
8. 泪水汩汩悲切切，
　　高山湍流迸石隙。

---

① 古特比亚特（القطبيّات）、扎努布（الذَّنوب）、拉基斯（راكِس）、苏阿利巴特（ثُعالِبات）、扎特·菲尔盖尼（ذاتُ فِرْقَين）、卡利布（القَليب）、阿尔达（عَرْدة）、嘎法·希伯里（قفا حِبَر）都是位于今沙特境内盖西姆和哈伊勒地区的阿萨德部落所在地的各山峰、高地、水源的名字。（译者注）

٩. أو فَـــلَـــجٌ مـــا بِـبـــطـنِ وادٍ للمـــــاءِ مـــن تحـتِـــه قَـسيــبُ

١٠. أو جَـــدوَلٌ في ظِـــلالِ نَـــخْـــلٍ للمــــاءِ مــــن تحتِــه سُكــوبُ

الغناء ملاذ الأنفس التي جرحها الحُزن، هكذا قيل، وهذا النغم البدوي الحزين الآسر يخفي وراءه وجعاً دامياً. لقد عاش عبيد ابن الأبرص طويلاً فامتلأت روحه بجراح الحياة، فكانت القصيدة ملاذه الأخير لمواجهة هذه المتاعب.

تبدأ المعلَّقة كالعادة بالوقوف على الطلل، يقف الشاعر عليه باحثاً عن بقايا الحياة الذاهبة، لكن الطلل في هذه المعلَّقة هو عالم الصحراء الرحب، الذي تصطفّ فيه الأماكن كما تصطفّ عربات القطار، فالموت يبسط رداءه على الصحراء، ويلفّ حباله على تسعة أماكن تختلف في طبيعتها الجغرافيّة بين السهل والجبل ومورد الماء والهضبة الصغيرة وكثبان الرّمل، فهي قفرٌ خالٍ ليس به أنيس. بعد أن كان عامراً بالحياة والذكريات الجميلة أصبح مسكناً للوحوش، وملاذاً للخوف، وملعباً للأحزان.

لقد بدّلت المصائب أحوال المكان، ونشرت الموت في جنباته، وأطفأت ابتسامةَ الحياة، فأصبح كلّ من نزل بهذه الأمكنة مصاباً بلعنة المكان؛ فهو إما قتيل، وإما هالك. ومن لم يمت في حروبه الدامية، مات جوعا. فكل ما فيها هالكٌ إلا وجه الله.

هذا الموت، الوحش المفترس الذي تنتشر ضحاياه عبر الصحراء الممتدّة، تقف أمامه ضحيّة جديدة، فيبدأ يقترب منها، ويغرس مخالبه في ملامحها، ويشعل ناره في محيّاها. ولهذا كان شعور عبيد بالشيب شعوراً بالموت، فتنهمر دموعه على خديه كما تنهمر المياه من فم قربة الماء البالية، وتتدفق كما يتدفق النهر الجاري من شقّ صخرة في جبل مرتفع، وتجري كما يجري ماء الفَلَج ببطن الوادي، وتنساب كما ينساب الجدول الجاري تحت ظلال النخيل.

لم يرتض عبيد أن تكون دموعه أمراً عابراً في حدث عابر، ولهذا توقف عندها وأهال عليها

9. 眼眶噙泪腹中涕，
山谷腹地溪水迂。
10. 泪眼婆娑常涕泣，
枣椰树影水徐徐。①

人们说吟唱是忧伤灵魂的避风港，贝都因人特有的这种摄人心魄的悲伤旋律背后隐藏着血淋淋的痛苦。阿比德·本·艾卜赖斯在此已经生活了很久，他的灵魂中充满生活的创伤。这首长诗便是他直面各种艰难困苦的最后避难所。

这首悬诗的开头按照惯例还是驻足于废墟前，诗人在其间寻找逝去生活的残迹。在这首悬诗中，旧居遗迹是广阔的沙漠世界，铺陈而来的诸多地点就像一排排整齐的火车车厢，死亡将自己的外衣覆在沙漠之上，将其绳索套在九个地理环境各异的地方——包括平原、山区、水源、小高原、沙丘，这些地方组成毫无生机的空旷荒野，这里曾经生机勃勃，充满美好的回忆，而今变成野兽的居所、恐惧的避难所和悲伤的游乐场。

灾难改变了该地的环境，死亡四处蔓延，熄灭了生活的微笑，每一个到这些地方落脚的人都遭到该地的诅咒，九死一生。那些在血腥的战争中存活下来的人也会死于饥饿。所有的人都消逝了，只剩下神祇的面孔。

这死亡，是凶残的野兽，其牺牲品遍布广袤沙漠的各处，死亡余波未尽，新一波牺牲品又站到他面前。死神开始接近其牺牲品，将利爪插入其中，燃起熊熊的死亡烈焰。因此，阿比德对白发的感受，也就是对死亡的感知。因此他双颊泪水涟涟，就像水从老旧的皮水囊中溢出；泪水汩汩奔涌，就像河流从高山的石缝间喷涌而出；泪水徐徐，就像谷底深处流淌的涓涓细流；泪水汤汤，就像影影绰绰的枣椰树下的小溪。

阿比德不满足于让他的眼泪只成为转瞬即逝的哭泣，因此，他用了好几

① 原诗第7–10联句描写哭泣的样子，并将哭泣的状貌与日常事物的形态进行比较。诗歌原意为“你的眼泪一股股流下，就像老旧的水袋裂开向外渗水；或者像奔腾的水流，从高处流下没有沟壑阻拦；或是来自山谷腹地的分流，河床里水流迂回；或是溪流蜿蜒穿过枣椰树的影子，下方的水徐徐流过。”笔者在翻译时点出自然景物形态对应的哭泣的不同状态。音韵上努力借鉴李清照的“寻寻觅觅，冷冷清清，凄凄惨惨戚戚”，试图在保持韵律和谐的同时保证本体和喻体的对应。（译者注）

كثيراً من الصفات التشبيهية التي تركزت حول الماء إكسير الحياة، فهي دموع من يتمسك بالحياة، في عالم يحيط به الموت من كل مكان. ورغبة الإنسان في البقاء كبيرة دائماً، مهما طال به العمر، وتوالت عليه الأحداث؛ فابن آدم يشيب وتشبّ معه خصلتان: الحرص وطول الأمل.

# الصبوة في حضرة الموت

١١. تَصبو وأنّى لك التّصابي    أنّى وقد رَاعَكَ المَشِيبُ

١٢. إن يكُ حُوِّلَ مِنها أهلُها    فلا بَدِيءٌ ولا عَجيبُ

١٣. أو يَكُ قد أقفَرَ منها جَوُّها    وعادَها المحلُ والجُدُوبُ

١٤. فكُلُّ ذي نِعمةٍ مخلُوسُها    وكُلُّ ذي أمَلٍ مَكذُوبُ

١٥. وكُلُّ ذي إبِلٍ مَورُوثُ    وكُلُّ ذي سَلَبٍ مَسلُوبُ

١٦. وكُلُّ ذي غَيبةٍ يَئُوبُ    وغائِبُ الموتِ لا يَئُوبُ

个比喻性的描述，将泪水和生命源泉的水联系起来，它是紧紧抓住生命绳索的人的泪水，处于一个被死亡团团包围的世界之中。不管一个人年龄多大，经历过多少事情，他的求生欲是强大而绵长的，虽两鬓花白，但具有两种长青不老的特质：珍惜生命和永怀希望。

## 临终的韶华之思

11. 汝思吾来若幼时，①
满头华发汝惊嗤。②
12. 故乡居民常更替，
大地漠然不觉此。
13. 人来人往人烟失，
久旱一过荒年至。
14. 福来福往福禄消，
受骗被欺空希冀。③
15. 继承骆驼终有时，
互相劫掠无意义。
16. 他乡作客还复来，
辞却人世无归期。

---

① 这里是一种和自我的对话，这里的“汝”就是“吾”，但岁月荏苒，小时候的事情如果“吾”再做，就是装小孩子的样子。原文中تصابيا意思是“行为举止像小孩子”。（译者注）

② 笔者在翻译时参考《念奴娇·赤壁怀古》中的诗句“故国神游，多情应笑我，早生华发”，用“华发”代替“白发”。（译者注）

③ 第12—14联句的原意为“生活在这片土地上的人变换，对它（土地）来说没有什么稀奇。它没有人迹，不断重复经历旱灾和饥荒。每一个享有福报的人都会失去它，每一个心怀希望的人都会被欺骗。”（译者注）

إن هذا اللاوعي الذي تسيطر عليه الرغبة في الحياة، ينهال عليه العقل بسؤال صريح عن هذا التصابي؟ وكيف يكون التصابي والعشق وقد اشتعل الرأس شيباً؟ ولكنه السؤال الإشكالي الذي ليس له جواب.

هذا الموت الذي هجّر الأحبّة، ونشر الجدب، ليس بجديد ولا بمستغرب، فهذه سنة الحياة، وقانونها الذي لا يجامل أحداً؛ فكل ذي نعمة سيفقد نعيمه، وكل صاحب أمل سيكتشف أن الأجل يترصد خطاه، وكل ثري سيدع ثروته لمن خلفه، وكل مغتصب لمال غيره، سيأتي من يسلب منه ما سلب، وكل غائب سيعود إلّا من غيّبه الموت، فغائب الموت ليس له عودة.

对生命的渴望掌控着他。这是一种无意识，他直白地叩问这样的相思意义何在？他已两鬓斑白，如何再痴情相恋？这是没有答案的设问。

带走挚爱之人并且传播贫困的死神，并不新鲜也并不让人惊奇，这就是生命的本质，它的法则是不讨好任何人。每一个享受福禄的人将失去他的优渥；每一个拥有希望的人会发现大限已悄然来临；每一个富人的财产将为后人所继承；每一个劫掠他人财富的人，将为他人所劫掠；每一个离开的人都会回来，除非是死亡让他离去，亡人没有归期。

## اللوحة الثانية

# الظل الزائل

١٧. أعَاقِرٌ مِثْلُ ذاتِ رِحْمٍ          أو غانِمٌ مِثلُ مَن يَخيبُ

١٨. من يسألِ النّاسَ يَحرِمُوهُ          وسائلُ اللهِ لا يَخيبُ

١٩. باللهِ يُدرَكُ كُلُّ خيرٍ          والقولُ في بعضِه تَلغِيبُ

٢٠. واللهُ ليسَ لهُ شريكٌ          علّامُ ما أخفتِ القُلوبُ

٢١. أفلِحْ بما شئت فقد يُبلَغُ بالـ          ـضّعفِ وقد يُخدَعُ الأرِيبُ

٢٢. لا يَعِظُ النَّاسُ مَن لا يَعِظُ الـ          ـدّهرُ ولا يَنفَعُ التَّلبِيبُ

٢٣. إلا سَجيّاتُ ما القُلوبِ          وكم يَصيرَنْ شانِئاً حبيبُ

# 第二幕

## 幻影之逝

17. 不育之女如常妇？
    抑或成王同败寇？①
18. 向人乞怜遭拒绝，
    神祇之道如你意。
19. 但凭神祇遇善举，
    旁人言多也无益。
20. 神祇独一无人及，
    心中秘密无处避。
21. 心诚弱者也如愿，
    聪明反被聪明欺。
22. 岁月之诲不听取，
    他人之劝迄无济。
23. 若非自然何昭昭？②
    反目成仇知多少？

---

① 一部分学者将该联句归入上一部分，并认为该联句是反问，应译为“不育者和孕育者一样吗？成功者和失败者一样吗？”根据这样的翻译，原意可理解为死亡的人和游历在外的人之间的差距就像不育者和正常人之间的差距，就像成功者和失败者之间的差距，是天壤之别。另一部分学者将该联句划入这一部分。（译者注）

② 这两个联句意为“不能从命运中吸取教训的人也不能从别人那里受到指教，就算是抓住他的衣领（教训他）也没有用。若非自然的秉性，什么是真心？多少朋友反目成仇？”笔者试用“昭昭”译出诗句中暗含的“因为自然的秉性才可以内心坦荡”的意思，人心的正直和不正直是自然赋予的。（译者注）

٢٤. ساعِد بِأرضٍ إذا كُنتَ بها ولا تَقُل إنّني غَريبُ

٢٥. قد يُوصَلُ النّازحُ النّائي وقد يُقطَعُ ذو السُّهمَةِ القريبُ

٢٦. والمرءُ ما عاشَ في تَكذِيبٍ طُولُ الحياةِ له تَعذِيبُ

يخرج عبيد من عالم الموت إلى عالم الحياة، ليقرأ دفتر الكون قراءة تكشف عن وعي عميق بحقيقة الحياة. فإذا كان الموت نهاية الحياة، وكل ما يسعى المرء من أجل تحصيله يتم فقده في منتصف الطريق؛ فإن الحكمة تقتضي أن يعلق الإنسان قلبه بالباقي، ويدع الفاني، ولا بقاء إلا لله سبحانه.

إن الوعي بحقيقة الحياة ينجب موقفاً صحيحاً منها، والجهل بحقيقتها يجعل الإنسان عاجزاً عن إنجاب حلولٍ لمشكلاتها، والعاقر التي لا تنجب ليست مثل المرأة الولود، والغانم في شئون حياته ليس كالخاسر، فالحياة موقف، يحدد النتيجة. هناك من يرضى أن يعيش في ظلال وَهْم زائل، وهناك من لا يرضى أن يعيش إلا في ظل الحقيقة الخالدة.

التعلق بالله هو المنفذ الوحيد للخروج من ضيق المكان، وسطوة الموت. إنه توقٌ للحريّة، وحفظ لكرامة الإنسان، وضمانٌ للفوز؛ فمن يسأل الناس يحرموه، لكنّ من يسأل اللهَ لا يخيب، فبالله يدرك كل خير، ويكشف كلّ كرب، ويحصل كل توفيق.

إن علاقة الإنسان بربّه تصحح المسار، وتحقق الرضا بالقدر، والسرور بالمكتوب، فربما بلغ الضعيف بتوفيق الله ما لا يبلغه اللبيب الحازم بجدِّه واجتهاده.

هذه العلاقة هي التي تفتح بصر الإنسان وبصيرته على ما حوله، ومن فقد هذه العلاقة فَقَدَ إدراكَ حقيقةِ الحياة، ولن ينفعه وعظ الواعظين، ونصح الناصحين، وكفى بالدهر واعظاً. ومن لم يتّعظ بالأزمات، فلن يفيده الوعظ بالكلمات.

إن العقل السليم لا يغني عن الفطرة النقيّة، فإذا اجتمعا أدرك الإنسان الحقائق، واستنطق

24. 勤事安身栖居地，
莫道卿是他乡客。
25. 谁知远方无同袍，
连襟却把锦衾弃。
26. 原知，人生多虚幻，
一生苦难与心酸。①

阿比德从死者的世界走进生者的世界，阅读存在之书，揭示对生命本质的深度理解。如果说死亡是生命的终结，人苦苦追求的一切终将遗失于半途，那么智慧要求人把自己的心与活着的人相连，逝去的就让它逝去，最终留下的唯有伟大的神祇。

对生命本质的认知，产生于对待生命的正确立场，对生命本质的无知则让人在面对生命难题时束手无策，不育者与生育者不同，赢家在对待生活问题时和输家不同，生活是一种立场，立场决定结果。有些人愿意生活在转瞬即逝的幻觉里，而有些人只有生活在永恒的真理中才心满意足。

对神祇的依恋是摆脱空间狭隘和死亡控制的唯一出路。这是对自由的向往，对人类尊严的保存，对胜利的保障；向他人乞怜的人会遭到拒绝，但向神祇祈求的人不会失望，在神祇的佑助下，可以得到一切美好，治愈一切痛苦，实现一切成功。

人类与神祇的关系可以修正道路，实现对命运的满足和对既定命运的欢喜。在神祇的佑助下，也许弱者能够得到意志坚定、勤奋努力的智者尚未得到的东西。

这种关系让人们能够打开视野，感知身边的事物，谁失去这种关系也就失去了对生命本质的把握，告诫者的劝诫、训导者的忠告都无法让他受益，那就让岁月去警示他吧。那些未从危难中得到教训的人，旁人多说无益。

正常人的头脑离不开纯洁的秉性，两者兼备的人能够明白很多道理，吐

① 第24—26联句意为“帮助你安身立命的地方吧！别说我是他乡来客。也许和远方的来客可以保持联盟，和近在咫尺的人断绝关系。人活着就像在梦幻中，整个人生都是苦难。”在翻译时，笔者借鉴《古诗十九首》中“连襟”“同袍”“锦衾”等概念进行归化翻译。（译者注）

المشاعر، وعرف أسرار النفس الإنسانية المتقلّبة، فمن كان صديقك اليوم، قد يكون عدوك غداً.

هذا الوعي بحقيقة الحياة لا يقتضي العزلة والتوحُّد، بل يفرض البذل والمبادرة، فمن عاش لنفسه عاش صغيراً، ومن عاش للناس عاش كبيراً كما قيل. وحياة الإنسان بين معنى يُدرك، وأثر يُترك كما قال محمد الدحيم، فعلى الإنسان أن يشعر بانتمائه لمن حوله، ويسهم بعطائه، ولا يقول: إنني غريب، لا شأن لي، وحين يفعل ذلك ينال ما لم ينله القريب من الناس، لأن الناس بإنجازاتهم، وليسوا بانتماءاتهم.

هذا الشعور الإنساني النبيل، هو الذي يكشف حقيقة الحياة، ويقلِّم أظافر الوحش الكامن في داخل كل منّا.

露心声，明白易变的人类灵魂的秘密，今天是你朋友的人，明天也许会成为你的敌人。

对生命真理的这一认识并不需要隐居或是闭门不出，而需要付出和主动性。古人云：为了自己而活的人是卑微的，为了别人而活的人是伟大的。如穆罕默德·达希姆（محمد الدحيم）所说，人生就是领悟道理、留下影响的过程，一个人应该归属于周围的人，并且为他们奉献，而不是说“我是外来的，这件事和我没关系”，当他致力于融入和付出时，就能得到周围人的认可，得到他们还没有得到的东西，因为人的意义要看他的成就，而不是看他原本的归属。

这是高尚者的情操，揭示人生的真谛，将我们每个人心中隐藏的兽性拔去。

## اللوحة الثالثة جدلية الموت والحياة

## صورة الناقة

| | | |
|---|---|---|
| ٢٧. | بـل رُبّ مــاءٍ وَردتُــه آجِــنٍ | ســبيلُه خــائفٌ جَــديـبُ |
| ٢٨. | ريــشُ الحـمــام عــلى أرجائهِ | لـلـقـلـبِ مــن خــوفِهِ وَجيـبُ |
| ٢٩. | قَــطَـعـتُــهُ غُــدوةً مُشِيحــاً | وصــاحبي بــادِنٌ خَــبـوبُ |
| ٣٠. | عــيــرانَةٌ مُــؤجَدٌ فَقــارُها | كــانَّ حَــارِكَها كـثـيـبُ |
| ٣١. | أخـلَـفَ ما بــازِلاً سَـدِيـسُها | لا حِــقّــةٌ هــيْ ولا نَـيــوبُ |
| ٣٢. | كأنّهــا من حـمـيـرِ عـانـاتٍ | جَــونٌ بـصـفـحتِه نُـدُوبُ |
| ٣٣. | أو شَـبَــبٌ يــرتعيَ الـرُّخـامَى | تَــلــفُّــهُ شَـمألٌ هَــبـوبُ |
| ٣٤. | فــذاكَ عــصــرٌ وقــد أُرانــي | تـحـمِـلُـنـي نَهــدةٌ سُـرحُـوبُ |

## 第三幕　生死之辩

### 母驼英姿

27. 穿过遗骸汲臭水，
抵达之路多恐惧。
28. 潭边片片鸠鸽羽，
饮水心头有余悸。
29. 破晓时分重启程，
母驼健硕好伴侣。
30. 它似野驴背光滑，
驼峰好似沙丘立。
31. 九岁母驼牙脱落，
却似极盛妙龄女。
32. 身如领头俏野驴，
新旧血痂真得意。①
33. 又似觅草自在牛，
任尔北风萧瑟兮。
34. 未来某日终得见，
高头大马身下骑。

① 陪伴诗人征战的母驼身上的血痂就像是野驴（一说斑马）身上的条纹，是身经百战的标志，是光荣和勇敢的象征。（译者注）

٣٥. مُـضـبّـــــرٌ خَـلـْقُـها تـضـبـيـرا          يـنـشـــقُّ عن وجـهِـها الـسّـبـيـبُ

٣٦. زَيـتـيّـةٌ نــــاعِـمٌ عُـروقُـــهـا          ولـيّـــــنٌ أسْـــرُها رَطـيـــبُ

جدليّة الموت والحياة هي الفكرة المركزيّة التي تدور حولها المعلّقة، وقف عبيد يقرأ كتاب الموت المفتوح في وجه الصحراء، واكتشف فيه فقر الحياة، وشقاء الإنسان، الذي لا يخرجه منه إلّا التعلّق بالله عز وجلّ.

وقد تحوّلت المعلَّقة في المقطعين السابقين إلى خطاب إقناعي احتشدت فيه الحكم والأمثال التي تكشف حقيقة الحياة، وتحذّر من زخرفها الزائل، ولعلّ هذا هو الذي منح المعلَّقة هذا الاهتمام لدى القدماء، وإنّ من الشعر لحكمة.

في هذا المقطع وهو أطول مقاطع المعلّقة تتجلى جدلية الموت والحياة في رحلة عبيد على الناقة والفرس التي نشاهد فيها صفحاتٍ جديدة من كتاب الموت.

يرد عبيد على ماءٍ آجن، تغيّر طعمه ولونه ورائحته، كثَّر واردوه، فكدّروا صفاءه، وليس هذا المورد إلا مورد الحياة. الطريق إليه -مع أنه كثير السالكين- محفوفٌ بالمخاطر، والجدب يحيط به من كل مكان، وبقايا الضحايا على صفحته، فريش الحمام المتناثر على صفحة الماء شاهد على معاركها الدامية.

هنا بدأ قلبه في الخفقان، فمرّ به مسرعاً، وهو على ظهر ناقة قويّة البدن،سريعة الخطو، لها سنامٌ منتصب كأنه كثيب الرمل، تبلغ من العمر تسع سنوات. ناقة مسنّة بلغت أشُدّها، لا هي صغيرةٌ، ولا كبيرة السنّ، ليست قليلة التجربة، ولا عاجزة عن مواجهة الصعاب.

هذه السنوات التسع التي تمثّل عمر الناقة، كأنها تساوي الأماكن التسعة التي عمّها الموت في مقدمة المعلَّقة، وبهذا تتعادل كفتا الميزان، الموت والحياة.

يشبّه ناقته القويّة بحمار وحشيّ، على جنبه ندوبٌ من آثار العضّ، وهكذا يظهر الضعف في أعطاف القوّة، فليس هناك قوة خالصة، ولا ضعف خالص. ولا يكتفي بتشبيهها بالحمار الوحشي، فهي شبيهةٌ بثور يرعى نبت الرّخامى، الذي تعصف به ريح الشمال.

وعلى غير عادة الشاعر الجاهلي في تشبيه ناقته بالحمار والثور، يكتفي عبيد برسم صورة غير مكتملة؛ فقد جرت العادة أن يظهر الحمار في نهار شديد الحرارة في فصل الصيف مع جماعة من الأتُن (أي الإناث من الحمير)، يبحث عن الماء فلا يجده، فيتذكر مورد الماء فينطلق إليه، وعنده يجد الصياد، الذي تنهال عليه سهامه فيهرب خائفاً قبل أن يروي ظمأه.

35. 英姿飒爽多美丽，
额发垂颊轻飘逸。
36. 脖上血管隐约见，
体态轻盈是良骑。

生与死的辩论是这首悬诗表达的中心思想。阿比德阅读着面向沙漠打开的死亡之书，在其中发现生活的贫困和人类的苦难，只有依靠全知全能的神祇才能摆脱困境。

在前两部分中，悬诗变成一种充满说服力的对话，其中有许多格言和谚语，揭示生命的真相，警示转瞬即逝的浮华生活的表象，也许这就是这首悬诗受到古人重视的原因，诗中确实蕴藏着智慧。

这一部分是这首诗最长的一部分，有关生与死的争辩在阿比德骑着骆驼和骏马的旅途中展开。我们从中可以看到死亡之书新的篇章。

阿比德开始描写一潭死水，它的味道、颜色和气味都因汲水者甚多而变了味，不再清澈如初。这本是生命之水，通往它的道路尽管已经有很多人走过，但还是充满危险，四周都是不毛之地，水面上遗留着遗骸，散落在水面上的鸽子羽毛见证了血腥的战争。

这时他的心开始悸动，于是飞快地经过死水，他坐在身型健壮、步伐矫健的骆驼背上，骆驼高耸的驼峰就像沙丘，它已经九岁了。这头年长的母驼正值生命极盛之时，它既不小，也不老，不缺经验，也不会在困难面前退缩。

母驼九岁，这九年是骆驼的年龄，这九年仿佛代表了悬诗开篇提到的死亡笼罩的九个地方，因此天平两端重量相等，生死相抵。

诗人将自己健壮的母驼比作野驴，它的身体两侧满是咬伤的疤痕，以此体现强大之中也有软弱，并不是全然强大，也不是纯粹软弱。诗人不只将它比喻成野驴，还将其比作山坡上吃草的牛，北风在其四周呼啸。

不同于贾希利叶时期的其他诗人将自己的母驼类比成野驴或公牛的方式，阿比德满足于描绘一个不完整的形象。通常情况下诗人描写公驴在盛夏酷热的白天和一群母驴在一起，却找不到水源，然后突然想起了水源并直奔而去，此时猎人发现了野驴，便朝它射箭，而它则在还未解渴之前就被吓

ويظهر الثور في ليلةٍ شاتية، ينهمر عليه فيها المطر والبرد، وحين تشرق شمس النهار تنقضّ عليه كلاب الصياد. ومن هنا فلا ندري هل حذفُ بقية المشاهد كان من عبيد لغاية لديه، أم كان من نسيان رواة المعلَّقة الذين عدّلوا فيها وبدّلوا، فلم يتبقَّ في الذاكرة من المشهد إلا ما هو مذكور في هذه الرواية.

على تلك الناقة أمضى عبيد رحلته، في الزمن الماضي، وهو يتوق إلى أن تكون رحلته القادمة على فرسٍ سريعة، ذات جسد قويّ، يتدلى شعر ناصيتها على جبينها فلا يحجب عنها الرؤية. فرس ناعمة الملمس، كأنها دُهنت بالزيت، ليّنة الجسم، قادرة على المناورة، لا تظهر عروقها من تحت جلدها فتفسد جمالها.

هذه الصفات صفات جَمَال بخلاف صفات الجلال التي وصف بها الناقة، فالفرس تبدو وكأنها العروس الجميلة ذات الشعر المسترسل، والقوام المتناسق، والنعومة الفاتنة.

ولا أرى هذه الفرس سوى المستقبل الذي يطمح إلى بلوغه عبيد من وراء حجب الزمان والمكان، والأمنية التي يهدف إلى تحقيقها ضد عالمٍ تحكمه المخاوف، والجدب، والوعي الزائف.

## العُقاب والثعلب

٣٧. كأنّها لِقَوَةٌ طَلوبٌ　　تَخِرُّ في وكرِها القُلوبُ

٣٨. باتت على إرَمٍ عذوباً　　كأنّها شَيخةٌ رَقُوبُ

٣٩. فأصبَحت في غداةِ قِرّةٍ　　يسقُطُ عن رِيشِها الضّريبُ

٤٠. فأبصَرتْ ثَعلَباً سريعاً　　ودونَه سَبْسَبٌ جَديبُ

٤١. فَنَفضَت رِيشَها وولّت　　فذاكَ من نهْضَةٍ قريبُ

跑了。

而公牛则出现在漫长的黑夜中，遭受冷雨和冰雹，破晓之时，猎犬向它扑来。此处关于母驼的描写我们不清楚是阿比德有意隐去剩下的场景，还是传述人对悬诗进行修改和替换时忘记了剩下的部分，只传述了场景的一个侧面。

在这匹母驼的背上，阿比德完成了他的旅程，这已经成了过往，此时的他渴望未来的旅程是在一匹迅捷的马背上度过，它拥有强壮的身躯，额头的鬃毛垂在两颊不会挡住它的视线。骏马触感丝滑，如敷油脂，身体轻盈柔软，能做各种动作，皮下的血管不会青筋凸起，影响它的美。

这些关于骏马优美体姿的描写与形容骆驼高大的描写不同，骏马宛如美丽的新娘，马鬃飘逸如新娘的长发，身形匀称，柔美迷人。

我认为这匹骏马就是阿比德对未来的期待，他希望跨越时空，实现理想，以此抗争那充满恐惧、贫瘠和虚假意识的世界。

## 鹰隼与狐

37. 出击必胜如鹰隼，
    巢穴徒留猎物心。
38. 夜宿山丘终不食，
    仿若老妪无子孙。
39. 晨风阵阵刺骨寒，
    片片冰霜凝羽翼。
40. 但见赤狐步履急，
    荒凉原上留足迹。
41. 苍鹰振翅俯冲下，
    落于赤狐身近旁。

| | | |
|---|---|---|
| ٤٢. | فـــاشـــتالَ وارتـــاعَ مـــن حَـسيسٍ | وفِـعْــــلُهُ يـفـعــلُ المـــذؤوبُ |
| ٤٣. | فـنـهـضَـتْ نـحــوَه حَـثيـثـةً | وحَـــرَدت حَـــرْدَهُ تَـسيـبُ |
| ٤٤. | فَــدبَّ مـــن رأيِــــها دَبـيـباً | والـــعَـينُ حِـمـلاقُـها مَـقلُـوبُ |
| ٤٥. | فـجــدّلتـــــهُ فَـطَـرَحـتْـهُ | والصَّـــيـــدُ مـن تـحتِها مَـكرُوبُ |
| ٤٦. | فَـرنّــحـــتْهُ ووضـــعـتْـهُ | فـكـدّحَـت وَجـهَـهُ الـجَـبـوبُ |
| ٤٧. | فَـعـــاوَدتْـهُ فـرَقّـعـتهُ | فأرسَلــتـهُ وهـــو مَـكـروبُ |
| ٤٨. | يَـــضغُـــو ومِـخــلـبُها في دَفّـهِ | لا بُــــدّ حـيـزُومُـــه مَـقلـوبُ① |

تدخل فرس عبيد معركة البقاء حين يشبهها بعُقاب فقدت شهيّة الأكل، وكأنها امرأة عجوز حرمها فقـْدُ أولادها لذةَ العيش. تظهر بجوار عشها في يوم شديد البرودة على قمة جبل شامخ، وقد أحاطت به قلوب العصافير التي أكلتها، لأن العقاب يأكل جميع أجزاء الطائر إلا قلبه.

تبصر ثعلباً يسير على سهلٍ مجدب، فتنفض الجليد عن جناحيها، وتنقضّ عليه، فما أن يبصرها حتى يرفع ذيله، وتنقلب أجفانه من شدة الخوف، ويحاول جاهداً الهرب منها، ولكنّها تمسك به، وتظلّ ترفعه إلى السماء وتهوي به إلى الأرض حتى يستسلم، ويعجز عن المقاومة، وتغرس مخلبها في جنبه، ومنقارها في صدره.

إن انتصار الفرس التي بدت في غاية الجَمَال والقوة على الثعلب رمز المكر والخداع، هو

① 最后一个联句的最后一个单词，有两个版本，本书中为مقلوب，意为“被翻转”，则该半联意为“它（狐狸）的胸膛一定已被翻转”。其他版本中为منقوب，意为“被刺穿”，则该半联意为“它（狐狸）的胸膛一定已被刺穿”。（译者注）

42. 赤狐闻声心颤栗，
竖起尾巴身似狼。
43. 大鹰飞身冲向狐，
攻击又猛又迅狂。
44. 狐狸害怕四处藏，
白眼一翻好慌张。
45. 抓起狐狸又摔下，
鹰教狐狸知痛伤。
46. 狐狸毫无还手力，
撞向石头伤脸庞。
47. 再次抓起又摔下，
狐狸痛叫求投降。
48. 苍鹰利爪入狐肩，
利喙插入狐胸膛。

阿比德的骏马进入生死存亡的战斗，他将骏马比作失去食欲的鹰，又像失去孩子的年迈老妪，了无生趣。在一个极其寒冷的日子里，鹰出现在高山之巅的巢穴附近，周围是已经被它吃掉的许多麻雀的心脏，因为这只鹰已经把鸟的其它部位都吃掉了，只剩下心脏。

鹰看见一只狐狸在光秃秃的平原上行走，于是抖落双翅上的冰霜，向狐狸扑过去，狐狸一看见鹰就因为极度恐惧竖起尾巴，眼睑收缩，尝试逃跑，但是鹰还是抓住了它，升到半空，直到它顺服之后又把它抛向地面，令其毫无还手之力，鹰将自己的爪子嵌入它的肩膀，将喙插入它的胸膛。

骏马的胜利是极致的美与力量的展现，而失败的狐狸则是狡猾和欺骗的象征，这是真理战胜谎言、美丽战胜丑陋、真诚战胜欺骗的较量。

انتصار الحقيقة ضد الزيف، والجمال ضد القبح، والصدق ضد الخداع.

قد لا تكون انتصرت في الواقع لكنها انتصرت في خيال عبيد، وهذا استشراف للمستقبل الذي ينبغي أن يكون. وهذه هي عظمة الشعر الذي يروي ما وقع وما يمكن أن يقع.

也许这不是真实发生的胜利而是阿比德想象中的胜利，却是对未来应该具备的模样的展望。这就是诗歌的伟大之处，它描述已发生的事以及可能发生的事。

# 阿比德·本·艾卜赖斯的人生哲思与诗歌之美

阿比德·本·艾卜赖斯（约455—545）作为十首悬诗诗人中最早的诗人，其人生故事存在大量的空白和篡改，其悬诗创作时代久远，历经传述，存在诸多片段佚失或是更改。以阿拉伯诗歌批评的传统形式去对照阿比德的悬诗，他的悬诗包括引子（1—11）、哲理（12—26）和咏驼（27—48）三个部分。他的悬诗以哲理而出名，因受到一神教的影响而吟诵的诗句为后世阿拉伯诗歌评论家称赞。他的诗歌突破五觉（视觉、听觉、触觉、嗅觉、味觉）[①]的限制，还引入了知觉，让人在吟诵中身临其境，观诗人所观，感诗人所感。

## 一、人生如梦如幻，唯有神祇无二

“一切皆有法，如梦幻泡影，如露亦如电。”一如《金刚经》所云，世间的一切有为的方法只不过如梦幻泡影，如露如电，即使有过美妙的瞬间，也是稍纵即逝，不留痕迹。信仰也许不同，感悟却可相通。耄耋之年，诗人阿比德也有类似的感慨：“人生多妄言复相欺，处处苦难与心酸。”[②]笔者对这句诗的翻译参照仲跻昆先生在《阿拉伯文学史》中的翻译。古时今日，佳作之所以能旷世持久，必有穿越时空和直抵人心的魔力。

阿比德·本·艾卜赖斯是十位悬诗诗人中最年长的诗人，据传述，写下这首悬诗的时候，他已经是一位白发苍苍、踽踽独行的老者。有人说他的年龄已经超过300岁，而更可靠的说法是他走过了90多个春秋。

① 伊本·西那在《治疗论》第六卷中，详尽描述了色声香味触等感觉的发生过程。五觉之外，他将知觉定义为人的灵魂反映事物形状的过程。

② 本诗第26联句的另一译法。

诗人约生于455年，在545年左右被杀。阿比德来自阿拉伯北方阿德南部落的一支——阿萨德部落，部落的核心家族位于内志北部直到哈里亚地区，北部相邻的是塔伊部落和凯尔布部落，南面相邻的是阿米尔·本·萨阿萨阿部落和希拉勒部落，西边是盖特凡和萨利姆部落，东面是贾第拉和铿德部落。阿萨德部落是善战的贝都因部落，这个部落一直和迦萨尼部落以及其他阿拉伯部落之间爆发冲突。战争是阿萨德部落的日常，这在阿比德和乌姆鲁勒·盖斯的对驳诗中有所体现。阿萨德部落和诸多部落之间都爆发过战争，包括迦萨尼部落、阿巴斯部落、阿米尔部落、铿德部落、塔伊部落、穆阿维叶部落。这个部落常令其他阿拉伯部落望而生畏。

阿比德一生历经过三场旷日持久的战争，他去过九个地方，马尔胡布是他的家乡，此外还有古特比亚特、扎努布等地，这九个地方地理环境各异，包括一望无际的平原，连绵起伏的山地，溪流潺潺的谷底，也有高耸的沙丘。这些地方就是他的部落曾经生活过的地方。诗人在悬诗的开篇便有记录：马尔胡布、古特比亚特、扎努布、拉基斯、苏阿利巴特、扎特·菲尔盖尼、卡利布、阿尔达、嘎法·希伯里山。

阿比德对这些地方如数家珍，对诸多自然景观和现象都有记录，因此也有部分研究者通过阿比德的诗歌加深了对当时地理环境的理解。然而战争是残酷的，诗人看着故土从荒无人烟到欣欣向荣，又看着它们从人丁兴旺变为野兽遍布的巢穴：“人迹皆被野兽替，灾厄接踵容颜易。”①

他在其他长诗中也仰天长叹：

萨阿德·本·赛阿莱布子民最初的家园，
　　岁月让它们落入他人之手。
他们被驱赶如同之前的人被驱赶一样，
　　战争长出獠牙，灾祸连绵。②

① 见本书，第571页。
② 原文如下：

دِيارُ بَني سَعدِ بنِ ثَعلَبَةَ الأولى　　أذاعَ بِهِم دَهرٌ عَلى الناسِ رائِبُ
فَأَذهَبَهُم ما أَذهَبَ الناسَ قَبلَهُ　　ضِراسُ الحُروبِ والمَنايا العَواقِبُ

本文所引诗人本首悬诗以外的长诗原文均来自https://adabworld.com/。（访问日期：2022年4月15日）

阿比德所处的年代是东罗马帝国走向兴旺的年代。公元五至六世纪，中东地区相互敌对的东罗马帝国（拜占庭）和波斯萨珊帝国都在试图争取阿拉伯人。它们分别扶持迦萨尼王国和希拉王国（今叙利亚、伊拉克地区）为自己的附属国。战争不断，双方的财政收支不平衡，便都想对自己的附属国增税。

当时，乌姆鲁勒·盖斯还是个纨绔的青年王子，他的父亲侯志尔统治铿德部落，也管辖阿萨德部落。而阿比德此时正值壮年，是侯志尔的一位清客。两位悬诗诗人常在一起探讨诗歌，相互学习相互借鉴，乌姆鲁勒·盖斯擅长把握诗歌的节奏和韵律，阿比德则擅长描写自然景观且想象力丰富。两者都受到一神教的影响，都将闪电比做隐士的灯。

乌姆鲁勒·盖斯在其悬诗的第67-68联句写道：

朋友，你是否看到远处那耀眼的闪电，
　　宛如层积云做成的王冠被一双手乱翻。
那电光忽闪似隐士整夜燃油的灯盏，
　　添加灯油时拨动了灯捻，迸出火焰。①

阿比德则在一首长诗中如此描绘：

啊，朋友！你看到那闪电了吗？我整夜都在观察它。
　　夜幕笼罩，它在闪光的云层中。
它降临到祖·莱伊德②的池塘边，
　　在祖·伊兹亚尔③降下雨。
随后它又去了昂斯和欧纳卜④，
　　接着是阿尔达的两侧和祖·艾吉福尔的腹地⑤。

---

① 见本书，第55页。
② 祖·莱伊德（ذو ريد），位于沙特中北部地区。
③ 祖·伊斯亚尔（ذو العِثيَر）位于沙特希贾兹中北部地区，是阿萨德部落的领地。
④ 昂斯（عنس）和欧纳卜（العناب），部落名，昂斯位于今也门扎马尔省，欧纳卜位于昂斯以北。
⑤ 阿尔达和祖·艾吉福尔（ذو الأجفر），位于今沙特西北部泰玛绿洲和石谷（الحجر）之间。

它像隐士手中的灯火，
　　夜射者掌中的裂痕。①

但两位诗人举杯对饮的时日并不多。由于迦萨尼王国和希拉王国之间连年爆发战争，希拉王国对当时是其附属国的铿德王国增加税收，铿德王国便增加对阿萨德部落的税收。这引起本已赋税很重的阿萨德部落不满，阿萨德部落子民起兵反抗，但是战败，一部分人被杖毙，另一部分人被流放到红海沿岸的帖哈麦地区。阿比德不断求情，侯志尔国王心生动摇，又因为铿德部落联盟内部出现分歧，侯志尔需要巩固自己的势力，因此饶恕了流放者。但是回到故土的阿萨德部落子民对侯志尔并不能释怀，再次起兵推翻侯志尔，结束了铿德部落联盟对他们的统治。阿比德也参与这次行动，因此与为父报仇的乌姆鲁勒·盖斯反目，两人爆发激烈冲突，乌姆鲁勒·盖斯讥讽阿比德为心机深沉的“狐狸”（阿比德家族的名字是“赛阿莱布”，在阿拉伯语中是“狐狸”的意思），最终他死在向拜占庭国王查士丁尼求援的路上。侯志尔在世时，阿比德就常造访希拉王国的宫室，在侯志尔死后，这种走动更加频繁，为时较长，诗人亦颇为得宠。在诗中，诗人常常矜夸自己的部落，他在早期的诗中写道：

不屑国王的欠款，他们就是里迦赫人，
　　若被派去奔赴战场，他们必有回应。②

除了赞美本部落的骁勇善战，也夸赞本部落的慷慨好客：

---

① 原文如下：

صاحِ تَرى بَرقًا بِتُّ أرقُبُهُ　　ذاتَ العِشا في غَمائِمٍ غُرّ
فَحَلَّ في بِركَةٍ بِأَسفَلِ ذي　　رَيدٍ قَشَنَّ في ذي العِثيَرِ
فَعَنسَ فَالعُنابِ فَجَن　　بَي عَردَةٍ ثُمَّ بَطنِ ذي الأَجفُرِ
فَهوَ كَنِبراسِ النَبيطِ أَوِ الـ　　فَرضِ بِكَفِّ اللاعِبِ المُسمِرِ

② 原文如下：

أَبَوا دينَ المُلوكِ فَهُم　　إذا نُدِبوا إلى حَربٍ أجابوا

胡泽玛人[①]知道得清清楚楚，

　　无论贫富，我们都是他们中最好的。

我们击败他们的敌人，对他们敞开心扉，

　　对他们毫无掩饰。[②]

世事难料，敞开心扉、诚心相待换来的却是弱肉强食。在乌姆鲁勒·盖斯的叔父夺权后，希拉王国的将军率兵南下，以锵德部落有意投靠敌人和治理商道之名，将锵德部落首领尽数歼灭，阿萨德部也死伤惨重。阿比德开始流浪，他愈发觉得自己苟且偷生，“白发”是对自己的无情嘲笑，因此，他在悬诗中慨叹：“战死沙场乃常事，鬓发如霜反不齿。”[③]

战争的残酷、政治的冷酷让阿比德从血气方刚的壮年走向意气消沉的暮年。他曾感觉生命无比鲜妍，追忆青年时期与美人闲聊：

我们与美丽的少女并排而坐，打趣闲聊，

　　她们朝气蓬勃，秀发如云。

她们的鬓发倾向我们，

　　靠近我们说话，享受纯粹的快乐。[④]

他曾写下为后世诗人不断借鉴的诗句，比如将曼妙的女子比做动人的羚羊：

在草地中漫步如同柔美的白羚羊，

---

① 这里的胡泽玛人（بنو خزيمة）和前面诗歌中提到的里迦赫人，都是指阿萨德部落，只是位于内志的不同的区域。

② 原文如下：

وبنو خزيمةَ يعلمونَ بأنّنا　　من خيرِهمْ في غبطةٍ وبئيسِ
تُنكي عدوَّهُم وينصحُ جيبُنا　　لهمُ وليسَ النُّصحُ بالمدموسِ

③ 见本书，第571页。

④ 原文如下：

فأُبنا ونازْعنا الحديثَ أوانِسًا　　عليهِنَ جَيشانيّةٌ ذات أغيالِ
فملنَ إلينا بالسّوالفِ وانتحى　　بِنا القولُ فيما يشتهي المرِحُ الخال

妙龄女子胸脯隆起，白如凝脂。[①]

他也曾像还没长大的孩子，贪恋美酒与欢闹，与才华横溢的后辈“今朝有酒今朝醉”[②]，并因为妻子的唠叨而埋怨：

她开始发难，却责骂的不是时间，
　　你就不能等等！你的责骂让我酒醒[③]。
我在谩骂中诅咒她，她才明白，
　　我的灵魂腐坏又返新。
青年时期让我们欢闹和快乐，
　　给予我们快乐而不求回报。
如果我喝酒，或许该给她一笔钱，
　　这样我就不会有一天清醒。[④]

然而曾经的一切，那些出现过的红白玫瑰，家人朋友，互相揶揄的欢乐，充满荣耀的时光……都在战争中灰飞烟灭。更让人难过的是白发人送黑发人，他的孩子也都在战争中牺牲。据说诗人年老时曾与人结亲，但诗句中再未出现家人的身影。

在一神教的感召下，诗人在其他长诗中写道：

让这与那，通通毁灭，

---

① 原文如下：

وقد تَبَطَّنتُ مِثلَ الرِئمِ آنسة　　رُؤدَ الشَبابِ كَعابًا ذاتَ أوضاح

② 引自乌姆鲁勒·盖斯的诗句اليوم خمر وغدًا أمر。

③ 意即“酒醒了我就白喝了”。

④ 这是对自己的婚姻生活的讽刺：诗人酷爱饮酒，因为醉酒而不清醒；而妻子则喜欢钱财，因为金银珠宝而头脑发热。所以诗人说要在饮酒之日给妻子钱财，这样两人都不会清醒，他也就不会被妻子管教。原文如下：

هَبَّت تَلومُ ولَيسَت ساعَةَ اللاحي　　هَلّا اِنتَظَرتِ بِهَذا اللَومُ إِصباحي
قاتَلَها اللهُ تَلحاني وَقَد عَلِمَت　　أَنَّ لِنَفسِيَ إِفسادي وَإِصلاحي
كانَ الشَبابُ يُلَهّينا وَيُعجِبُنا　　فَما وَهَبنا وَلا بِعنا بِأَرباحِ
إِن أَشرَبِ الخَمرَ أَو أُرزَأَ لَها ثَمَنًا　　فَلا مَحالَةَ يَومًا أَنَّني صاحي

唯有神灵和他受人膜拜的脸庞。①

推杯换盏变成对影成三，诗人常在诗句中又像呼唤又像询问一个用“你”来代替的对象，比如在悬诗中写道：“汝思吾来若幼时，满头华发汝惊嗤。”②

这个“你”（汝）其实就是形单影只的诗人自己，在人生最后十年里，他浪迹他乡，只有自己这一个交谈者。他因悲伤而哭泣的时候，只有他自己，他说：“泪水涔涔哀戚戚，水囊破口流不止。”③

在他眼里，自己何尝不是一个裂开的破水袋呢？曾经靠着缜密的心思逃脱一次又一次死亡的诗人，最终还是在孤独中迎来自己的结局。诗人的死颇具传奇色彩。杀死阿比德的蒙齐尔三世（蒙齐尔·本·玛·赛玛）是阿拉伯莱赫米人的希拉王国的国王，在历史记载中，他是骁勇善战但生性残暴的国王。据说希拉国王蒙齐尔某次酒醉后，下令杀死两个酒友，酒醒后非常懊悔。于是厚葬二人，并在二人墓旁建亭，规定每年有两天他坐在亭里守候：一天为吉日，谁经过就得到厚赏；一天为凶日，若谁经过，就被杀死。阿比德恰巧是在凶日经过，被蒙齐尔下令杀死。在这个故事中他选择的死法很浪漫，他对蒙齐尔说“请将我灌醉吧！然后放空我的血。”蒙齐尔满足了他的心愿，阿比德的人生最终在酒醉中走向沉寂。阿比德的鲜血被涂满墓碑两旁挂着的长布（غريان），这个阿拉伯语词也指“华丽的外表”或“染成红色的布”（غَري）。而这两块因为浸染鲜血而愈发猩红的长布，在后世也作为地点名词固定下来，用以称呼这个地方，即库法的“格里延”。阿比德浪漫又壮丽的死亡让其得名“格里延的牺牲”（قتيل الغريين），也即本诗开篇标注的绰号。当然，故事终究是故事，阿比德除了诗人的身份之外，也是在不同民族和部落之间游走的说客，蒙齐尔杀死他不无政治原因。

阿比德的长诗中常出现“الله”这个词，有人对此表示疑惑，其实在贾希利叶时期，基督教与犹太教在阿拉伯地区影响很大，一神教的观念也很普及，故诗人在诗中表达一神论及出世的观点并不奇怪。年迈的阿比德看透了

① 原文如下：

وَلَيَفْنَيَنْ هَذَا وَذَاكَ كِلاهُمَا　　　إلاّ الإلَهَ وَوَجهَهُ المَعْبُودَا

② 见本书，第575页。

③ 见本书，第571页。

生死无常，认为最高的审判权不在人的手中，而在神祇手中。对于执着于物质财富的人，他告诫说：“福来福往福禄消，受骗被欺空希冀。/继承骆驼终有时，互相劫掠无意义。”①

对于机关算尽的人，他的劝诫是要遵从本心，不应自欺欺人，因为一切美好的事物都是神的赐予，神知晓一切秘密：“但凭神祇遇善举，旁人言多也无益。神祇独一无人及，心中秘密无处避。”②

阿比德游走在九个地方，经历过盟友背信弃义，也得到过非亲非故的异乡人的接济。经历过对立和纷争，经历过不是你死就是我活的兵戈相向之后，阿比德的内心放弃了对胜负的执着，在悲观的情绪中逐渐走向生命的圆融。他对自己坐骑的描写体现出他本人的审美态度，呈现怡然自得的状态。他的诗歌，美在五觉的相通，美在一种殊途同归的宿命感。

## 二、色声香味触法，了生死本来空

后现代的审美体验和前现代的审美感受之间具有一种呼应的默契。以实写实的文字经过千年的洗礼之后，反倒成为21世纪的我们基于对阿比德所处历史背景的诠释和想象得出的能够在现实依然适用的象征。阿比德的诗歌有着打通五觉感受的魅力，如果以一种“介入”的审美方式沉静其中，可以领略五觉带来的强烈感受。

在悬诗的第三幅画面中，诗人形容自己的骆驼像野驴，因为参加多场战争，肩上满是血痂，坚硬且在阳光下还有一点反光，就像是勋章。诗人想象自己骑着高头大马，描绘骏马柔软光滑的皮肤和若隐若现的血管，让人觉得亲近。在第一幅画面中，阿比德表达对白头的羞耻，象征长寿的银发和前半句中死于非命者流淌的血液，以及战场扬起的黑色尘土形成鲜明对比。另一处充满色彩对比的地方是描写鹰鹫和狐狸搏斗的场面。

阿比德擅长建构肃杀的背景，并在其中设置静与动的对立。在寂静或是寒冷中，运动着的个体为画面增添生命力。在描写自己的骆驼时，他回忆起与铿德部落的战斗。阿比德领导的军队大获全胜，但是并没有胜利的喜悦，

① 见本书，第575页。
② 见本书，第579页。

他牵着自己的坐骑四处找水喝，找到的却是一潭死水，上面还漂浮着鸟类的羽毛，寥寥几笔让人仿佛闻见不干净、不流通的水源散发出来的恶臭。阿比德的骆驼九岁，却像少女一样充满活力，在死水边怡然自得。此处的羽毛又和悬诗第三部分对苍鹰和小鸟的描写形成呼应。在第三部分，苍鹰立于悬崖之上，这里的小鸟尸体被啄食干净，只剩下心脏，堆在一旁，寒风中散发着阵阵血腥味。而赤色的狐狸则打破画面的寂静，即将与苍鹰展开搏斗。

寒风刺骨，整个画面沉浸在肃杀的深蓝色中，太阳还未升起，清晨的天空是深蓝色的，远方渐渐泛起些许鱼肚白，郁郁寡欢的苍鹰，黑色的羽翼上挂着透明的或是雪白的冰霜。苍鹰、山丘、清晨的天空、寒风构成的冷色调中闯入一只狐狸，一只赤狐。“它瞧见一只疾驰的狐狸，出现在荒凉的平原之上。”辽阔的沙漠，无边无际的“旱海”泛着暖橙黄色，但是还不明显，狐狸那橙红色的皮毛成为此时最显眼的暖色，且只有这个红色的小点在广阔的幕景中移动。

此处不仅有色彩对比，还有动静对比的镜头语言。如果我们把这个场景放在纪录片的叙事镜头下看，相对静态的角色和背景融为一体，在这个背景中，运动着的角色入场，成为镜头里新的焦点。随后便是一静一动两个主角的互动。在诗中，苍鹰抖动羽毛，纵身一跃，打破冷暖、动静之间的界限。狐狸因害怕而竖起尾巴，浑身毛发竖起，看上去像是受到惊吓的狼，两者扭打在一起，狐狸一直处在下风，一开始就躲闪、翻白眼，但是被苍鹰抓起摔下，脸被岩石划伤，哀嚎，然后再次被抓起摔下，痛不欲生，惨叫连连，最后被锋利的鹰爪开膛破肚。整首悬诗以狐狸的惨败收尾。

对于这一部分的描述，西方学者和阿拉伯现代学者认为作者在这里把骏马比做苍鹰，用苍鹰的凶猛来突显出骏马的无敌。

但是笔者认为这样的理解和诗歌整体的情感有出入。我们可以看到在诗歌第1—11联句，诗人凭吊故乡，却未谈及情爱。哲理部分是对于身外之物、人与神祇的关系和强弱动态变化关系的思考，对于坐骑的描述也不是为了突出本部落骁勇善战的矜夸，更多是服务于诗歌的哲理部分。就算这一部分与诗歌的哲理部分毫无联系，也大致不会脱离诗歌整体的悲壮氛围。此外，在笔者看来，即使阿比德的悬诗并不是在同一时期创作的，且有大量原文佚失，传述人也不会将先前创作的诗句放在后期创作的诗句后面。也就是说，咏驼部分以及狐狸和苍鹰搏斗的画面一定出现在哲理部分之后，如果哲理部分的情绪是伤感中带着悲壮，则咏驼部分不可能无故回到一个亢奋且昂扬的情绪状态。

让我们重回这个场景，如果诗人想要突出自己坐骑的厉害，结合之前他的骆驼在敌人的一众骆驼中威猛且高大的形象，将自身比喻成苍鹰，被一群凶残且狡猾的狐狸包围，苍鹰负伤却依旧获得胜利，这样的刻画似乎更合情合理。而不是战胜一只在沙漠中行走、丝毫没有在意苍鹰，且在战斗中被动逃窜的狐狸。

因此，在笔者看来，此处应当存在至少两种理解：第一种将苍鹰视作阿比德的骏马的喻体，而狐狸则比喻敌人；第二种将苍鹰视作蒙齐尔，而狐狸则是阿比德。又或者两者本身就是彼此的镜子，也是彼此命运的预示。一切都是神祇的安排，弱者会变强，而强者会由盛转衰，在强弱的不断变化中，不可一世的苍鹰终会成为形单影只的狐狸。乌姆鲁勒·盖斯会从王子变为弃子，阿比德会从谋士变为乞丐，蒙齐尔呢？嗜血者最终也难逃一死。在阿比德被杀害的前一年，544年，蒙齐尔俘虏迦萨尼国王哈雷斯五世的儿子并将其献祭给欧扎（العزى）女神，而在554年，在与哈雷斯的再次交锋中，蒙齐尔在今叙利亚阿勒颇西南部被哈雷斯取下首级，史称哈利玛之役（或称哈利玛之日）。两人所代表的迦萨尼王国和希拉王国也逐渐走向没落。584年，迦萨尼王国统领阿拉伯部落的权力被东罗马皇帝收回。602年希拉王国被波斯彻底吞并。从我们读者的时间点看，东罗马帝国和波斯帝国已成旧梦。但是苦难仿佛没有记忆，在漫长的人类历史中，和平的岁月短暂得可怜。不禁感慨诗人的诗句“原如，人生多虚幻，一生苦难与心酸”①是对过去的总结，也是对未来的悲观预判。

在笔者看来，悬诗的三个部分在哲思层面形成深度的联结。因为见证了赛阿莱布氏族的覆灭而流浪的诗人得出对生死的思考。第三部分则用看似简单的苍鹰与狐狸的故事，将对弱小却心机深重的狐狸的嘲讽或是自嘲，以及对苍鹰的明褒实贬以一种小孩子也能看懂的故事的形式固定下来。

关于悬诗各部分之间的关系，朱莉·斯科特·梅莎蜜（Julie Scott Meisami）

---

① 见本书，第581页。

的观点能够佐证笔者的想法。她认为悬诗各部分的排列和古希腊的演讲顺序相似，分为三个部分，三个部分“并不是按照情节的需要设置，而是根据文本中话语和修辞的安排”[①]。她举例论证最经典的演讲由开头、叙述、分支、证实和结论五部分构成。在分支部分，“发言人通过特定的主题来展现他对一个话题的主张”[②]。在她看来，阿拉伯人将这种分类的形式内化在诗歌中。在读者初次接触悬诗的时候，会有一些场景跳跃甚至画面割裂的感觉，但是如果能够找到诗人最想表达的内容，其叙述的内容、讲述的故事，乃至叙事方式和音律都与其审美态度和人生观念密不可分。

海德格尔在关于真理与艺术的探讨中，提出艺术就是真理的生成和发生，“艺术的本质是诗。而诗的本质是真理之创建”[③]。真正的诗意创作的筹划开启了“大地”，即历史性的此在被抛入的空间，一个民族已然存在的东西，尽管是遮蔽着的，但已立身于这一基础之上。我们透过诗歌的语言，尝试与诗意的“大地”产生连接，感受真理的自行发生，即美。

尽管阿比德的悬诗的整体氛围是悲伤、凄凉的，但是并不悲观，诗人在情绪波动起伏之中，留下自己对真理的探寻，这是一种理智的乐观，鼓舞他乡异客也可以积极地为自己的安身之处做点什么。“生”的反面不是“死”，而是“麻木”或是“冷漠”，阿比德看惯生死离别，但是并没有对生命冷漠，而是怀着饱满的、从容的心态面对死亡。生死疲劳，最终回归神祇，一切都由神祇决定。

---

① Julie Scott Meisami, *Stucture and Meaning in Medieval Arabic and Persian Poetry*, Routledge Curzon, London, 2003, p. 72.（译文由本文作者译出）

② Ibid, p. 55.（译文由本文作者译出）

③ ［德］海德格尔：《林间路》，孙周兴译，商务印书馆，2017年，第68页。

# 译后记

随着《悬诗疏评》译稿的厘定，我们终于得以将这部阿拉伯文学的瑰宝，以更加贴近当代读者的面貌呈现于世。在此，我作为本书写作与翻译的组织者，要向所有支持和参与本项目的朋友们致以最深切的感谢。

首先我要特别感谢沙特有关方面的大力支持。沙特作为阿拉伯文化的发源地，对《悬诗》的传承与推广给予了极高的重视。没有他们的帮助与指导，我们的翻译工作难以如此顺利地进行。记忆把我拉回到4年前，北京大学外国语学院副院长付志明教授询问是否愿意领衔翻译《悬诗》，他将更加详细的信息告诉我，原来是时任沙特阿美石油公司中华区公共事务部副总裁海瑟姆·吉海润（هيثم الجهيران）和他联系，希望与北大合作，将该公司所属的沙特阿卜杜勒·阿齐兹国王世界文化中心（مزكر الملك عبد العزيز الثقافي العالمي）的一部为新一代青年注释出版的《悬诗：为千禧一代》翻译成中文。因为我长期从事阿拉伯文学的翻译与研究工作，付志明教授便首先找我沟通，在得到我的肯定答复后，他组织了一个视频会议，远在沙特的阿美石油公司出版部《商队》杂志主编、《悬诗》的项目总监班德尔·哈尔比（بندر الحربي）也参加了视频会议，我们4人共同就《悬诗》的翻译团队组建、选定出版社等事宜达成了初步一致的意见。后来虽然沙方人员发生了工作调动，但他们的继任者也一直在关注、监督翻译项目的进展，海瑟姆·朱海澜的继任者阿什拉夫·法吉赫（أشرف فقيه）不仅经常关注翻译的进度，还组织了《悬诗》中文译本初步成果在2024年北京国际图书博览会上的展示活动，成为主宾国沙特在图书博览会上一系列活动的亮点；目前优素福·穆泰理（يوسف المطيرى）又接力同公共关系部的吕昕一起成为我们翻译团队和沙特方面沟通的桥梁。而在沙特阿卜杜勒·阿齐兹国王世界文化中心那边，则由中心的图书馆馆长阿卜杜拉·哈瓦斯（عبد الله الحواس）接过了班德尔的接力棒，为后续解决版权协议等问题作出不懈的努力。

在翻译过程中，通过查阅相关资料，也充分感受到沙特在文化领域的巨大变化。在我刚开始学习阿拉伯语的年代（二十世纪八十年代），沙特给我们的印象是“土豪”，有钱但是没文化，同时联想到阿拉伯世界主要的地貌——沙漠，似乎那个时候沙特在世人的眼中不仅是一片地理意义上的沙漠，还是一片文化的沙漠。也难怪，因为沙特和海湾其他国家的教育起步都比较晚，沙特第一所公立大学——苏欧德国王大学，又称沙特国王大学（جامعة الملك سعود），1957年才建立，沙特29个公立大学中有20个是2000年以后建立的，而38所私立大学或学院全都是1996年以后建立。[①]早期大学里的教师大多来自埃及、伊拉克、叙利亚等国家的情况也大大改变了，在大学的课堂上侃侃而谈的沙特本国教授越来越多。如今，沙特经过现代教育的洗礼，培养的人才活跃于各个领域，包括文学艺术方面的人才也大量涌现。撰写这部《悬诗：为千禧一代》释读、评论的沙特学者们向我们展示了他们的学术才华和深厚的文学素养。我们不能以一成不变的眼光看待沙特这个海湾国家，而应该对他们有一个新的认识。

阿美石油公司除了做石油生意之外，还承担起了传承阿拉伯传统文化和沙特文化的任务，在公司内部设立了一个专门从事文化推广和文化研究的机构——阿卜杜勒·阿齐兹国王世界文化中心。这一机构尽管是以文化的传承为己任，其主要宗旨是着力增强与古典文化的联系，但它的办公大楼却非常有未来感。这也体现了阿美石油公司传承文化的目的，那就是为了建构更加美好的未来。今日之世界是在过去的基础上发展而来的，而未来也不会是空中楼阁，它必须以历史和当下作为基础。《悬诗》的英阿对照本便是阿美石油公司下属的这家文化机构支持出版的。我们所翻译的也是这个版本的阿文部分，加上对每首悬诗的研究性论文或阐释性文章。这也是我们这个中文版本的特色。

同时，我们也要向北京大学出版社表达我们由衷的感激，出版社多位领导都对本书的翻译工作给予了特别的关注和关心，夏红卫、汲传波和张冰等领导还专门找我开会，研究翻译进度和排版等问题，极大地推进了本书出版的进程。出版社的编辑为本书的出版提供了坚实的保障。我特别感动的是，

---

① 《沙特的教育》，网址见：https://saudipedia.com/article/12407/حكومة-وسياسة/التعليم-والتدريب/التعليم-في-السعودية。（访问时间：2024年11月4日）

在相关方面希望早日出版而来频频催稿的过程中，我们仍然顶住了巨大的压力，坚持学术底线，坚持要保证翻译质量。我不敢说这个翻译质量有多高，但我们这个团队作出最大的努力。翻译这种事情，借用一句广告词："没有最好，只有更好"，以此来形容翻译还是很贴切的，我相信将来肯定会有比现在这个版本更好的悬诗译文。再好的翻译，随着时代的发展、语言的变迁，总会有更符合"当下"时代语境的译文出现。

当然，也要感谢翻译团队的各位老师。尽管因为我的原因，让这个翻译项目的时间拉长了，但是他们从来都是有求必应，任何时间请他们进行修改、查阅资料，都快速反馈。尽管一遍遍地修改和校对，颇为烦琐，但他们都从来没有表现出倦怠和厌烦。与此同时，要特别感谢邹兰芳老师协助我进行审校工作，花费了大量的时间和精力；感谢杨婉莹同学和孔雀博士在翻译、校对过程中帮助我做了很多琐碎的事情；也感谢对外经济贸易大学的修蕊、刘国熙、姬鲁冰、梁盼盼、刘国熙，广东外语外贸大学的郑维文、杨鑫妮等青年教师和研究生同学为翻译工作所作出的贡献。此外，还要感谢在北大阿拉伯语系担任助理教授的埃及年轻学者高山（علاء الدين），他随时为我答疑解惑，有时候深更半夜在微信上向他请教，但他几乎都是秒答。

还要感谢付志明教授穿针引线，在沙特阿美石油公司和翻译团队之间传递信息，才有了这个翻译工作的开端。沙方的多位朋友也是我和翻译团队要感谢的对象。《商队》杂志主编班德尔·哈尔比博士，阿美石油公司中华区公共事务部副总裁海瑟姆·吉海润博士、前公共事务副总裁阿什拉夫·法吉赫博士、现任副总裁优素福·穆泰理和吕昕女士都为本书的出版事务付出了各种努力。尤其是海瑟姆·吉海润博士从中国转任回沙特以后还继续关心本书的翻译工作，来北京出差的时候还专门为我们背过来一大包的《悬诗》阿拉伯文英文对照版、阿拉伯文西班牙文对照版、阿拉伯文法文对照版，当我接过这些沉甸甸的书时，也感到身上的责任分外重。阿什拉夫博士为了促成本书译稿打印版参加北京国际图书博览会沙特主宾国的活动殚精竭虑，他和吕昕女士一起精心安排，使得本书的中文翻译工作受到沙特有关各方的广泛关注。

在《悬诗》的翻译过程中，我们深刻体会到团队合作翻译有利的一面和不利的一面。本译本的完成，是团队中每一位成员的智慧和汗水的结晶。我们的译者团队由资深的阿拉伯语文学专家、年轻的学者以及对阿拉伯文化有深刻理解的翻译工作者组成。他们的专业背景、语言技能和文化理解力，为译文的完成提供了速度上的保障。但同一个作品，翻译的人数越多，也就意味着翻译风格和语言水平的差异就越明显，在统稿过程中，我们力求克服多人翻译的不利因素，尽心尽力去审校修改。让我们感到欣慰的是，通过这一煌煌巨著的翻译，我们为国内翻译人才队伍的建设做了一点小小的贡献，我们注重老中青三代的结合，既充分发挥资深专家的引领作用，又积极培养年轻一代的翻译人才。翻译不仅仅是语言的转换，更是文化的传递。因此我们在翻译过程中，特别强调译者对阿拉伯文化的深入理解和对中文表达的精准把握。

在人工智能翻译技术日益发展的今天，我们依然坚信，人工翻译具有不可替代的价值。人工智能或许能够提供快速的翻译服务，但它难以完全理解文学作品中的文化内涵和情感表达。人工智能翻译技术在文学翻译中具有快速、高效和成本低等优势，但其局限性也不容忽视，尤其是在文化理解、艺术表现和情感传达等方面无法与人相比。因此，在文学翻译的实际应用中，人工智能翻译可以作为辅助工具，与人类译者相结合，以实现更高质量的翻译效果。但人类译者可以利用人工智能的优势，同时弥补其不足，从而更好地传达文学作品的精髓。《悬诗》作为一部蕴含着丰富情感和深刻思想的文学作品，其翻译工作更需要译者的人文关怀和艺术感知。

借此机会，我也回答一下中国读者可能会提出的一个问题，《悬诗》已经有仲跻昆教授的中阿对照本，有王复、陆孝修合译的注释本，为什么还要翻译？这恰恰正是经典的魅力所在，就像《论语》《道德经》等传统经典著作，在后世也不断有各种注释本。《悬诗》也一样，它作为阿拉伯人在文学领域最推崇的古典经典之作，在每个时代都会焕发出耀眼的光辉。我们翻译的这个版本就是沙特阿卜杜勒·阿齐兹国际文化中心面向新一代的青年读者而推出的新阐释本。

此外，我们还关注到翻译实践中的一些重要议题。例如，如何处理原文中的文化元素和历史背景，以确保译文既能忠实于原文，又能让目标语言的读者易于理解。再比如，如何平衡文学翻译的忠实度和流畅性，以传达原作的文学魅力。这些问题都是我们在翻译过程中不断探讨和尝试解决的。在这一版本《悬诗》的翻译过程中，我们力求做到忠实原文，同时又注重译文的可读性和文学性。我们希望通过我们的努力，能够让这部作品在华文世界焕发新的生命力。

最后，我们希望这部《悬诗》译作能够成为中阿文化交流的桥梁，让更多的读者通过这部作品，感受到阿拉伯文化的独特魅力。同时，我们也期待读者和同行们对本译本提出宝贵的意见和建议，以便我们在未来的工作中不断改进和提高。再次感谢所有支持和参与本项目的个人和机构。愿《悬诗》的这一译本能够成为连接过去与未来、东方与西方的纽带，为促进人类文化的交流与发展作出贡献。

林丰民

2024年12月25日于勺园

# 译名对照表

| 中文 | 阿文 |
|---|---|
| أ | |
| 艾斯玛 | أسماء |
| 阿布·卡布斯 | أبا قابوس |
| 艾卜赖斯 | الأبرص |
| 阿布莱 | الأبلاء |
| 伊本·安巴里 | ابن الأنباري |
| 伊本·依什林 | ابن العشرين |
| 伊本·穆哈宰姆 | ابن المحزم |
| 伊本·布莱希德 | ابن بليهد |
| 伊本·拉希格 | ابن رشيق |
| 伊本·萨拉姆 | ابن سلام |
| 伊本·萨拉姆·朱姆希 | ابن سلام الجمحي |
| 伊本·谢拉夫 | ابن شرف |
| 伊本·古泰白 | ابن قتيبة |
| 伊本·纳西克 | ابن نهيك |
| 伊本·杏德 | ابن هند |
| 伊本·亚敏 | ابن يامن |
| 艾布·阿斯瓦德·阿慕鲁·本·库勒苏姆 | أبو الأسود عمرو بن كلثوم |
| 阿布·阿拉·麦阿里 | أبو العلاء المعري |

（续表）

| 中文 | 阿文 |
| --- | --- |
| 艾布·法特赫·亚历山大 | أبو الفتح الإسكندري |
| 艾布·伯克尔·安巴里 | أبو بكر الأنباري |
| 艾布·伯克尔·巴格拉尼 | أبو بكر الباقلاني |
| 艾布·泰马姆 | أبو تمام |
| 艾布·贾法尔·纳哈斯 | أبو جعفر النحاس |
| 艾布·宰德·古拉什 | أبو زيد القرشي |
| 艾布·欧拜德 | أبو عبيدة |
| 艾布·阿基勒·莱比德·本·拉比阿·本·贾法尔·本·基拉布 | أبو عقيل لبيد بن ربيعة بن مالك بن جعفر بن كلاب |
| 阿布·奥马尔·本·阿拉 | أبو عمر بن العلاء |
| 艾布·阿慕鲁·谢巴尼 | أبو عمرو الشيباني |
| 艾布·努瓦斯 | أبو نواس |
| 艾布·杏德（指希拉国王阿慕鲁·本·杏德） | أبو هند |
| 艾比·伯克尔·安巴里 | أبي بكر الأنباري |
| 艾比·贾法尔·纳哈斯 | أبي جعفر النحاس |
| 艾比·宰德·古莱希 | أبي زيد القرشي |
| 艾比·赛义德·舒克里 | أبي سعيد السكّري |
| 艾比·阿卜杜拉·朱子尼 | أبي عبدالله الزوزني |
| 艾萨菲特 | أثافت |
| 阿嘉（山） | أجا |
| 艾吉福尔 | الأجفر |
| 艾哈迈德·本·艾敏·辛基提 | أحمد بن الأمين الشنقيطي |

（续表）

| 中文 | 阿文 |
|---|---|
| 艾·阿德 | أحمر عاد |
| 艾哈沃斯·本·贾法尔 | الأحوص بن جعفر |
| 艾拉吉姆人 | الآراقم |
| 阿尔巴德·本·盖斯 | أربد بن قيس |
| 伊尔姆 | إرمي |
| 希塔尔 | الاسِّتَـار |
| 伊斯希尔 | إسْحِلِ |
| 阿萨德 | أسد |
| 阿萨迪 | الأسدي |
| 阿斯瓦德 | الأسود |
| 伊斯法哈尼 | الأصفهاني |
| 艾斯玛伊 | الأصمعي |
| 艾阿沙 | الأعشى |
| 艾阿莱姆·欣特马里 | الأعلم الشنتمري |
| 《乐府诗集》 | الأغاني |
| 穆哈利姆 | آلِ مُحَلِّمِ |
| 阿勒·努阿姆 | آلِ نُعْمِ |
| 乌姆 | أمّ |
| 乌姆·侯薇丽 | أُمِّ الحُـويرثِ |
| 乌姆·莱芭卜 | أُمِّ الـرَّبَـابِ |
| 乌姆·海萨姆 | أُمِّ الهَيْثَمِ |
| 乌姆·奥法 | أم أوفى |

（续表）

| 中文 | 阿文 |
|---|---|
| 乌姆・盖什阿姆（死亡之神） | أم قشعم |
| 伍麦玛 | أمامة |
| 乌姆鲁勒・盖斯 | امرو القيس |
| 乌姆鲁勒・盖斯・本・侯志尔・本・哈雷斯・铿迪 | امرؤ القيس بن حُجْر بن الحارث الكِنْدي |
| 安巴里 | الأنباري |
| 比莎谷 | أودية بيشة |
| 耶路撒冷 | أورشليم |
| 奥斯・本・哈杰尔 | أوس بن حجر |
| 伊亚德 | إياد |
| | ب |
| 巴哈 | الباحة |
| 布杰尔 | بجير |
| 巴林 | البحرين |
| 《悬诗研究》 | بحوث في المعلقات |
| 白德伟・塔巴纳 | بدوي طبانة |
| 布尔喀 | برقة |
| 舍玛土丘 | برقة شماء |
| 巴沙尔・本・艾比・哈兹姆 | بشر بن أبي خازم |
| 巴绥尔 | بصير |
| 巴图哈 | البطحاء |
| 巴坦哈勒 | بطن الخال |
| 阿基勒腹地（盖西姆的尼萨谷） | بطن عاقل (وادي النسا في القصيم) |

（续表）

| 中文 | 阿文 |
|---|---|
| 巴格达迪 | البغدادي |
| 伯克尔 | بكر |
| 伯克里 | البكري |
| 阿慕鲁・本・基拉布国 | بلاد عمرو بن كلاب |
| 盖特凡国 | بلاد غطفان |
| 泰玛镇 | بلدة تيماء |
| 巴纳班 | بنبان |
| 奥斯部落人 | بنو الأوس |
| 胡泽玛人 | بنو خزيمة |
| 雷扎赫人 | بنو رزاح |
| 舍伊班人 | بنو شيبان |
| 艾布・伯克尔・本・基拉布族人 | بني أبي بكر بن كلاب |
| 拉比阿部落 | بَنِــي رَبِيعَةَ |
| 古莱阿部落 | بني قريع |
| 穆莱族人 | بني مُرّة |
| 天房 | البيت |
| ت | |
| 塔阿巴塔・舍拉 | تأبَّط شراً |
| 《阿拉伯文学史・贾希利叶时期》 | تاريخ الأدب العربي العصر الجاهلي |
| 苔芭莱 | تبالة |
| 大不里士 | التبريزي |
| 台德穆尔 | تدمر |
| 台额利布 | تغلب |

（续表）

| 中文 | 阿文 |
| --- | --- |
| 台额利布人 | التغلبيين |
| 穆杰米尔山 | تلال المجيمر |
| 泰米姆 | تميم |
| 帖哈麦 | تهامة |
| 图兑哈 | تُوضِح |
| 泰玛绿洲 | تيماء |
| ث | |
| 苏拜特 | ثبيت |
| 苏阿利巴特 | ثعالبات |
| 赛阿莱巴 | ثعلبة |
| 刺茉树 | ثمر الأراك |
| 赛赫兰 | ثهلان |
| 苏维里・本・希拉勒・纳麦里 | ثوير بن هلال النمري |
| ج | |
| 贾希兹 | الجاحظ |
| 贾许丽娅 | الجاشرية |
| 伊玛目・穆罕默德・本・沙特伊斯兰大学 | جامعة الإمام محمد بن سعود الإسلامية |
| 贾希利叶 | الجاهلية |
| 艾班山 | جبل أَبَان |
| 盖坦山 | جبل قَطَن |
| 贾碧拉 | جبيرة |
| 贾戴因 | الجدّين |
| 朱泉 | جرثم |

（续表）

| 中文 | 阿文 |
|---|---|
| 朱尔胡姆部落 | جرهم |
| 贾里尔・本・阿卜杜・马西赫 | جرير بن عبد المسيح |
| 朱舍姆 | جشم |
| 朱舍姆・本・伯克尔 | جشم بن بكر |
| 朱勒朱尔 | جُلجُل |
| 朱姆希 | الجمحي |
| 《阿拉伯诗歌选》 | الجمهرة |
| 建戴勒 | جندل |
| ح | |
| 哈雷斯 | الحارث |
| 哈雷斯・本・希里宰 | الحارث بن حلزة |
| 哈雷斯・本・阿慕鲁 | الحارث بن عمرو |
| 哈雷斯・本・奥夫 | الحارث بن عوف |
| 哈伊勒 | حائل |
| 赫木赫木草籽 | حبّ الخِمْخِم |
| 希伯里 | حبر |
| 埃塞俄比亚 | الحبشة |
| 胡巴勒 | الحبل |
| 希贾兹 | الحجاز |
| 侯吉尔 | حجر |
| 侯吉尔・阿吉勒・穆腊尔 | حُجْر آكِل المُرار |
| 侯吉尔・本・哈雷斯 | حُجْر بن الحارث |
| 侯吉尔・伊本・乌姆・盖塔姆 | حجر بن أم قطام |

（续表）

| 中文 | 阿文 |
| --- | --- |
| 哈达 | الحَدَّاء |
| 《周三谈话录》 | حديث الأربعاء |
| 赛马之战 | حرب داحس والغبراء |
| 哈拉德 | حرَض |
| 哈兹尼 | الحَزْن |
| 哈萨 | الحساء |
| 哈桑 | حسان |
| 侯绥因 | حُصين |
| 侯绥因·本·达姆达姆 | حصين بن ضمضم |
| 哈达拉毛 | حضرموت |
| 《仲夏夜之梦》 | حلم منتصف ليلة صيف |
| 哈姆德·贾希尔 | حمد الجاسر |
| 霍姆斯 | حمص |
| 洪杜吉 | حُندُج |
| 哈乃斐 | الحنفي |
| 哈尼法 | حنيفة |
| 豪里亚特（年诗） | الحوليات |
| 豪玛奈特达拉吉（戈壁沙滩地） | حومانة الدراج |
| 豪迈勒 | حومَل |
| 哈亚林 | الحيارين |
| 希拉 | الحيرة |
| خ | |
| 哈立德·本·贾法尔 | خالد بن جعفر |

（续表）

| 中文 | 阿文 |
|---|---|
| 赫扎兹 | خزاز |
| 哈扎阿部族 | خزاعة |
| 《文学宝库》 | خزانة الأدب |
| 哈什姆 | خشم |
| 赫兑 | الخطّ |
| 哈提 | الخطى |
| 哈提卜 | الخطيب |
| 哈提卜·大不里士 | الخطيب التبريزي |
| 胡莱德 | خليد |
| 哈里发法鲁格 | الخليفة الفاروق |
| 汉济尔 | خنزير |
| 赫莱 | خولة |
| د | |
| 伊哈桑·阿巴斯 | د. إحسان عباس |
| 朱勒朱尔旧居 | دارة جلجل |
| 达里姆部 | دارم |
| 杜赫鲁丹 | الدُحْرُضَيْنِ |
| 达希姆 | الدحيم |
| 德胡勒 | الدَّخول |
| 杜尔纳 | درنا |
| 杜丽娅·哈忒布 | درية الخطيب |

（续表）

| 中文 | 阿文 |
|---|---|
| 杜阿米<br>（杜阿米・本・伊亚德・本・尼扎尔） | دعمى<br>(دعمى بن إياد بن نزار) |
| 达里米亚 | الدّليميّة |
| 代瓦迪米县 | الدوادمي |
| 达瓦尔 | دَوَار |
| 阿萨德人院落 | ديار بني أسد |
| 阿基勒人院落 | ديار بني عقيل |
| 拉比阿之乡 | ديار ربيعة |
| 黛拉姆 | الدَّيْلَـمِ |
| 哈尼夫教派 | الدين الحنيف |
| ذ | |
| 扎特 | ذات |
| 祖卜延 | ذبيان |
| 扎努布 | الذنوب |
| 祖・乌拉塔 | ذو أراطى |
| 祖・布拉 | ذو البرة |
| 祖・迈加志 | ذو المجاز |
| 祖・欧舍拉 | ذِي الْعُشَيْرَةِ |
| ر | |
| 拉基斯 | راكس |
| 圣寺之主 | ربّ البيت الحرام |
| 拉比阿・本・齐亚德 | الربيع بن زياد |
| 拉比阿 | ربيعة |

（续表）

| 中文 | 阿文 |
|---|---|
| 拉比阿・本・马立克 | ربيعة بن مالك |
| 雷加姆 | رِجامُ |
| 里贾勒 | الرجل |
| 鲁罕 | رخام |
| 里达 | الرّداع |
| 拉斯谷地 | الرس |
| 鲁斯塔姆 | رستم |
| 阿拉伯的拉德法特 | رضفات العرب |
| 鲁得 | روض |
| 《罗密欧与朱丽叶》 | روميو وجولييت |
| 莉娅・嘉黛 | ريّا غداة |
| 利雅得 | الرياض |
| 莱彦谷 | الريان |
| 莱伊德 | ريد |
| ز | |
| 扎希尔 | زاهر |
| 碧水 | زرقا |
| 扎尔嘎・叶玛麦 | زرقاء اليمامة |
| 祖海尔 | زهير |
| 祖海尔・本・艾比・苏勒玛・穆扎尼 | زهير بن أبي سلمى المزني |
| 齐亚德 | زياد |

（续表）

| 中文 | 阿文 |
| --- | --- |
| 齐亚德・本・穆阿威叶・本・达巴卜・祖卜雅尼 | زياد بن معاوية بن ضباب الذبياني |
| 宰德 | زيد |
| س | |
| 斯巴达克斯 | سبارتاكوس |
| 萨阿德 | السعد |
| 萨阿德 | سعد |
| 萨阿德・朱耐迪勒 | سعد الجنيدل |
| 萨阿丹草 | سعدان |
| 舒克里 | السكّري |
| 萨拉姆 | سلام |
| 苏勒玛 | سلمى |
| 萨利 | السلي |
| 苏莱曼 | سليمان |
| 萨玛沃 | سماوة |
| 苏班谷地 | السوبان |
| 欧卡兹集市 | سوق عكاظ |
| 萨亚尔 | سيّار |
| 赛伊德 | سيد |
| 西拉诺・德・贝尔热拉克 | سيرانو دي برجراك |
| ش | |
| 《列王纪》 | شاهنامة |
| 舍丹 | شَدَنِيَّةٌ |

（续表）

| 中文 | 阿文 |
|---|---|
| 《九首悬诗评注》 | شرح القصائد التسع |
| 《七首悬诗评注》 | شرح القصائد السبع |
| 《十首悬诗评注》 | شرح القصائد العشر |
| 沙里哈·本·艾哈沃斯 | شريح بن الأحوص |
| 《诗歌与诗人》 | الشعر والشعراء |
| 舍吉格 | الشقيق |
| 舍伊班 | شيبان |
| 舍伊巴尼 | الشيباني |
| ص | |
| 塞台勒沙漠 | صحراء ثيتل |
| 萨曼 | الصَّمَّانِ |
| 绥玛·古谢里 | الصمّة القشيري |
| 萨瓦伊格 | صوائقٌ |
| ض | |
| 达理吉 | ضَارِجٍ |
| 杜拜厄 | ضبيع |
| 杜拜阿 | ضبيعة |
| 达尔额德岩区 | ضرغد |
| 多鲁斯 | ضروس |
| 达姆达姆 | ضَمْضَم |
| ط | |
| 《杰出诗人品级》 | طبقات فحول الشعراء |

（续表）

| 中文 | 阿文 |
|---|---|
| 塔尔法・本・阿卜杜・本・苏福扬・本・萨阿德・本・马立克 | طرفة بن العبد بن سفيان بن سعد بن مالك |
| 图费勒・本・马立克 | طفيل بن مالك |
| 忒腊姆 | طِلحامُ |
| 塔鲁哈 | طلوح |
| 塔玛赫<br>（塔马赫・纳马拉・本・伊亚德） | الطماح<br>( الطماح نمارة بن إياد ) |
| 塔哈・侯赛因 | طه حسين |
| 塔伊部落 | طيء |
| ظ | |
| 泽比沙漠 | ظَبْيٍ |
| ع | |
| 阿米尔・本・图费勒 | عامر بن الطفيل |
| 阿米尔・本・萨阿萨阿部族 | عامر بن صعصعة |
| 阿米尔・本・马立克 | عامر بن مالك |
| 长矛手阿米尔・本・马立克 | عامر بن مالك مُلاعِب الأسنّة |
| 安 | العان |
| 阿巴德 | عبّاد |
| 阿卜杜拉 | عبد الله |
| 阿卜杜拉・本・苏莱姆・鲁赛德 | عبد الله بن سليم الرشيد |
| 阿卜杜・哈格・哈瓦斯 | عبدالحق الهواس |
| 阿卜杜拉・本・苏莱姆・卢沙伊德 | عبدالله بن سُلَيم الرُّشَيد |

（续表）

| 中文 | 阿文 |
|---|---|
| 阿卜斯 | عبس |
| 阿卜莱 | عَبْلَة |
| 阿卜莱・安塔拉 | عبلة عنترة |
| 阿比德 | عبيد |
| 欧贝达 | عبيدة |
| 阿塔布 | عتاب |
| 伊斯亚尔 | العثير |
| 伊智勒 | عجل |
| 阿德南人 | العدنانية |
| 阿杜利亚 | عدوليّة |
| 乌代 | عدي |
| 乌代・本・宰德・伊巴迪 | عديّ بن زيد العبادي |
| 欧宰伊布 | الذُّيْبِ |
| 阿尔达 | عردة |
| 阿斯贾迪亚 | العسجدية |
| 阿吉格 | العقيق |
| 欧卡兹 | عكاظ |
| 阿勒盖麦 | علقمة |
| 《柱体诗之道》 | العمدة |
| 欧麦尔・海亚姆 | عمر الخيام |
| 欧麦尔・本・阿比・拉比阿 | عمر بن أبي ربيعة |
| 欧麦尔・本・哈塔卜 | عمر بن الخطاب |

（续表）

| 中文 | 阿文 |
| --- | --- |
| 阿穆尔 | عَمْر |
| 阿慕鲁 | عمرو |
| 阿慕鲁・本・迈尔赛德 | عمرو بن مرثد |
| 阿慕鲁・本・杏德 | عمرو بن هند |
| 欧纳卜 | العناب |
| 安塔拉・本・舍达德 | عنترةُ بن شدّاد |
| 昂斯 | عنس |
| 欧奈扎 | عُنيزة |
| 欧奈扎坦 | عُنَيْزَتَيْنِ |
| 奥萨 | العوصاء |
| 奥夫 | عوف |
| 伊萨・本・欧麦尔 | عيسى بن عمر |
| 艾因 | عين |
| غ | |
| 迦萨尼 | غسان (الغساسنة) |
| 盖特凡部落 | غطفان |
| 艾拉格 | الغلاق |
| 高勒 | غول |
| 盖兹・本・穆拉 | غيظ بن مرة |
| 盖伊尔 | الغيل |
| 盖拉姆 | الَغَيْلَمِ |
| 黑纳 | الغينة |

（续表）

| 中文 | 阿文 |
| --- | --- |
| ف | |
| 法蒂玛 | فاطمة |
| 法蒂玛·乌姆鲁勒·盖斯 | فاطمة امرئ القيس |
| 法蒂玛·宾图·拉比阿 | فاطمة بنت ربيعة |
| 幼发拉底河 | الفرات |
| 法达 | فردة |
| 菲尔多西 | الفردوسي |
| 菲尔盖尼 | فرقين |
| 福蒂玛 | فُطيمة |
| 《论贾希利叶时期的文学》 | في الأدب الجاهلي |
| 维罗纳 | فيرونا |
| 费萨尔·曼苏尔 | فيصل المنصور |
| ق | |
| 卡迪·祖扎尼（大法官祖扎尼） | القاضي الزوزني |
| 伊亚德部落 | قبيلة إياد |
| 伯克尔部落 | قبيلة بكر |
| 伯克尔·本·瓦依勒部落 | قبيلة بكر ابن وائل |
| 台额利布部落 | قبيلة تغلب |
| 祖卜延部落 | قبيلة ذبيان |
| 穆宰奈部落 | قبيلة مزينة |
| 喀缇莱 | قتيلة |
| 古莱希 | القرشي |

（续表）

| 中文 | 阿文 |
|---|---|
| 古尔特・本・艾阿拜德 | قرط بن أعبد |
| 古莱氏 | قريش |
| 古筛尔 | قشير |
| 盖西姆 | القصيم |
| 古达阿人 | قضاعة |
| 喀塔 | القطا |
| 古特比亚特 | القطبيات |
| 盖坦峰 | قَطَنٍ |
| 嘎法 | قفا |
| 卡利布 | القليب |
| 盖南山 | القنان |
| 盖斯 | قيس |
| 盖斯・本・哈立德 | قيس بن خالد |
| 盖因部落 | القين |
| ك | |
| 库泰依法山 | كُتَيْفَةٍ |
| 卡斯布 | كثيب |
| 凯耳卜・本・祖海尔 | كعب بن زهير |
| 克尔白 | كعبة |
| 吉拉比 | الكلابي |
| 凯勒卜 | كلب |
| 库勒苏姆 | كلثوم |

（续表）

| 中文 | 阿文 |
|---|---|
| 库勒苏姆·本·马立克 | كلثوم بن مالك |
| 库莱布 | كليب |
| 库莱布（库莱布·本·沃伊勒） | كليب (كليب بن وائل) |
| 铿德 | الكندة |
| 铿德（部落） | كندة |
| 凯赫夫 | كهف |
| 库法 | الكوفة |
| ل | |
| 拉封丹 | لافونتين |
| 鲁巴德（鹰） | لبد |
| 拉班 | لبن |
| 莱比德·本·拉比阿 | لبيد بن ربيعة |
| 里迦赫人 | لقاح |
| 莱伊拉 | ليلى |
| م | |
| 马丁·路德 | مارتن لوثر |
| 麦塞尔 | مَـأْسَـلِ |
| 马立克 | مالك |
| 穆巴拉德 | المبرّد |
| 穆太塞莱米 | متثلم |
| 穆台塞拉姆 | المُتَثَلَّمِ |
| 穆苔杰丽黛 | المتجردة |

（续表）

| 中文 | 阿文 |
| --- | --- |
| 穆太米姆·本·努韦拉 | متمّم بن نويرة |
| 穆太奈比 | المتنبي |
| 穆赛莱姆 | المثلم |
| 《诗歌总集》 | المجمهرات |
| 穆哈杰 | مُحَجّر |
| 麦赫莱姆 | محلّم |
| 穆罕默德·哈达拉米 | محمد الحضرمي |
| 穆罕默德·奥布迪 | محمد العبودي |
| 穆罕默德·萨义德·莫拉维 | محمد سعيد مولوي |
| 麦赫拉姆 | مَخْـرَم |
| 麦地那 | المدينة |
| 吉瓦泉市 | مدينة عيون الجِواء |
| 穆拉 | مُرَّة |
| 穆莱·本·萨阿萨阿 | مُرّة بن صعصعة |
| 穆莱·本·奥夫·本·萨阿德·本·祖卜延 | مُرّة بن عوف بن سعد بن ذبيان |
| 马尔赛德 | مرثد |
| 阿卜杜勒·阿齐兹国王世界文化中心 | مركز الملك عبد العزيز الثقافي العالمي |
| 《批评集》 | مسائل الانتقاد |
| 乌德琴 | مستجيب/ العود |
| 麦斯欧德 | مسعود |
| 穆斯希尔 | مسهر |

（续表）

| 中文 | 阿文 |
|---|---|
| 木达尔人 | مضر |
| 麦阿拜德 | معبد |
| 迈阿德 | معد |
| 马阿德 | معدّ |
| 穆伊德 | معّد |
| 穆阿迪凯里布 | معديكرب |
| 《十首悬诗及其诗人传》 | المعلقات العشر وأخبار شعرائها |
| 《悬诗：为千禧一代》 | المعلقات لجيل الألفية |
| 穆加拉宰特 | المغرّزات |
| 穆发达勒·本·阿卜杜拉 | المفضّل بن عبدالله |
| 《玛卡梅集》 | المقامات |
| 米格拉 | المِقْراة |
| 麦加 | مكة |
| 马尔胡布 | ملحوب |
| 希拉国王 | ملك الحيرة |
| 希拉国王努阿曼·本·蒙齐尔 | ملك الحيرة النعمان بن المنذر |
| 蒙齐尔国王们 | ملوك المناذرة |
| 穆来卡 | مُليكة |
| 蒙齐尔人 | المناذرة |
| 蒙齐尔 | المنذر |
| 蒙齐尔 | منذر |
| 蒙齐尔·本·麦义·萨马 | المنذر بن ماء السماء |

（续表）

| 中文 | 阿文 |
|---|---|
| 米松 | منسون |
| 曼茜姆 | منشم |
| 曼夫哈 | منفوحة |
| 米南 | منًى |
| 穆海勒希勒 | مُهلهل |
| 穆海勒希勒・本・拉比阿 | مهلهل بن ربيعة |
| 辛达维基金会 | مؤسسة هنداوي |
| 摩苏尔 | الموصل |
| 玛娅 | مية |
| 玛娅・纳比埃 | ميّة النابغة |
| 马蒙 | ميمون |
| ن | |
| 纳比埃 | النابغة |
| 纳比埃・祖卜雅尼 | النابغة الذبياني |
| 先知萨利赫 | نبي الله صالح |
| 内志 | نجد |
| 纳季兰 | نجران |
| 纳吉姆丁・图菲 | نجم الدين الطوفي |
| 纳哈斯 | النحاس |
| 纳赛尔・本・赛亚尔 | نصر بن سيّار |
| 努阿曼 | النعمان |
| 努阿曼・本・蒙齐尔 | النعمان بن المنذر |
| 努福德 | نفود |

（续表）

| 中文 | 阿文 |
| --- | --- |
| 《对驳诗》 | النقائض |
| 努马尔 | نُمار |
| 娜瓦尔 | النوار |
| 努娃尔 | نوار |
| 瑙法勒 | نوفل |
| ه | |
| 希尔 | هِر |
| 哈里姆 | هرِم |
| 哈里姆·本·希南 | هرم بن سنان |
| 胡莱拉 | هريرة |
| 胡莱拉·艾阿沙 | هريرة الأعشى |
| 哈姆达尼 | الهمداني |
| 赫迈扎尼 | الهمذاني |
| 杏德 | هند |
| 胡宰 | هوذة |
| و | |
| 舒阿拜河谷 | وادي الشعبة |
| 古拉谷地 | وادي القرى |
| 瓦伊勒 | وائل |
| 瓦特尔 | الوتر |
| 瓦吉拉 | وجرة |
| 维哈弗·高赫 | وحاف القهر |
| 瓦尔黛 | وردة |

（续表）

| 中文 | 阿文 |
|---|---|
| 瓦西阿 | الوسيع |
| 沃哈布 | وهب |
| ي | |
| 雅古特・哈迈威 | ياقوت الحموي |
| 耶兹布勒山 | يَذْبُل |
| 叶尔布阿 | يربوع |
| 叶齐德 | يزيد |
| 叶玛麦 | اليمامة |
| 优素福・优素福 | يوسف اليوسف |
| 艾因之战 | يوم العين |
| 红山谷之战 | يوم شِعب جبلة |

# 译者简介

林丰民，北京大学外国语学院阿拉伯语系教授、博士生导师，现任教育部人文社会科学重点研究基地北京大学东方文学研究中心副主任，中国外国文学学院阿拉伯文学研究会会长、东方文学研究分会副会长，中国非洲史研究会副会长。2011 年入选教育部新世纪优秀人才计划，曾获得北京市哲学社会科学优秀成果奖，埃及马哈福兹翻译研究奖、阿尔及利亚写作表彰奖、科威特阿拉伯语与学术表彰奖等国内外奖项。在国内外刊物发表学术论文 80 余篇、学术文章 20 余篇。出版《为爱而歌——科威特女诗人苏阿德·萨巴赫研究》《文化转型中的阿拉伯现代文学》等 6 本专著，参与《现代伊斯兰主义》《东方文学史》和《外国文学名著鉴赏》等 7 本书的撰写。翻译《无岸的女人》《爱的诗篇》《致电祖国》和《最后的宝剑》等 4 本阿拉伯诗集，长篇小说《埃米尔之书：铁门之途》《女儿桥》以及其他译作。还参与《中国百科大辞典》《精神文明大典》和《东方文学名著鉴赏大辞典》等辞书的编写。